Exploration of the
Theoretical Basis of
Data Right Confirmation

数据确权的理论基础探索

彭诚信 史晓宇 著

上海人民出版社

目 录

序　言

　　数字中国建设是新时期以来我国社会主义现代化建设的重点,习近平总书记在党的二十大上报告中明确指出要建设现代化产业体系,推进新型工业化,其中的一项内容就是要加快建设网络强国和数字中国,并构建新一代的信息技术和人工智能作为新的经济增长引擎。在这一背景下,实体经济的发展离不开数字经济的发展,需要促进数字经济和实体经济深度融合。同时,数据安全和网络安全也关乎国家安全,数据安全和网络安全已经被认为是与重大基础设施、金融、生物、资源、核、太空、海洋等同等重要的国家安全事项,而被作为健全国家安全体系的重要内容。

　　由于数字中国建设和数据安全保障已经被上升到国家战略的层面,因此我国高度重视从数据权属及利益分配制度建设的角度加强国家层面的数据治理。2022年12月19日,《中共中央　国务院关于构建数据基础制度更好发挥数据要素作用的意见》(以下简称"数据二十条")对外发布,从数据产权、流通交易、收益分配、安全治理等方面构建数据基础制度,提出二十条政策举措,这是我国针对数据治理提出的重要顶层规则。该"数据二十条"的发布反映了在当前数字社会背景下,数据作为新型生产要素,具有无形性、非消耗性等特点,以及对传统产权、流通、分配、治理等制度提出的新挑战,我国建立与数字生产力发展

1

相适应的新型生产关系的尝试。同时,为进一步协调推进数据基础制度建设统筹数据资源整合共享和开发利用,统筹推进数字中国、数字经济、数字社会规划和建设等,国家数据局也于 2023 年 10 月 25 日正式揭牌。

基于以上国家在数据领域的政策战略和机构建设实践的最新导向,数据确权问题研究就更加具有现实意义。由于数据确权中的难点是包含个人信息之数据的确权,本书基此以个人信息为起点,对数据确权问题的理论基础做初步探索。那么为何数据确权问题的理论基础探索必须首先围绕个人信息展开呢?

个人信息自古已有,但是直到数字社会到来后,算法与算力迅速进步带来的技术革命才推动个人信息内含的财产价值被挖掘,同时个人信息在数字社会时代被电子数据化,基于此,个人信息和数据开始难以完全区分,且数据的价值本身即来源于大规模的个人信息收集和处理。相应地,围绕个人信息处理所带来的对个人信息主体的风险控制开始与传统的单纯人格权规制出现割裂。在数据与个人信息之间,在理论上首先就需要解决如何在不违背传统法学基本价值的前提下,合理地解释数字社会背景下个人信息与数据之间的转化关系,并尝试连接个人信息的人格属性和被挖掘的数据财产价值。正是在此意义上,针对个人信息之上内含的财产价值外化问题研究,成为破解数字社会发展进程中核心法律难题的关键。

数字社会归根结底最终维护的仍然是线下社会中自然人的切身利益,数据安全关涉国家安全,更关乎民生福祉和个体的自由和尊严,数字法学研究所追求的终极价值导向,仍应是人作为主体的基本价值,这与传统线下法学并无不同。数据确权的本质仍应是在尊重个人自由和尊严的基础上,探寻数据之上不同利益在主体间的分配及主体权利行使的边界。

本人和史晓宇博士对数据确权,尤其是其理论前提个人信息的财产外化问题,有着共同的研究志趣。晓宇博士也勇于以《个人信息从人格向财产的转化问题研究》作为其博士论文选题并顺利答辩、毕业,该论文也成为了本书的主体结构和主要内容。本书的具体内容是将《个人信息从人格向财产的转化问题研究》与我本人、我和晓宇博士合著的在国内法学核心期刊上发表的相关学术论文整合而成;同时又根据全书的核心议题,结合近期国内数据合规和个人信息保护监管实践的最新进展充实了相关内容,最终提炼出将个人信息内含财产价值外化研究的初步理论模型,以期为数据确权的理论基础研究提供一个可供评判和批判的思维视角。但不得不承认,数据确权作为数字法学研究中最艰深的问题之一,涉及领域广泛,本书观点在相关知识的海洋中构不成沧海一粟,书中难免有错漏疏失,还望各位读者海涵并不吝赐教!

引　论

一、问题产生的背景

在传统工业时代,众多的个人信息只是用以记录和描述人类个体特征的信息资料,数量众多且彼此分散、割裂,其实践应用价值并不曾受到重视。以电脑技术和网络技术的出现为表征的信息革命推动了人类社会由传统工业时代向网络时代和数字时代的转型,原本司空见惯的个人信息开始成为后工业时代背景下重要的社会资源,蕴藏了巨大的经济效益。有研究显示,基于个人信息分析产生的经济价值不亚于工业时代的"石油"。[①]个人信息蕴含了丰富的商业价值和社会价值,极大地重构了人们的生产和生活形态。[②]不过,个人信息在后工业时代中的广泛应用同样为社会发展带来了隐忧:第一,在网络时代个人信息会被不断地复制、传输,个人信息处理活动容易造成对个人人格权益的侵害,个人信息分析引发的泄露危机和损害不亚于对整个社会环

[①]　See Andrew Hasty, "Treating Consumer Data Like Oil: How Re-framing Digital Interactions Might Bolster the Federal Trade Commission's New Privacy Framework", *Federal Communications Law Journal*, Vol.67, No.2, 2015, p.297.

[②]　关于个人信息在实践中应用产生的商业价值和社会价值对医疗科研、公共服务、生产制造、国家治理等领域的影响可参见朱晓武、黄绍进:《数据权益资产化与监管:大数据时代的个人信息保护与价值实现》,人民邮电出版社 2020 年版,第 4—6 页。

境的"污染"。①第二,当以个人信息处理为核心形成的众多商业模式汇聚为新的数字经济后,作为个人信息处理者的企业投入巨大成本收集个人信息再加工处理,会形成各类高价值数据资源,对此,企业希望尽可能独享由此带来的财产权益,因此企业彼此之间及其与个人信息主体之间开始出现围绕个人信息内含的财产价值释放后的经济利益冲突。

二、司法规制重点:转向个人人格保护与企业数据权益协调

上述数字经济时代来临后出现的关于个人信息保护的两重现实隐忧已经在司法裁判中有所印证,下面结合有关案例进行归纳总结。

在传统社会中,个人信息保护可以通过传统的隐私权、名誉权等人格权保护解决,即并非所有涉及个人信息泄露的案件都一定需要通过个人信息权利保护的方式才能获得保护。典型案件如北京市门头沟区人民法院曾就被告王某等在履行职务过程中在小区内张贴、微信群内发布含有原告李某、时某等人个人财务、手机通信信息的统计表的行为侵犯个人隐私作出 17 项类案判决,认为被告将个人信息泄露的行为侵犯了原告的隐私权。②

不过出现数字网络空间后,针对储存在电子数据中的个人信息处理活动,司法实践中开始主要以个人信息权益来保护个人信息主体的人格权益,即针对个人信息处理行为的收集、存储、使用、加工、传输、提供、公开、删除等不同环节对个人人格权益可能造成的侵害,在判决中以个人信息权益而非传统人格权对原告进行保护。比如,郭某诉杭州野生动物世界有限公司服务合同纠纷案中,法院认为被告在为原告办理年卡时通过拍照收集其人脸识别信息,与双方签订的年卡服务合同中约定的采用指纹识别方式入园不符,在为原告拍照期间也从未告知

① See Omri Ben-Shahar, "Data Pollution", *Journal of Legal Analysis*, Vol.11, No.1, 2019, pp.112—115.

② 参见北京市门头沟区人民法院(2017)京 0109 民初 4617 号民事判决书等。

原告将收集其人脸识别信息及具体的收集目的,原告对拍照行为的知情不等同于对收集人脸识别信息的知情,因此被告的信息收集行为构成对原告个人信息权益的侵害。①在凌某某诉抖音案中,被告的一项争议个人信息处理行为是存储在其他 App 用户手机通讯录中的原告的个人联系方式等信息并与原告匹配而未及时删除,对此,法院认为读取、匹配和推荐行为(即个人信息的使用行为)本身是社交类 App 实现社交功能的必要步骤,但是在原告未注册抖音用户的时间点就存储其在其他用户客户端内的个人信息,这种存储行为因超过合理期限导致个人信息权益有受到侵害的风险。②在李某诉上海映迪贸易商行等人格权纠纷案中,被告运营有两个微信公众号,对此原告只知道其中一个公众号的存在,因此法院认为原告在其中一个公众号中上传个人信息资料的行为不能视为允许被告可将其个人信息用于向另一公众号的传输行为或允许被告通过另一公众号进行公开行为,故而被告在另一公众号上擅自抓取原告的个人信息并对外推送的行为构成不当的信息传输或公开行为,超出收集个人信息时原告的同意范围,侵害其个人信息权益。③在孙某诉百度网讯科技公司等人格权纠纷案中,法院判决支持原告主张被告百度公司删除从第三方网站获取并存储的个人证件照及其与其姓名关键词的关联的行为不合法,认为被告通过搜索引擎技术爬取到涉案信息,虽然第三方网站上的原始信息已经被删除,但是被告网站上的网页快照功能使得部分个人信息仍然被保留,并向对其发出相关指令的用户作为搜索结果进行展示,使得涉案信息可被全网不特定用户检索获取,因此被告不当的信息删除行为因无法达到去识别化的要求而侵害个人在网络世界中被遗忘的个人信息权益。④

以上法院判决表明在我国司法实践中,法院已经关注到个人信息权益与个人人格权益保护的紧密关联,而对于个人信息经过深度数据

---

① 参见浙江省富阳区人民法院(2019)浙 0111 民初 6971 号民事判决书。
② 参见北京市互联网法院(2019)京 0491 民初 6694 号民事判决书。
③ 参见上海市青浦区人民法院(2017)沪 0118 民初 6453 号民事判决书。
④ 参见北京市互联网法院(2019)京 0491 民初 10989 号民事判决书。

挖掘和分析产生的财产价值的保护,既有的司法实践主要围绕解决信息处理者之间的经济冲突而展开,即初次信息处理者与后续第三方信息处理者之间的冲突。比如,在微博诉脉脉案中,被告淘友公司有两项争议行为是获取并使用原告新浪微博平台内的用户信息,获取并使用脉脉用户手机通讯录联系人与新浪微博用户对应关系。关于第一项行为,二审法院基于"谁主张谁举证"的举证责任分配原则推定被告通过Open API方式获取新浪微博用户的信息,并认为被告未经用户同意直接读取用户在新浪微博平台内的职业、教育信息超出了Open API访问权限。关于第二项行为,二审法院认为该行为使得新浪微博用户的相关信息未经用户和原告的授权展示在脉脉应用的人脉详情中。由于被告的行为侵犯了原告的商业利益,因此判决被告赔偿其经济损失。[①]再如,在谷米诉元光反不正当竞争纠纷案中,原告谷米公司开发的"酷米客"App通过分析和加工其本公司自行研发的车载App产品记录的公交车实时运行时间、地点等信息,形成了公交实时信息以方便"酷米客"App用户查询。被告元光公司爬取了原告谷米公司开发的"酷米客"App的后台服务数据用于其自身产品"车来了"App,原告以被告的上述行为构成不正当竞争向法院起诉,法院判决认为被告直接进入原告服务器后台进行数据爬取的行为未经原告的许可,属于"不劳而获""食人而肥",违反诚实信用原则,扰乱竞争秩序,构成不正当竞争行为。[②]

三、理论痛点提炼:个人信息财产价值外化
被理论研究忽视

与信息处理者之间就信息的财产价值产生的经济利益展开竞争并引起冲突争议形成的众多司法诉讼相比,现实的司法裁判领域鲜少涉及个人要求保护其信息财产价值的诉讼,只是在部分主要围绕人格权益保护的诉讼案件中,附带提起要求信息处理者赔偿有关经济损失,而

---

① 参见北京市知识产权法院(2016)京73民终588号民事判决书。
② 参见深圳市中级人民法院民事判决书(2017)粤03民初822号民事判决书。

由法院在判决书中将其作为一项次要的争议点。比如,在凌某某诉抖音案中,原告的一项诉讼请求是被告赔偿其因获取原告的手机信息、社交关系、位置信息等行为造成的经济损失。法院在判决中指出:"被告对个人信息的采集和利用必然会为其商业运营带来利益,被告在未征得原告同意的情况下采集原告的个人信息并加以利用,应当进行一定的经济赔偿。"①在伊某诉贝尔塔公司案中,法院认为在原告向被告提出将其从中国裁判文书网转载的裁判文书中包括的原告的个人信息删除后,被告拒绝删除的行为构成侵权,应当赔偿原告经济损失。②

透过以上司法裁判案件的梳理,可以洞察到个人信息及其权利属性与传统的人格要素及其人格权益紧密关联,颇为吊诡的是,较之于传统人格标识商品化路径的既有理论臻于成熟,个人信息内含财产价值外化路径在现有司法裁判领域处于无人问津的状态,与上述"紧密关联度"并不合拍,即为何个人和法院都不会基于既有的人格标识商品化理论来就个人信息的财产价值保护提起诉讼或处理争议,这让人不得不重新思考数字经济背景下个人信息保护较之于传统理论的特殊性。

上述理论研究被有意无意地忽视的主要原因在于,个人信息权与传统人格权发生混淆。具体来说,传统人格权尤其是姓名、肖像、名誉、隐私等权利,在本质上都是信息,都具有识别性,只不过当时没有用信息,而是用人格利益来概括其客体特征。若仅用"识别性"来描述个人信息的法律特征,无疑难以将其与传统人格权区分开来。个人信息权作为一项具体人格权,有其独立存在的价值基础以及所欲应对的特定场景,如若忽视个人信息存在的数字社会基础,必然导致个人信息权与传统人格权内部的逻辑体系和制度价值发生错乱。造成该理论乱象的原因可归纳为以下几个方面:

(一) 未能厘清个人信息权与传统人格权在重叠部分上的差异

个人信息的内容是识别特定自然人,可识别性是判断某一信息是

---

① 参见北京市互联网法院(2019)京 0491 民初 6694 号民事判决书。
② 参见江苏省苏州市中级人民法院(2019)苏 05 民终 4745 号民事判决书。

否为个人信息的重要标准。①自人类社会产生之初，个人信息便已存在，是个人标识自己以及社会交往的工具，例如肖像、姓名、声音等，借此符号才能与他人区别，因而具有较强的识别性与区分性。②此时个人信息依赖物质载体存在，例如人们口口相传或通过竹简、纸张记载，传播方式固定且单一，是处于公共领域的素材或材料，任何人都可以使用，因此仅具有识别意义。③在传统社会，个人信息因"识别"所蕴含的精神价值成为法律关注的重点，主要通过具体人格权（如姓名权、肖像权、隐私权）的方式获得保护。而进入数字社会后，在计算机技术的应用下，可识别的个人信息释放出其所蕴含的财产价值，进而产生法律独立保护的必要性。

一般认为，个人的"信息化形象"是其人格的外在标志④，具有社会表征功能⑤。据此，学者把个人信息的特征主要理解为识别性，"信息因识别成为个人信息，而识别性既是个人信息的价值所在，也成了个人信息的风险来源"。⑥起初，受传统人格权理论体系的影响，个人信息保护囿于应采一般人格权还是具体人格权的范式之争⑦，然而这种论证逻辑是用传统人格权涵盖个人信息权，无限扩大了传统人格权的客体范围，导致个人信息权实际成为传统人格权的一项具体形态，偏离了确立个人信息权的制度设计。之后，随着立法对个人信息保护的重视，加之我国个人信息纠纷与日俱增，学界逐渐意识到个人信息独立保护的

---

① 彭诚信：《论个人信息的双重法律属性》，载《清华法学》2021年第6期，第3页。

② 王泽鉴先生将人格权分为人身的人格权与精神性的人格权，前者包括身体权、生命权、健康权等，后者包括诸如名誉、隐私、肖像、信用及信息自主权。参见王泽鉴：《人格权法》，北京大学出版社2013年版，第99页。

③ 参见高富平：《个人信息保护：从个人控制到社会控制》，载《法学研究》2018年第3期，第94页。

④ 张新宝：《论个人信息权益的构造》，载《中外法学》2021年第5期，第1150页。

⑤ 参见李永军：《论〈民法总则〉中个人隐私与信息的"二元制"保护及请求权基础》，载《浙江工商大学学报》2017年第3期，第15页。

⑥ 高富平：《个人信息流通利用的制度基础——以信息识别性为视角》，载《环球法律评论》2022年第1期，第84页。

⑦ 参见曹博：《个人信息可识别性解释路径的反思与重构》，载《行政法学研究》2022年第3期，第2页。

重要性,开始将其作为一项具体人格权进行单独研究,但对个人信息权与传统人格权的关系,或局限于划分两项权利客体的边界①,或局限于协调特别法和一般法规则的适用冲突②,这种论证思路是用个人信息权取代具体人格权,泛化了个人信息保护的客体范围。

个人信息权制度具有偏重保护信息主体的特点,在司法实践中,权利人会倾向于将个人信息权作为请求权基础寻求更为宽松的保护,如果在理论层面不能厘清个人信息权和传统人格权的区别,尤其是不能澄清两者在"识别性"的特殊差异,那么将导致传统人格权制度被架空,颠覆人格权理论的逻辑体系与制度价值。个人信息权有其特有的适用场域,若要从根本上区分两者,就需要回应两者在识别部分上的差异。

(二) 脱离了个人信息权确立的制度基础

信息技术的变革对法律产生的实质影响,就是对传统人格权规则的挑战和对法律固定思维的冲击。个人信息权与传统人格权之所以会出现混淆,其根源在于以传统人格权的视角去解读个人信息权益,将数字社会中的个人信息与传统社会中的人格权并列,纳入传统人格权体系之中,忽略个人信息存在的制度基础,这必然导致两者在适用上产生冲突和矛盾。若要把握个人信息的本质特征,前提是要清楚个人信息得以存在的社会形态。传统社会到数字社会的变迁,使得法律人的思维方式发生了转换,而个人信息之所以能够成为一种独立的民事权益,正是源于当下的新型社会形态——数字社会的到来。③

一方面,传统人格权难以有效应付数字社会对个人信息带来的挑战。在数字社会,以算法技术为媒介,个人信息显示出特有的时代特征,即信息数字化、数字信息的可计算化、数字网络化以及数字智能化。④万

① 参见王利明:《和而不同:隐私权与个人信息的规则界分和适用》,载《法学评论》2021年第2期,第22页。
② 参见杨芳:《肖像权保护和个人信息保护规则之冲突与消融》,载《清华法学》2021年第6期,第120—130页。
③ 参见彭诚信:《数字社会的思维转型与法治根基——以个人信息保护为中心》,载《探索与争鸣》2022年第5期,第117页。
④ 参见王天夫:《数字时代的社会变迁与社会研究》,载《中国社会科学》2021年第12期,第74页。

物数字化改变了处理个人信息的方式,自动化技术的持续整合分析成为个人信息处理的新型工具,个人信息的特征不再限于一般意义上的"识别性",而是基于算法技术产生的识别性。这也给个人权益保护带来新的威胁和挑战,如大数据歧视、大数据杀熟、利用个人信息进行下游犯罪等。更具威胁的是,作为个人信息保护与利用的平衡规则——匿名化规则却面临失效的困境,"单纯去除标识符并不能去除信息的识别性、达到不能识别的效果,尤其在万物互联的数字环境下,要消除信息的识别性是非常困难的"①。这些问题并不是传统人格权规则可以解决的。"可识别性"在线下人格权保护中的法律功能仅是使信息与个人关联,其意义在于,一是使其产生了"人格性"的可能,二是使其产生了"权利"归属的可能,传统人格权制度保护的只能是经过利益衡量和判断的信息②,并不包括基于算法技术识别出来的个人信息。基于此,立法者意识到需要以一种更为积极的方式对算法技术进行规制,个人信息保护作为一项独立的保护制度应运而生,其与传统人格权保护是相互独立的两项制度。③由此可知,自动化技术的变革改变了个人信息的识别方式,加剧了个人信息受侵害的范围和程度,由此才有了确立个人信息权的必要。

另一方面,数字社会催生了个人信息的经济价值,重构了个人信息保护的权利基础。一般而言,传统人格权并不具有财产属性,即便如传统人格权客体中诸如姓名、肖像等虽然具有财产价值,但这些财产价值与人格利益是无法割裂的。个人信息则截然不同,其天然具有的财产性因子是与生俱来的,只是在算法技术的应用下才被释放出来:算法技术将个人信息的收集形式固定化,使其具有可控性;将个人信息的传播

① 高富平:《个人信息流通利用的制度基础——以信息识别性为视角》,载《环球法律评论》2022 年第 1 期,第 95 页。

② 参见彭诚信:《数字社会的思维转型与法治根基——以个人信息保护为中心》,载《探索与争鸣》2022 年第 5 期,第 119 页。

③ 参见周汉华:《个人信息保护的法律定位》,载《法商研究》2020 年第 3 期,第 47 页。

形式丰富化,使其具有流通性;将个人信息的利用方式多样化,使其具有效用性;将个人信息的汇聚方式规模化,使其具有稀缺性。①因此,个人信息释放的财产价值决定了其具有财产权益客体的可能性,也决定了个人信息权的权利属性是内含财产价值的人格权利。②这与传统人格权存在本质上的差异,虽然法律会优先保护个人信息中的人格利益,但其内含的财产利益也不能忽视,甚至可以说,正是因为个人信息的财产价值才产生了个人信息权确立的必要性。

(三) 忽视了个人信息权制度所欲调整的特定对象

根植于数字社会确立的个人信息权,其所欲调整的社会关系也必然是围绕数字社会来确定的。个人信息上的利益并非稳定静态的利益,而是随着社会关系而动态变化的。③在传统社会,个人与他人之间是一种平等的社会关系,这决定了个人对其信息并没有绝对控制权,只有当他人侵害了个人的具体利益时,才能寻求救济,即使是发生在网络环境中的人格权纠纷,也只是向网络空间的延伸,通过传统人格权制度足以保护个人的人格利益,也没有确立个人信息权的必要。个人信息保护进入大众视野发端于自动化技术对个人信息的处理可能给个人带来的危害。囿于当时计算机并未普及,在计算机技术应用之初,传统人格权尚可以满足个人信息保护的需求。之后随着计算机技术的持续更新升级,开始在个人信息处理中被广泛应用,加之其存储、分析、关联个人信息的能力不断增长,个人信息流通的范围不再局限于某个范围,而最危险之处就在于"自动化的数据处理方法和电子数据库,尤其是数据跨境流动之中。"④在数字社会,侵害个人信息权益呈现出三个明显特

---

① 参见彭诚信:《论个人信息的双重法律属性》,载《清华法学》2021 年第 6 期,第5—6 页。

② 参见彭诚信:《数字社会的思维转型与法治根基——以个人信息保护为中心》,载《探索与争鸣》2022 年第 5 期,第 120 页。

③ 参见王苑:《个人信息保护在民法中的表达——兼论民法与个人信息保护法之关系》,载《华东政法学学报》2021 年第 2 期,第 73 页。

④ 参见高富平:《论个人信息处理中的个人权益保护》,载《学术月刊》2021 年第 2 期,第 110 页。

征:侵权主体主要为信息处理者(组织)、侵权方式的技术性和隐蔽性、侵害结果的高风险性[1],导致传统意义上具有消极、被动特点的人格权很难适应社会发展的需要。[2]基于此,个人很难在复杂、隐蔽的信息处理中获得主动权,由此导致个人与信息处理者之间控制个人信息的力量对比悬殊,处于明显不对等的关系状态,法律必须对这种不公平的利益关系进行调整,这远非传统人格权可以解决。因此,只有在个人信息处理活动中,个人对其个人信息才享有法律保护的利益。[3]只有在自动化技术应用领域,才会出现个人与信息处理者之间的不平等现象,才需要新的法律规则加以应对,个人信息权正是为矫正这种不平等关系才作为一项新型的权利为立法所接受与确认。

基于以上司法实践与理论研究互动投射出的问题,本书特以个人信息的财产价值外化作为研究的核心,以期为数据确权的理论基础迈出探索的脚步。

---

[1] 参见王苑:《个人信息保护在民法中的表达——兼论民法与个人信息保护法之关系》,载《华东政法学学报》2021年第2期,第69页。

[2] 参见周汉华主编:《个人信息保护法专家建议稿及立法研究报告》,法律出版社2006年版,第48页。

[3] 参见张新宝:《论个人信息权益的构造》,载《中外法学》2021年第5期,第154页。

第一章
个人信息内含财产价值外化的研究前提

第一节 个人信息的存在前提：数字社会

一、数字社会的转型

（一）数字社会的宏观特征

究竟何为"数字社会"，由于该概念过于宏大，因此并没有统一的意见，同时在我国学术界"数字社会"的类似用语还包括"信息社会""智能社会""数智社会""智慧社会"。以上概念是否同义目前并不是学界讨论的重点，从既有的研究情况看，经常互换使用，但也有学者将"智能社会""智慧社会"理解为较之"信息社会"更为高级的社会形态。①本书无意对以上概念的区分做过多深究，但是可以肯定的是"信息社会""智能

---

① 关于数字社会、信息社会、智能社会、数智社会、智慧社会的阐述可参见张文显：《构建智能社会的法律秩序》，载《东方法学》2020 年第 5 期，第 6—8 页；马长山：《数字社会的治理逻辑及其法治化展开》，载《法律科学（西北政法大学学报）》2020 年第 5 期，第4—5 页；马长山：《数智治理的法治悖论》，载《东方法学》2022 年第 4 期，第 64—66 页；马长山：《智慧社会背景下的"第四代人权"及其保障》，载《中国法学》2019 年第 5 期，第 9—10 页。

社会""数智社会""智慧社会"的用语可以统一于"数字社会"的概念下。因此,为避免歧义和表述方便,本书统一采用"数字社会"的概念。

从宏观层面上看,数字社会的重要根基是科技,大数据、云计算、区块链、互联网、物联网、人工智能等新兴技术正全面抢占各行各业,金融、通信、能源、医疗、零售、交通运输、物流仓储、专业服务等传统行业因科技赋能正走向日益数字化和智能化,同时新技术同样催生许多新的行业领域,以科技智能制造为代表的新兴产业迅速发展并成为推动社会发展的重要动力。在科技赋能的背景下,数字社会的图景被认为构筑在"注意力经济"之上,以人工智能为代表的现代科技通过对各类数据进行分析,整合人们的行为特征,推测人们的偏好,成功吸引人们的注意力并以流量的方式呈现经济利益。[1]

同时,数字社会又具有显著的风险性,虽然风险在人类社会历史发展进程中无处不在,但是数字社会的风险明显较以往人类社会更为多发、多变且很多时候不可预测。与传统社会中可感知的偶发和局部风险相比,数字社会中的风险因数字网络的存在常常具有快速蔓延性和急剧增强性,甚至带有显著的全球性特征。人们有时无法识别和预测风险的发生和程度,或者无力采取有效的措施加以规避和减轻风险,由此导致数字社会的风险很容易升级为大规模的社会公共风险。传统重工业时代的各类化学污染可以造成区域性环境破坏,在数字空间内发生的黑客袭击、数据泄露、精准分析导致的风险同样不可小觑,其造成的损害可以通过更快的速度瞬间席卷网络,带来网络暴力、算法歧视、非法移动跟踪等诸多风险,导致大规模的人身和财产安全损害。因此,从保护私权的角度来看,数字社会带给法律治理的挑战集中表现为如何确保个人的人格和财产权利在新的科技背景下免受不当侵害。

(二) 数字社会带来法律治理结构的转型

一般认为数字社会的兴起缘起于信息技术革命,科技的发展带来

---

[1] 参见郑戈:《数字社会的法治构型》,载《浙江社会科学》2022 年第 1 期,第 153 页。

社会生产形态的变迁,随即也会影响人们的思想观念、商业环境、生活方式,进而影响国家治理形态的转型。较之于传统的农耕社会、后来的工业社会,数字社会的出现带来了法律治理形态的全面转型和升级,对此学界有很多讨论,主流观点认为,人类生产形态经历了农耕社会时代的以土地为中心到工业社会时代以市场为中心的转变,相应的法律治理形态经历了以维护家庭和宗法等级制度的人身依附关系为重点到维护自由、平等、产权的平等交易关系为重点的转变。①目前人类正在经历向数字社会的转型,即以信息网络和算法为中心,因此法律治理结构需要进行转变以适应该生产技术背景的变化就成为数字社会转型带给人们的重要课题。

本书认为,关于数字社会,一种务实的认识方式是选取某一视角,深入探讨数字社会在该方面的特征。与既有的社会形态构型相比,数字社会的突出特征是因数字化网络和数据流通,较之于传统社会形态中的单一物理空间,出现了与物理空间并存的数字空间,由此导致关于数字社会的法律研究重点集中于探讨生活在多维空间中的人们在法律关系上发生了怎样的改变。

二、数字社会中个人信息保护的重要性

数字社会和个人信息保护是彼此紧密联系的关系,具体表现为以下两个方面:

第一,个人信息在数字社会中具有特殊的价值和意义。数据、算法与算力被认为是数字社会的三大构成元素,个人信息是数据要素中最为重要的一类,具有巨大的商业价值与社会价值。无论将其比喻为石油或土壤,还是氧气或阳光②,无非是想说明其在数字社会中的重要

---

①　参见张文显:《构建智能社会的法律秩序》,载《东方法学》2020 年第 5 期,第6 页。

②　See Max Löffler: "Are Data More Like Oil or Sunlight," *The Economist*, Feb 20th 2020 edition;高富平:《数据生产理论——数据资源权利配置的基础理论》,载《交大法学》2019 年第 4 期,第 6 页。

性,当然不同的比喻蕴含着不同的价值取向,或是偏向于数据与信息的经济利用,或是侧重于对个人信息的法律保护。

第二,没有数字社会的存在,个人信息的价值和意义就失去了存在的土壤。不可否认的是,若没有赛博空间或数字社会的存在,个人信息仅具有对个人的描述性和标识性功能,并不存在财产价值。因此,数字社会是讨论、研究个人信息法律保护的前提。从另一个角度来看,也正是因为数字社会的到来,才使个人信息、数据相关法律问题得以凸显。传统社会,诸如姓名、肖像、荣誉、名誉、智力成果等就其内容而言都是信息,只是法律并未使用信息这一概念,而是表述为人格权益、智慧产品等。可以说,信息不是数字社会特有的法律现象,传统社会也保护信息,但其保护范围特定,一种是人格性信息,即人格权益;另一种是由信息形成的知识,从而分别形成了人格权制度和知识产权制度。[①]而在数字社会,法律对信息的关注不再局限于其所映射的传统人格利益与智慧知识。数据(含个人信息)[②]是数字社会的基本物质要素,数字社会的权利义务分配均围绕数据与个人信息展开。更进一步,数字社会的法律主体尽管多元,但是信息主体与数据处理者是重要且以常态存在的一对主体。个人信息是自然人身份再现于数字空间的人格标识,是数字法律关系的物质基础,而个人信息保护与利用之间的矛盾是数字法律关系的中心矛盾,数字社会的基本法律规则主要是围绕这对矛盾的解决而擘画布图。简言之,数字社会是讨论个人信息的前提,个人信

---

① 参见彭诚信:《数字社会的思维转型与法治根基——以个人信息保护为中心》,载《探索与争鸣》2022 年第 5 期,第 116—117 页。

② 有关数据、个人信息与隐私等概念内涵的关联与区分,简言之,数据、个人信息与隐私在本质上都是信息、都是内容。若一定要区分三者的话,隐私强调主体信息的非公开性、私密性;个人信息强调与信息主体的关联性(算法识别性);数据多强调内容,但未必与特定主体相关联。本书将能识别,尤其是经算法识别到个人的信息称为个人信息,将仅有内容而不能或无法识别到个人的信息称为数据。由于很多数据产品也往往包含个人信息,在此情况下,多用数据称谓此类产品。可见,数据与个人信息的区分并不严格,也难以做到完全区分,但在纯粹的法律内涵以及用语习惯上还是可将这些基本概念区分开。参见彭诚信:《数据利用的根本矛盾何以消除——基于隐私、信息与数据的法理厘清》,载《探索与争鸣》2020 年第 2 期,第 79—85 页。

息是数字法学的基本范畴,围绕个人信息构建数字法律规则是数字法学的核心研究范式。

　　基于以上个人信息与数字社会之间紧密的联系,个人信息因此首先应置于数字社会之中讨论。有学者在探索数字时代的法学变革时,将数字社会与农业社会、工商业社会相对照①,从人类社会生产力发展历程来看,因生产力的发展带来了社会形态的巨大变革,按生产力特征划分社会形态并无不妥。但对探讨数字社会法治转型的数字法学来讲,重要的不是社会形态的历时性变化,而是作为与物理空间并存的数字空间,人们生活其中在法律关系上发生了怎样的改变。具体说,一个人生活在农业社会,便不能同时生活在工业社会或其他社会,个人并不存在"分身之术"。与之不同,数字社会中自然人通过互联网可同时活动于物理与云端双重空间,可同时生活在传统社会与线上数字社会两种形态中。因此,从数字法学来看,数字社会形态并不处于生产力发展维度,它不是与农业社会、工商业社会相对照,而是与传统社会相对照。数字法学是为了顺应数字技术给社会关系带来的改变,其主要聚焦于主体在数字空间形成的法律关系。

第二节　个人信息的独有特征:算法识别

一、司法实践案例中关于个人信息本质特征的现实迷思

　　本书从有关个人信息案件中精心挑选出三类,即传统人格权侵权

---

　　① 相关论述可参见马长山:《迈向数字社会的法律》,法律出版社2021年版,第275页;齐爱民:《拯救信息社会中的人格:个人信息保护法总论》,北京大学出版社2009年版,第12—15页;王天夫:《数字时代的社会变迁与社会研究》,载《中国社会科学》2021年第12期,第73—88页;邱泽奇:《数字社会与计算社会学的演进》,载《江苏社会科学》2022年第1期,第74—80页。

与个人信息侵权规则混淆适用的情形、倾斜适用个人信息侵权规则的情形以及正确适用个人信息侵权规则的情形,并以此三类案件为基础,提出将两类权利区分开来的甄别要素,尤其是从中找出确认个人信息本质特征所应考虑的核心要素。

(一) 混淆适用个人信息保护规则:"小区张贴判决书案"

在"小区张贴判决书案"①中,原告徐某与翟某系夫妻关系,其所住小区的爱家物业公司因徐某、翟某拖欠物业费而诉至法院,在判决生效后,物业公司将判决书张贴在小区门口,并用"3-14-4"代替夫妻双方的姓名。原告徐某(二审上诉人)认为爱家物业公司侵犯其人格权,故提起诉讼,要求物业公司停止侵害、赔礼道歉并赔偿损失。

1. 论证思路及结论

一审法院认为,案涉判决书中关于徐某的身份证号码、住址等信息属于判决书的基本组成部分,是对双方争议的法定评价,并不构成个人隐私,因此不会导致原告社会评价的降低。被告张贴判决书的行为意在督促小区业主及时缴纳物业费,公示范围仅在小区内且时间较短,因此被告的行为并不侵害原告的人格权。与一审法院的推理思路相似,二审法院认为系争信息并不属于个人隐私,因此否认物业公司的行为侵犯徐某的隐私权。但之后又认为被告张贴判决书时没有隐去原告的身份证号码、住址等信息,侵犯了原告个人信息受保护的权利,因此改判物业公司向徐某赔礼道歉。

2. 判决引发的问题:混淆个人信息权益与传统人格权

从上述判决可以发现,个人信息权与传统人格权纠纷存在不同的论证路径,由此产生了截然不同的判决结果。该案属于典型的传统人格权纠纷,一审法院的论证路径符合传统人格权纠纷的推理逻辑,即对原被告双方利益展开利益衡量,分析公开的个人信息是否包含侮辱、诽谤他人的言论,或者涉及个人隐私等内容,由此判断行为人

---

① "小区张贴判决书案"是"徐某与江苏爱家物业服务有限公司一般人格权纠纷案[江苏省淮安市中级人民法院(2019)苏 08 民终 1653 号民事判决书]"的简称。

的公开行为是否侵害他人名誉权、隐私权或一般人格权等。该案中，徐某拖欠物业费的负面信息显然并不希望被他人知晓，物业公司在张贴判决书时未隐去徐某身份证号码、住址等信息，致使他人通过该类信息可识别到徐某，导致其社会评价降低，因此物业公司的行为构成人格权侵权。但是，二审法院在一定程度上受个人信息具有识别性的影响，以此强调个人信息权益与传统人格权的不同，结果反而将两者相混淆。再加上受近年来社会大众对个人信息保护立法的关注，二审法院优先选择适用个人信息权规则，偏离了向来对传统人格权规则适用的应然情景。事实上，个人信息与传统人格权规则之间不仅是非此即彼的关系，更深层次的差异蕴含在制度背景与立法目的之中。与传统人格权侵权纠纷不同，个人信息侵权纠纷有其特定的发生场域和侵权主体，个人信息保护制度更是蕴含偏重保护信息主体的立法倾向，若强行套用个人信息权规则解决传统人格权纠纷，不仅会出现泛化个人信息的现象，破坏个人信息权独立存在的制度价值，而且会虚化传统人格权的制度设计，最终颠覆法律经年累积形成的传统人格权规则。

3. 混淆适用的根源：未能精确抓住识别性的本质差异

该案二审法院之所以将个人信息权与传统人格权混淆，其根源在于忽视了两者在客体识别性上的本质差异。尽管立法将个人信息定性为人格利益，并置于《民法典》人格权编中，但是单纯依赖"识别性"并不能从根本上澄清二者的差异。传统社会中的人格权客体，尤其是具有标表性功能的姓名、肖像等信息都具有识别性，只不过是冠以"人格利益"表达而已。而在数字社会，个人信息依然具有描述特定自然人人格特征的社会功能。由此可以看出，无论是传统人格权客体还是个人信息权客体都具有识别性特征。在实践中，法院未能意识到两者在共性部分的差异，甚至将识别性作为个人信息的独有特征，最终将两者混为一谈。因此，若要抓住个人信息的本质特征，就不能忽视其存在的特定社会基础——数字社会。算法技术的应用使个人信息记录与处理方式发生巨变,由此使个人信息的"识别性"具有了算法色彩的独特性,因而与传统人格权的自然识别相比存在本质差异。

(二) 倾斜适用个人信息保护规则:"庞某信息泄露案"①

在"庞某信息泄露案"中,原告庞某委托鲁某在去哪儿网平台购买东航机票一张,预留了鲁某的手机号码。之后庞某收到航班取消的诈骗短信,据此认为停航骗局是由于东方航空公司、去哪儿网公司泄露其个人购票信息所致,诉请法院要求两被告赔礼道歉,并赔偿其精神损失1 000元。

1. 论证思路及结论

该案一审法院认为,两被告并非掌握原告个人信息的唯一主体,原告提供的以往与东航公司的通话记录以及购票凭证,不足以证明两被告泄露了其个人信息,故驳回了原告的诉讼请求。但二审法院作出了截然不同的判决。在二审中,法院首先依照原《民法总则》第111条的规定,认定案涉信息受法律保护,随后指出,尽管学界对个人信息保护的立法例存在争议,但无论采用何种保护路径都不妨碍法律对个人信息的保护。按照《最高人民法院关于审理利用信息网络侵害人身权益民事纠纷案件适用法律若干问题的规定》第12条的规定,法院认定自然人的行程信息属于隐私信息。同时认为姓名、手机号码虽具有身份识别与社会交往的功能,但当这些信息和行程信息(隐私信息)结合形成庞某的整体信息时,就属于个人隐私信息。之后,法院在原被告双方之间展开利益衡量,基于两被告在资金、技术方面的优势地位,认定两被告在信息安全管理方面存在过失,具有泄露原告私密信息的高度可能且没有证据推翻,因此,法院改判两被告侵害原告隐私权成立。

2. 引发的问题:两种规则均可适用的矛盾性

笔者通过梳理两审法院的审理逻辑可以发现:一审法院运用传统

① "庞某信息泄露案"是"庞某与北京趣拿信息技术有限公司等隐私权纠纷案[北京市第一中级人民法院(2017)京01民终509号民事判决书]"的简称。

人格权的推理逻辑,对两被告"是不是掌握原告个人信息的唯一主体","既有证据是否足以证明两被告泄露原告的个人信息"的论证,无论从论证思路还是在论证结论上并无明显不当。二审法院虽然将本案定性为隐私权纠纷,并从侵害隐私权的构成要件展开分析,认定涉案信息属于隐私信息,但是之后的裁判说理部分呈现出倾斜适用个人信息权的态度:考虑到原《民法总则》对个人信息保护的强调,案涉信息理应受到法律保护,可通过隐私权思路对个人信息进行具体保护。同时,鉴于原告与两被告在技术、资金等方面的不对等地位,由原告提出证据证明被告存在过错过于困难,据此采用高度盖然性标准认定被告侵权成立。这种说理逻辑也体现了个人信息保护立法偏重保护信息主体的法律理念。在该案中,两类权利规则都具有合理适用的空间,但得出的判决结果却大相径庭。由此产生的疑问是:当个人信息权与传统人格权规则可以同时适用时,法院应该如何选择?

3. 产生矛盾的本质:价值取向的差异

在该案中,导致两类权利规则可以同时适用的根本原因在于法院对不同利益进行的价值取舍。无论是传统人格权还是个人信息权规则,都建立在一种利益冲突的相互作用之上而选择适用不同的权利规则,所保护的利益也往往被置于价值选择中的优先地位。在该案一审中,法院适用传统人格权的保护逻辑,其出发点是:原被告双方之间是一种平等的事实关系,各主体能够对自己的行为作出理性选择,如若原告无法提供充分证据证明被告实施泄露个人信息的行为,则其只能为自己的不幸自行承担责任。因为在法律无明文规定的情况下,责任是不能推定的,这种结果在事实上偏重保护信息处理者的行为自由。在该案二审中,法院虽然适用隐私权对个人信息进行保护,但在裁判说理部分不仅反复讨论个人信息,还运用个人信息权倾斜性的保护原理,基于原被告双方在信息处理能力上形成事实上的不对等关系,推定被告存在泄露个人信息的高度可能,且在无反证推翻的情况下,认定被告侵权成立。

（三）正确适用个人信息保护规则："微信读书案"①

该案作为个人信息的典型案例，在个人信息保护领域引起广泛关注。在"微信读书案"中，原告黄某在使用微信读书软件时，发现微信读书软件未经授权获取了其微信好友列表，并自动关注共同使用该软件的微信好友，之后还将其读书信息（阅读书物、读书时长、书架）向微信好友公开展示，原告认为被告侵害了其个人信息和隐私权，据此诉请法院要求被告停止侵害，赔礼道歉。

1. 论证思路及结论

法院总结的争议焦点是被告未经授权自动处理原告信息的行为是否侵害其个人信息权益，以此为核心焦点展开合乎个人信息权益模式的论证：法院根据《网络安全法》第 76 条、《信息安全技术 个人信息安全规范》以及《民法典》第 1034 条对个人信息的定义，指出个人信息的核心特征是识别性，以此为判断标准，认定读书信息、微信好友列表信息属于原告的个人信息。被告未经同意采用自动化技术获取原告微信好友关系，将原告读书信息以记录、分析及默认开放模式向共同好友公开，这种处理行为超出原告同意处理信息的目的、范围和方式，违反处理个人信息的规定，且在被告无反证证明其行为合法的情况下，判决被告侵害了原告的个人信息权益。

2. 传统人格权保护规则解决个人信息纠纷的局限性

在该案中，法院的整个论证思路均以个人信息为核心进行说理，利用个人信息权规则展开充分缜密的法律论证，得出的结论也符合其法律预期。在该案中，如若适用传统人格权规则，一方面会颠覆传统人格权的适用逻辑，传统人格权模式是将个人信息限制在隐私权、名誉权等范畴，只有当他人行为对具体人格利益（如肖像、名誉、隐私）造成损害时才需要承担责任。因此，个人对其信息并不能进行绝对控制，不能因为他人未经许可利用了其信息，就要求行为人承担责任，这就将侵害个

---

① "微信读书案"是"黄某诉腾讯公司案［北京互联网法院（2019）京 0491 民初 16142 号民事判决书］"的简称。

人信息自决权的行为排除在外,难以为个人提供充分救济。另一方面还会偏离个人信息制度设立的法律预期。在个人信息纠纷中,个人信息可由多个信息处理者处理,侵权主体往往很难确定,且因为算法技术的隐蔽性,个人很难获取证据证明行为人存在过错。由于双方利益存在重大失衡,立法对侵害个人信息权益采用过错推定原则。但传统人格权制度所欲应对的环境是传统社会中他人对个人信息的不当使用情形,由于双方之间并不存在利益不对等的状态,采用的是一般过错责任。据此,如果用传统人格权制度取代个人信息权制度,无疑会覆盖个人信息权益的边界,最终会导致个人信息保护的目的落空。

3. 正确适用的关键:把握个人信息的核心特征

该案作为个人信息领域的代表性案例,其典型意义在于,在数字环境中,运用算法技术处理个人信息导致的个人信息纠纷才是个人信息权适用的情形,也是个人信息权利独立存在的价值体现。而正确适用个人信息权的关键在于抓住个人信息识别性特征的核心要素:算法技术运用下的识别性。该案发生在数字领域,法院最开始就注意到物理空间与数字社会中的读书活动的不同,具体论证也是以数字社会为背景展开的,且本案侵害的对象是在算法技术处理下形成的个人信息,法院指出在数字社会中,个人信息的核心特点为可识别性,这种可识别性建立在自动化信息技术的基础上,即根据"算法处理+信息关联"确定读书信息属于个人信息,随后被告对这些信息进行的收集、使用、公开以及自动化推荐等侵权行为都以算法技术应用为前提实施的。据此,个人信息权的客体特征不仅表现为可识别性,而且这种可识别性必须建立在算法技术处理的基础上,即只有经过算法处理的个人信息才属于个人信息权受保护的客体范围。

(四) 小结:个人信息的本质特征是什么?

综上可以看出,在司法实践中,人格权纠纷的表现形式是以侵害信息的形式呈现的,法院对个人信息权与传统人格权的区分主要集中信息内容层面,即个人信息是否属于具体人格利益。如若属于就以具体人格权保护;如若不属于,就以个人信息权保护;如若出现两项权益并存的局面,就采用权利聚合的方式对两项权利进行双重保护,但就二者在识别特征上重叠部分的差异,却鲜少注意。在理论层面,学者用"识别性"作为界定个人信息的标准,着力强调从外部解释个人信息的"识别性"①,以此来确定个人信息权的适用场景,但对于两者如何区分的问题,希冀通过协调适用顺位来解决,轻视了从本质上理解个人信息的"算法识别性"。

二、个人信息的算法识别性的内涵

(一) 算法识别是个人信息的独有特征

数字社会作为人类的一种新型生存样态,构成了个人信息保护的制度前提。要讨论其制度根基,首先需要明确数字社会中个人信息的核心特征。如果说传统线下社会中最基本的元素是金木水火土等自然物质,那么数字社会中最基本的元素则是数据与个人信息。在互联网背景下,数据与个人信息的本质特征是"算法识别",即数字社会中的信息具有可计算性,而传统社会的信息是不可计算的,只能进行自然识别。具体说来,传统社会的信息传播平台是每个自然人的"大脑",传播方式主要是口口相传或通过纸张、书本等物理形式流传。其中,个人姓名、性别等事实的信息存储与传播效率较低,容易造成信息失真或丢

① 目前如何理解"识别性"来确定个人信息的范围存在以下五种观点:1.限缩主义:该观点认为应该缩小个人信息的范围,降低个人信息匿名化的不确定的范围。韩旭至:《大数据时代下匿名信息的法律规制》,载《大连理工大学学报(社会科学版)》2018年第4期,第72—73页。2.扩张主义:该观点认为应该将与特定主体身份相关的信息均纳入个人信息的范畴。王利明、丁晓东:《论〈个人信息保护法〉的亮点、特色与适用》,载《法学家》2021年第6期,第2—3页。3.场景主义:该观点主张引入场景风险理论,在不同情境中定义个人信息。Helen Nissenbaum, *Privacy in Context*: *Technology*, *Policy*, *and the Integrity of Social Life*, Stanford Law Book, 2010. 4.解释主义:该观点主要是对立法的可识别性进行解释,认为应该将识别置于个人身份建构的动态过程,在不同的身份关系中对"识别"适用不同解释标准。曹博:《个人信息可识别性解释路径的反思与重构》,载《行政法学研究》2022年第3期,第141—143页。5.社会控制主义:该观点认为基于信息处理技术的升级,个人对其信息的控制不具有现实性和可操作性,主张个人信息应该由社会控制。高富平:《个人信息保护:从个人控制到社会控制》,载《法学研究》2018年第3期,第92—101页。

失,信息的财产价值受限,对于有创造性价值的知识信息,如文学作品、专利等,则通过知识产权保护。数字社会中网络用户是个人信息的来源,浏览网页所产生的痕迹信息、购物产生的个人偏好信息等被信息技术搭建的平台固定,平台通过一系列收集、加工、整理等自动化处理活动,将个人信息转化为"0"和"1"的二进制机读数据,甚至可以通过达成区块链共识形成不可更改的"链上数据",这使得对个人信息的深度且多元利用成为可能。因此,数字社会以算法为核心①、以网络平台为载体,个人信息因此具有了可计算性,即算法识别性。②

　　数字社会中最基本元素(数据、个人信息)的可计算性决定了以其为基础的法律活动几乎都是可计算的,法学问题由此转变为可计算问题。数据价值是以算法为核心的。单个、少量的数据价值密度低,而经算法收集、加工、处理后形成的数据集合则价值倍增,尤其是被称为大数据的衍生数据集合本身即以价值密度高为特征。由此,便形成了数据价值链。这一价值链可表示为"原始数据(个人信息 + 其他数据)→算法(处理)→(大)数据(衍生数据)"。借用莱斯格所提出的"法律——社群规范——市场——架构"的网络法经典分析框架,在数据价值生产中,算法处于架构的地位,决定了数据的价值。数据抓取、数据处理、数据应用均离不开算法,正是这些算法实现了低价值的原始数据向高价值的衍生数据转化。数据经济的实质便是"算法定义经济"。因此,算法也是法律的最佳规制对象。③其一,计算是对隐私保护的代码规制。为实现个人信息保护与利用的平衡,信息科学领域研发了隐私计算(Privacy Calculus)、信任计算(Calculative Trust)、多方安全计算(Secure Multi-party Computation,MPC)、联邦学习(Federated

---

① 有关数字社会或智能社会是由算法主导的论述,可参见张文显:《构建智能社会的法律秩序》,载《东方法学》2020 年第 5 期,第 7 页。

② 参见彭诚信:《数字社会的思维转型与法治根基——以个人信息保护为中心》,载《探索与争鸣》2022 年第 5 期,第 118 页。

③ 以上论述可参见韩旭至:《数据确权的困境及破解之道》,载《东方法学》2020 年第 1 期,第 106 页。

Learning，FL)及差分隐私(Differential Privacy)等可计算技术保护个
人信息。[①]其二,计算是对处理者的义务要求,个人信息处理者去识别
化、匿名化等义务需通过算法来实行。其三,有关数据(含个人信息)之
上的利益分配更需要算法来实现。其四,计算是个人信息权的行使方
式。以知情权、算法解释权与删除权为例,知情权体系包括信息处理者
事前的告知、信息主体事中的访问以及信息处理者事后的解释[②],涉及
用户个人信息被谁处理、以何种目的进行何种程度的处理、不同程度的
算法透明等,均须经过计算方式才能实现。算法解释权并不限于人工
解释,当前很多互联网公司在客户咨询中,都采取了机器解释方法,以
自动化或非人工方式答疑解惑。[③]个人信息删除权包括信息处理者的
主动删除义务及个人的信息删除请求权两方面,若不通过计算则往往
难以实现。[④]从法律成本角度看,"云存储"的个人信息删除权不宜界定

---

① 隐私计算是指在数字社会中,信息处理者无需通过窥探隐私的传统方式,而是
基于海量信息开展的算法应用即可实现对个人隐私的推测和获取。如著名的"塔吉特百
货孕妇营销案",百货公司利用顾客的购买数据推测出该少女怀孕,并向其推荐一系列孕
妇产品。信任计算是指在数字社会中,由于人们的社会行为会在网络空间中留下痕迹和
记录,因此通过分析这些信息,可以对其信用程度进行客观化计算,形成具体的信任评
分。多方安全计算和联邦学习技术是目前在提供隐私保护前提下实现数据价值挖掘的
应用手段,其中多方安全计算是指非信任主体在数据相互保密的前提下进行高效融合计
算的技术;联邦学习技术是指在不共享本地数据的前提下,实现机器学习模型多方协同
训练的技术。差分隐私是一项实践中被广泛运用的隐私保护技术,由于其严格的数学定
义和组合的灵活性,成为隐私保护的重要标准,被广泛应用于大数据收集的各个方面,美
国人口普查局便对人口统计数据采用差分隐私模型。参见吴军:《智能时代——大数据
与智能革命重新定义未来》,中信出版集团2016年版,第152—155页;胡凌:《数字社会
权力的来源:评分、算法与规范的再生产》,载《交大法学》2019年第1期,第21—30页;唐
林垚:《数据合规科技的风险规制及法理构建》,载《东方法学》2022年第1期,第79—80
页;赵精武:《破除隐私计算的迷思:治理科技的安全风险与规制逻辑》,载《华东政法大学
学报》2022年第3期,第36—39页;郝玉蓉、朴春慧、颜嘉麒、蒋学红:《基于本地化差分隐
私的政务数据共享隐私保护算法研究》,载《情报杂志》2021年第2期,第170页。

② 参见万方:《算法告知义务在知情权体系中的适用》,载《政法论坛》2021年第6
期,第84页。

③ 参见丁晓东:《基于信任的自动化决策:算法解释权的原理反思与制度重构》,载
《中国法学》2022年第1期,第104页。

④ 参见王禄生:《区块链与个人信息保护法律规范的内生冲突及其调和》,载《法学
论坛》2022年第3期,第83页。

为物理删除,物理删除需要清空数据库才能实现,会对云空间造成全局影响,此时删除应指经过计算的逻辑删除,删除权以逻辑删除形式行使。综上可知,个人信息的身份可识别性并不是数字社会保护个人信息的充分条件,算法识别是数字法学中个人信息范畴的另一重要特征。无论线上个人信息权还是线下人格权,"可识别"的法律功能仅是使信息与个人关联,其意义在于使信息产生了"权利"归属的可能,只有区分出是谁的信息,才能确定法律保护的权利主体。算法的介入切实改变了数字社会的权利义务形态,使权益保护、权利行使、义务履行均具有了计算属性。

　　无论《民法典》还是《个人信息保护法》,均对个人信息的识别规则采用两个核心词:"可识别"与"电子",其中个人信息的"可识别"特征似乎被更多强调。但个人信息的"电子"特征才是数字社会中个人信息"可识别"的标志。因为"电子"化意味着个人信息可机读,可通过算法处理,才更为契合数字社会的本质要求。当下在法律上讨论的个人信息,在实践中数据企业所关心的个人信息,应特指电子化的个人信息,即在赛博空间可以被运算、被计算、被自动化处理的以电子为表征形态的信息。如果要更为准确地界定数字社会中个人信息的特征,应该是"电子化的可识别(机读与算法处理)信息",换句话说,"算法识别"才是数字社会中个人信息的本质特征。因为,仅靠"识别性"并无法将个人信息的特征与同具有信息属性的具体人格利益(姓名、肖像、名誉等)区分,毕竟所有具体的人格利益在外在社会表现上同样都具有识别性,只不过识别传统社会中具体人格利益的方式是"自然识别",即通过照片、文字、语言等物理方式予以识别,而非借助算法。由此可知,个人信息的算法识别性决定了数字社会的个人信息是通过数据处理(算法技术)之后可识别个人的电子信息,是"个人在信息处理过程中应当获得保护的信息"。[①]

---

　　① 　王锡锌、彭錞:《个人信息保护法律体系的宪法基础》,载《清华法学》2021 年第 3 期,第 14 页。

（二）个人信息权益与传统人格权的识别性区分

第一，传统线下社会识别个人的方式是一种自然识别，数字社会识别个人的方式是一种算法识别（技术识别）。在传统社会，个人信息的通用功能是熟人之间根据人格标识进行相互验证的身份符号，主要依赖他人对个人典型社会特征的记忆，是通过人们的大脑进行辨认的物理识别方式。而在数字社会，算法技术的加持改变传统识别个人的方式，实现"从个人'认出来'到技术'看出来'的转变升级"。①准确地说，数字社会中的识别是通过算法"算出来"的。数字化使得存储成本的降低、零碎信息的整合分析以及全球化的数字记忆访问成为可能。个人信息的载体由此发生重大变化，除传统的人脑、纸质之外，个人信息更多地存储于互联网中，其传播方式具有多样性和瞬时性。数字化记忆代替熟人之间的"头脑记忆""文字记录"，成为新的信息记忆方式，人机交互的自动化方式代替传统人人交换的信息获取方式。虽然，人与人之间通过人格特征进行直接识别的方式依然存在，然而个人信息的可算性与数字技术的互联性相结合，将人们带入快速运转的网络之中，算法技术取代人脑，将分散在网络各处的个人信息进行关联和分析，替代他人对个人进行区分与识别，例如具有明显算法特征的 IP 地址、广告 ID、人脸识别信息等。

第二，传统人格权客体中的"识别性"指向个人身份识别，个人信息中的"识别性"还指向个性特征识别。在传统线下社会，"识别"意味着依赖信息分辨出特定个人，通常指姓名、肖像等具有唯一指向性的标识信息，以此形成他人对个人的社会评价。而在数字社会，面对自动化技术的持续升级，个人信息发生从身份识别到识别分析的机制转变。处理个人信息的主要目的与其说是识别个人身份，不如说是"识别具体个人的个性特征"。②信息处理者借助算法技术对个人的特定行为、兴趣

---

① 参见韩旭至：《刷脸的法律治理：由身份识别到识别分析》，载《东方法学》2021 年第 5 期，第 69 页。

② 高富平教授认为个人信息保护法规范的处理行为是以分析为核心的数据活动，分析是对特定数据运算处理形成个人某个方面的描述或预测。参见高富平：《个人信息处理：我国个人信息保护法的规范对象》，载《法商研究》2021 年第 2 期，第 83 页。

爱好进行预测分析,使碎片化信息也可能因为自动化技术分析而勾勒出"数字画像"①,以此推测出个人的需求偏好并制定精准营销计划或对产品优化升级。在此意义上,"可链接性"成为限定个人信息范围的基本要求。②关联信息累积越多,构建的数字图像越精确。因此,在自动化技术环境下,"算法的关联性大大延伸关联信息的效用性",③改变了识别个人信息的方式和目的,以技术识别为中心带来一连串的蝴蝶效应都与传统社会的自然识别存在本质差异。

三、算法识别标准的证成

(一)个人信息保护制度的历史发展源于算法识别

为进一步证成个人信息的本质特征是算法识别性,可以从个人信息保护制度的历史发展过程进行分析,由此解析个人信息识别性的深层含义,也可以理解个人信息权与传统人格权区分构建的权利图景。

1. 算法背景下个人信息保护的基本框架

个人信息保护立法最早在欧洲兴起,1970 年德国黑森州出台的《数据保护法》是世界首部个人数据保护法,随后在 1973 年瑞典颁布的《数据法》是世界首部国家立法,而 1977 年德国颁布了国内首部《联邦个人数据保护法》,这些都是当时立法的典型代表。由于当时计算机技术处于起步阶段,立法适用的处理主体虽涵盖公私法部门,但针对的主要是政府部门对个人电子档案的处理行为。④虽然上述法律并未形成

① Daniel J. Solove, A Taxonomy of Privacy, *University of Pennsylvania Law Review*, Vol.154, No.3, 2006, p.514.

② 参见高富平:《个人信息流通利用的制度基础——以信息识别性为视角》,载《环球法律评论》2022 年第 1 期,第 91 页。

③ Paula Kift & Helen Nissenbaum, Metadata in Context-An Ontological and Normative Analysis of the NSA's Bulk Telephony Metadata Collection Program, *I/S: A Journal of Law and Policy for the Information Society*, Vol.13, No.2, 2017, p.362.

④ 瑞典《数据法》、德国《个人数据保护法》主要使用"个人档案"的概念对公共部门的自动化处理行为进行规制。参见高富平、王苑:《论个人数据保护制度的源流——域外立法的历史分析和启示》,载《河南社会科学》2019 年第 11 期,第 39—40 页。

较为清晰完整的个人信息保护框架,但作为个人数据保护的初次立法尝试,为后续各国、地区和国际组织立法提供了重要参考价值。个人信息保护作为全球关注的课题同样引起世界组织的重视。由美国、加拿大等发达国家组成的世界经合组织(OECD)于 1980 年公布的《隐私保护和个人数据跨境流通指南》,首次确立了个人信息保护的八项基本原则,该指南旨在规范个人数据的自动处理行为。①即使 OECD 在 2013 年对其作出了重大修订,也是为了应对自动化技术的大规模应用对个人带来的新威胁而进行强化信息保护的活动。②而欧洲委员会几乎与 OECD 同步制定了个人信息保护规则,于 1981 年公布了《个人数据自动化处理中的个人保护公约》(以下简称《108 公约》)③,作为全球首部个人数据保护的国际公约,从名称到适用范围都可体现公约规制的对象是自动化处理行为,即"适用于所有公共和私人领域的自动化个人数据文档和个人数据的自动处理行为"。至此,立足于自动化技术背景,个人数据保护框架基本形成,成为各国和地区制定个人信息保护法的核心框架,其中以欧盟和美国的立法尤为典型。

2. 个人信息保护框架对欧美立法的影响与深化

美国个人信息保护的理论基础源于 Westin 提出的"信息控制理论",主要针对的是利用数据库等自动化技术大规模处理个人数据的主体。④在计算机技术背景下,美国个人信息保护立法立足于"公平信息

①　《隐私指南》适用于公共和私人领域的个人数据,由于其处理的方式、数据的性质或使用的环境可能危害个人隐私和个人自由;规定的八大基本原则包括:收集限制原则、数据质量原则、目的特定原则、使用限制原则、安全保护原则、公开原则、个人参与原则、责任原则。Recommendation of the Council Concerning Guidelines Governing the Protection of Privacy and Transborder Flows of Personal data(1980).

②　Recommendation of the Council Concerning Guidelines Governing the Protection of Privacy and Transborder Flows of Personal data(2013).

③　《108 公约》对"自动化处理"的解释是:自动化处理即计算机处理,计算机是一种以逻辑运算为核心的数据存储和运算工具,可以实现数据处理的自动化。Convention for the Protection of Individuals with Regard to Automatic Processing of Personal Data (1981).

④　See Daniel J. Solove, "Access and Aggregation: Public Records, Privacy and the Constitution", *Minnesota Law Review*, Vol.86, No.6, 2002, pp.1137—1218.

实践原则"①,针对特定主体的自动化处理行为进行规制。具体而言,美国国会通过一系列立法强化对个人信息的保护,针对政府、学校、医院等公共机构采用自动化技术对个人信息进行的大规模处理行为进行规制。例如,1974 年《隐私法》(Privacy Act)针对政府机构对公民信息的收集与处理行为②,《家庭教育权利与隐私法》(Family Educational Rights and Privacy Act,FERPA)针对教育机构对未满 18 周岁在校学生信息的处理行为③,《健康保险可携带性与隐私法》(Health Insurance Privacy And Portability Act,HIPPA)针对健康与特定医疗服务提供者对个人健康信息的处理行为④,《儿童在线隐私保护法》(Children's Communication Privacy Act,COPPA)针对网站或网络运营商处理在线儿童信息的行为⑤,《消费者隐私权保护法案(草案)》(Consumer Privacy Bill of Rights Act,CPBR)⑥以及美国加州 2020 年生效的《加州消费者隐私法》(California Consumer Privacy Act,CCPA)⑦针对的是数据企业对消费者个人信息的处理行为。这些立法都以自动化技术为架构,规范收集、利用、披露、关联等信息处理行为,对处理行为的定义都带有明显的技术色彩,并且"将个人信息保护的范围限定在由自动化技术导致的持续性不平等信息关系的主体之间",⑧排除纯粹从事私人或家庭活动的信息处理活动。

---

①　针对自动化技术处理带来的负面问题,1973 年美国政府在教育、医疗与福利部门成立关于个人数据自动系统的建议小组,该小组发布"公平信息实践准则"报告,成为美国后续立法的基础框架。参见丁晓东:《论个人信息法律保护的思想渊源与基本原理——基于"公平信息实践"的分析》,载《现代法学》2019 年第 3 期,第 96 页。

②　5 U. S. C. § 552a(1974).

③　20 U. S. C. § 1232g.

④　Pub. L. No. 104—191.就该法案的实施,美国卫生与公共服务部发布 HIPAA 安全规则确立了以电子方式收集存储个人健康信息的国家安全标准。

⑤　15 U. S. C. §§ 6501—6506.

⑥　Administration Discussion Draft:Consumer Privacy Bill of Rights Act of 2015.

⑦　California Consumer Privacy Act.该法案现已经整合到《加州民法典》(California Code Regulations)。

⑧　参见丁晓东:《个人信息权利的反思与重塑——论个人信息保护的适用前提与法益基础》,载《中外法学》2020 年第 2 期,第 343 页。

欧洲个人数据保护的理论基础源于德国学者施泰姆勒提出的"信息自决权",目的在于应对个人信息自动化处理对个人隐私可能带来的威胁,适用范围同样限定在个人信息自动化处理领域。①欧盟是个人数据保护立法的主要阵地,为形成统一的个人信息保护规则,1995年欧盟以《108公约》为蓝本制定了《数据保护指令》,该指令在第3条明确将适用范围限定在"全部或部分自动方式对个人数据的处理行为,以及自动方式以外的其他方式旨在形成个人数据存档系统部分内容的个人数据处理",即使包含一般处理行为也以"存档系统中的个人数据"为前提,即"可按照特定标准访问或获取的结构化个人数据集合"②,同时排除纯粹私人或家人目的的数据处理活动。③之后为适应算法技术的发展需求,欧盟在《数据保护指令》的基础上作出重大修整,于2016年出台了目前在全球范围内最具影响力的《一般数据保护条例》(GDPR),GDPR在适用范围上也仍与《数据保护指令》保持一致。④

3. 小结:个人信息保护制度适用于算法技术应用的领域

从个人信息保护立法的首次尝试,到国际保护规则的确立,再到全球立法改革潮流的兴起,规范自动化技术(算法)处理个人信息的行为自始至终都是立法的方向和目的。个人信息保护制度是技术变革的产物,由此设计的法律制度自应适用于算法技术领域,因此,对个人信息"识别性"的解读必须以算法技术的应用为核心,同样,作为个人信息权客体范围的个人信息也是围绕这一核心来界定的。

(二)个人信息权的客体范围依赖算法识别

尽管个人信息是法律保护的人格利益,但如若将所有个人信息都纳入个人信息权保护客体范围的话,那么所有个人信息的处理都需要

---

① 参见杨芳:《隐私权保护与个人信息保护法——对个人信息保护立法潮流的反思》,法律出版社2016年版,第51页。

② Directive 95/46/EC,Article 2(c).

③ Directive 95/46/EC,Article 3.

④ General Data Protection Regulations,Article 2.

经过个人同意,这不仅背离了个人信息权制度的运行背景,也将严格限制个人信息的自由流通。无论从各国立法对个人信息的定义还是个人信息保护的理论基础来看,作为个人信息权客体意义上的个人信息自始都是以算法为中心来对可识别的边界进行限定的。

1. 国内外制定法上关于个人信息界定以算法识别为标准

个人信息权的客体范围以算法技术的应用为前提,而立法对算法的规制也必须以可识别的个人信息为标准。目前,大部分国家和地区对个人信息的定义都包含对"自动化处理"和"识别"的界定。以欧盟GDPR为例,一方面,第4条第1款规定:"个人数据指与已识别或可识别的自然人相关的数据",其中列举的"定位数据、网络标识数据"体现了个人数据的电子化特征;该条第2款对"数据处理"(对数据的收集、记录、存储、改编、删除、销毁等自动或非自动方式进行的)以及第4款对"识别分析"(对个人数据采取的任何自动化处理的方式)的定义①,是从行为规范层面勾勒出算法处理个人信息的主要场景,体现了立法利用算法正向确定个人信息范围的设计架构。另一方面,GDPR将识别性标准内化到算法技术中,即第5条规定"假名化机制"(采用适当的技术和措施使他人无法将数据连接到具体个人),从反向层面确定了非个人数据的范围。美国立法对个人信息的定义也可以体现这一特征。以美国CPBR为例,该法案定义个人信息为:"能够直接识别或合理关联到特定个人或设备的信息",相较于欧盟GDPR模糊的识别性(iden-tifiable)定义,这种"关联到设备"的规定体现了算法技术的可链接性,比较精准地把握住了辨别个人的算法特质。同时,CPBR也将"去识别化处理"的信息排除在个人信息的保护范围。②

①　General Data Protection Regulations,Article 4.值得强调的是,欧盟对个人数据与非个人数据采取不用的调整规则,对于个人数据的保护坚持严格保护标准;对于非个人信息,欧盟委员会提出《非个人数据自由流动框架条例(草案)》,定义非个人数据为非个人以外的机器自动生成的数据,旨在为非个人数据构建自由流动规则,以此与《一般数据保护条例》共筑成完整的数据保护体系。

②　Administration Discussion Draft:Consumer Privacy Bill of Rights Act,Section 4(a).

与欧美立法相似,我国立法对个人信息的定义也带有明显的算法色彩。《民法典》《网络安全法》《个人信息保护法》采用识别路径定义个人信息,[1]还在定义中明确使用"电子记录"术语,并将匿名化信息排除在个人信息的范围之外。以算法为中心定义个人信息还可以通过我国司法实践中体现出来。例如在"黄某诉腾讯案""凌某诉抖音案"中[2],法院认定通过算法固定的读书信息、算法自动关联的好友列表等信息认定为个人信息。而在"朱某诉百度案"中[3],案涉数据虽然都是原告基于算法生成的信息(Cookies 浏览记录),但法院认为相关数据因匿名化而不属于个人信息。由此可见,以算法技术为架构,个人信息的范围既可以从正向层面(算法 + 识别)界定,亦可以从反向层面(匿名化/去识别化)加以排除,体现了个人信息的算法性特征。

2. 个人信息保护的理论基础体现算法技术对个人信息范围的限定

个人信息权制度的核心理念是个人对其信息的处理具有自主决定权,无论是个人信息自决权(欧盟)还是个人信息控制权(美国),个人对其信息的自主均限定在算法技术处理层面。有学者认为个人信息自决权的确立源于德国"人口普查案",该权利主张没有不重要的个人信息,个人对其所有的信息都具有控制权[4],这其实是对个人信息自决权的误读。事实上,德国联邦宪法法院并未承认这一权利的普适性,而是对适用信息自决权的义务主体和处理场景进行了限制,即公权力机构和个人信息自动化处理行为,脱离了这两个限制因素,个人信息自决权也

---

① 三部立法定义个人信息的范围略有区别:《民法典》采用的是"直接识别"标准,《网络安全法》采用的是"直接识别+间接识别"标准,《个人信息保护法》采用"识别+关联"的标准。由此可见,个人信息的范围依次扩大,但是无论何种标准,个人信息具有"识别性"特征并未改变。

② 参见北京互联网法院(2019)京 0491 民初 16142 号民事判决书;北京互联网法院(2019)京 0491 民初 6694 号民事判决书。

③ 参见江苏省南京市中级人民法院(2014)宁民终字第 5028 号民事判决书。

④ 参见齐爱民:《拯救信息社会中的人格》,北京大学出版社 2009 年版,第 77 页。杨立新:《个人信息:法益抑或民事权利——对〈民法总则〉第 111 条规定的"个人信息"之解读》,载《法学论坛》2018 年第 1 期,第 41 页。

就失去了正当化基础。①即使是美国信息控制权理论的创议者——威斯汀,其所说的个人对其信息的控制,也是以计算机技术、现代科技以及与此结合的权力部门对个人的威胁为背景才提出的,针对的是特定义务主体的自动化处理行为。②由此可见,个人信息自决权主要为了纠正个人在信息处理关系中弱势地位,其适用范围内也仅限于自动化领域。因此,在数字空间,并非所有的个人信息都属于个人信息权的客体范围,而必须是运用算法技术处理过的个人信息。

3. 小结:个人信息权的客体必须是经过算法"算出来"的个人信息

算法的介入使个人信息可以固定、存储、计算、分析,由此使其具有了可控性和效用性,也正因如此,使个人信息成为需要独立保护的对象。可以说,个人信息权的客体范围是以算法为中心进行界定的,而算法的运算边界又以个人信息的识别性为依据。在此意义上,个人信息保护的并非个人产生的所有信息,而是算法识别出来的个人信息,以此为界生成个人信息权的权利空间也自然带有算法标识。

(三) 个人信息权的权利内容根植于算法识别

从个人信息权的生成逻辑来看,正是为了强化个人在算法技术处理中的控制力度,法律才赋予个人一系列的权利,从这些权利特征亦可以折射出个人信息的算法识别。

1. 个人信息的算法识别性决定其上权利的算法识别性

权利客体的法律本质决定权利本身的本质特征。个人信息权是因算法处理而产生的需要保护和控制个人信息的权利,是一种积极的防御权,即"通过赋予个人知情权、选择权、拒绝权等使个人进行积极的风险控制,由此实现个人自治以及信息的持续供给"。③通过分析各国立

---

① 参见杨芳:《个人信息自决权理论及其检讨——兼论个人信息保护法之保护客体》,载《比较法研究》2015 年第 6 期,第 26—31 页。

② 参见丁晓东:《个人信息私法保护的困境与出路》,载《法学研究》2018 年第 6 期,第 198 页。

③ 参见彭诚信:《论个人信息的双重法律属性》,载《清华法学》2021 年第 6 期,第 7 页。

法中的信息权利可以发现,这些权利都是为了约束算法处理个人信息的行为生成的,是信息自决权在立法上的具体呈现,体现出明显的技术特征。以欧盟 GDPR 规定的权利束为例①,一方面,这组权利是以可识别的个人信息为客体,围绕个人信息从收集、存储、分析、利用到删除的整个过程赋予个人相应的权利,确保个人在各处理阶段的参与力度。例如,在事前防范中个人享有知情权、决定权,事中监督中个人享有访问权、限制处理权、反自动化决策权等,事后救济中享有更正权、删除权,同时规定算法解释权、数据携带权等赋予个人积极参与信息处理的权利,都必须建立在可识别的基础上。另一方面,这组权利是为规制算法行为设立的,具有权利上的算法性特征。算法解释权即是算法性权利的典型,从其权利名称就可以体现出来。该权利由知情权和反自动化决策权衍生,主要为规制信息处理者利用算法对个人进行大数据杀熟、大数据歧视而设,旨在赋予个人可要求信息处理者解释相关算法行为的权利。②再如,数据携带权是个人信息自我控制得以实现最为重要的权利机制③,即"在技术可行的情况下,个人有权将其个人信息转移给另一个信息处理者"④,从其定义可以看出,个人信息的整体转移依赖相应的技术规范来实现,显示了权利的可计算性特征。

2. 个人信息权的行使边界以算法处理的个人信息为限

个人信息以算法识别为核心,决定了其上权利的算法识别性。同时,作为技术架构的算法在一定意义上生成了个人信息的权利空间。例如在实践中,数据企业利用人脸识别技术识别出的人脸信息,

---

① General Data Protection Regulations, Article 12—22. 需要注意的是我国《个人信息保护法》并未明确规定数据携带权和算法解释权,对于这两项权利是否成立以及是否有引进的必要,学界尚存在争论。

② 《一般数据保护条例》并没有明确规定算法解释权,然而通过分析条例第 12 条第 7 款、第 13 条第 2 款第(f)项、第 14 条第 2 款第(g)项、第 15 条第 1 款第(h)项以及第 22 条第 1 款和第 3 款关于公开透明机制和自动决策机制的规定,可以解读出个人享有算法解释权。

③ 参见汪庆华:《数据可携带的权利结构、法律效果与中国化》,载《中国法律评论》2021 年第 3 期,第 190 页。

④ General Data Protection Regulations,Article 20.

Cookies 技术追踪个人网络痕迹并由此形成数字画像,个人穿戴设备收集分析的行为轨迹信息等,这些信息都是由算法生成并由算法识别。将算法技术嵌入个人信息权中是个人信息算法识别性的内在要求,即"经设计的隐私"。①其中,风险最小化的算法设计标准可以从正面确定个人信息的保护范围,"解决个人信息保护与数据权利的界分问题"②,由此催生出相应的包含算法技术的权利,如拒绝权、反自动化决策权、算法解释权等。欧盟更是在 GDPR 将"经设计的隐私"技术标准纳入保护规范中,列举了采用数据最小化机制、匿名化机制等融入到数据处理中③,配以问责机制和认证机制落地实施④,成为技术权利化的典型条款。而匿名算法技术可以从反面排除个人行使信息权利的空间⑤,例如在"余某诉查博士二手车案"中⑥,正因为二手车况信息达到了匿名化规则的要求而不受"删除权"的保护。

综上分析,算法是个人信息价值产生的技术架构,个人信息的算法性决定个人信息权的可计算性,而个人信息权的行使亦以识别性为前提,并依赖算法来实现。

---

①　"经设计的隐私"是一种事前预防机制,是在技术系统中通过隐私设计贯穿于信息利用的整个周期,这一理论由加拿大安大略省隐私专员 Ann Cavoukianbi 提出,并转化出七项原则:1.主动预防,而非消极补救;2.将隐私保护作为默认设置;3.隐私保护设计贯穿整个生命周期;4.全功能——正和非零和规则;5.终端安全——全生命周期的保护;6.可视性和透明度——保证公开;7.尊重隐私,以信息主体为核心。See Ann Cavoukian, *Privacy by Design*, *Information and Privacy Commissioner*, Ontario, Canada, 2013, pp.3—4.

②　韩旭至:《算法维度下非个人数据确权的反向实现》,载《探索与争鸣》2019 年第 11 期,第 148 页。

③　General Data Protection Regulations, Article 25.该条规定了"经设计的数据保护"和"默认的数据保护"。

④　参见张继红:《经设计的个人信息保护机制研究》,载《法律科学(西北政法大学学报)》2022 年第 3 期,第 39 页。

⑤　目前在实践中,信息处理者通过个人信息标识加密技术、关联技术和有效授权技术,同时融合密码学和其他隐私计算技术,用于加强对个人标识信息的加密保护,尝试确保个人信息仅在授权空间内使用。参见刘晗:《个人信息的加密维度:〈密码法〉实施后的密码应用与规制路径》,载《清华法学》2022 年第 3 期,第 106 页。

⑥　参见广州互联网法院(2021)粤 0192 民初 928 号民事判决书。

四、算法识别性作为个人信息本质特征的司法实践意义

以下将以算法识别性为核心重新解读上述三则典型案例,一则可验证个人信息的本质特征,以有效区分个人信息权与传统人格权;二则可印证个人信息权得以存在的制度空间——数字社会,以契合个人信息保护法的预期适用领域。

(一)实现个人信息与传统人格权规则的区分适用

"识别"一词的歧义性引起个人信息权与传统人格权混乱适用的现象,若要辨析两者,就需要依赖"算法"进行区分。以"算法识别"为鉴别要素,个人信息与传统人格权规则在侵权主体、归责原则以及损害认定上存在明显差异。

1. 侵权主体的范围不同

个人信息的算法识别性限定了在侵权案件中可对抗的侵权主体主要是信息处理者(包括第三方信息处理者)[①],而传统人格权案件的侵权主体一般是不特定的第三人。传统社会的个人信息处理关系和数字社会的信息处理关系的最大区别在于,前者调整的是普通主体之间的信息处理关系,而后者调整的是信息主体与信息处理者之间因能力失衡所形成的事实地位不平等的信息处理关系[②],个人信息权益正是为纠正这种处理能力偏差而确立的。在"小区张贴判决书案"中,案涉信息虽然具有识别性,但属于线下处理个人信息的行为,且原被告双方属于平等民事主体,并不存在需要倾斜保护一方的情形,因此沿用传统人格权思路保护即可。在"微信读书案"中,腾讯公司使用算法收集、利用、公开原告的读书信息,并运用算法技术对原告进行自动化推荐、决

---

① 信息处理者是个人信息的实际控制者、个人信息损害风险的实际制造者,是个人信息财产价值的直接创造者和实际受益者,由其履行个人信息的安全保障义务符合效益原则。参见彭诚信:《论个人信息的双重法律属性》,载《清华法学》2021 年第 6 期,第17—18 页。

② 参见王苑:《个人信息保护在民法中的表达——兼论民法与个人信息保护法之关系》,载《华东政法法学学报》2021 年第 2 期,第 72 页。

策,原告既不知情也无法控制,与腾讯公司相比,无论在风险认知还是信息控制能力上均处于弱势地位,两者处于持续信息能力关系不平等的状态,这正是个人信息权制度所欲矫正的社会关系。

2.归责原则不同

在个人信息纠纷中,个人信息因可识别而获得法律保护,但算法技术的应用造就了个人在举证能力上的不足,因此,我国《个人信息保护法》第69条第1款确立了侵害个人信息权采用过错推定责任,以此来缓解个人与信息处理者在举证能力上的偏差①,这与传统人格权侵权的归责原则不同。在数字环境中,由于算法的隐蔽性和专业性导致个人面临无法证明"算法如何识别、如何歧视、如何杀熟"的举证困境,为缓解双方利益的紧张关系,适用过错推定责任成为立法者的必然选择。②一方面,个人信息处理者距证据较近,且专业较强,采用过错推定

---

①　该条规定:"处理个人信息侵害个人信息权益造成损害,个人信息处理者不能证明自己没有过错的,应当承担损害赔偿等侵权责任。"当前,个人信息侵权应适用何种归责原则仍存在较大争议。在比较法上存在三种立法模式:1.欧盟 GDPR 采用无过错责任;2.德国根据自动化处理技术与非自动化处理技术,分别适用无过错责任与过错推定责任。3.我国台湾地区根据主体不同(公务机关与非公务机关),分别适用无过错责任和过错推定责任。参见程啸:《个人信息保护法理解与适用》,中国法制出版社 2021 年版,第 501—503 页。在学界目前存在四种观点:1.适用过错责任原则:该观点认为个人信息的过错以"是否违反信息处理者的公法义务"为判断要件,并不属于过错推定责任。参见周汉华:《平行还是交叉:个人信息保护与隐私权的关系》,载《中外法学》2021 年第 5 期,第 1180—1183 页。2.二元归责原则:该观点认为应该根据不同的处理行为(自动化处理与非自动化处理)分别适用过错推定责任与一般过错责任。参见陈吉栋:《个人信息的侵权救济》,载《交大法学》2019 年第 4 期,第 49—51 页。3.根据个人信息的类型(敏感个人信息与一般个人信息)分别适用无过错责任与过错推定责任。参见程啸:《论我国个人信息保护法中的个人信息处理规则》,载《清华法学》2021 年第 3 期,第 73 页。4.三元归责原则:该观点认为,国家机关采用自动化处理技术侵权时适用无过错责任,非国家机关适用过错推定责任,所有信息处理者采用非自动化处理技术侵权时适用一般过错责任。参见叶名怡:《个人信息的侵权法保护》,载《法学研究》2018 年第 4 期,第 93—95 页。

②　在《个人信息保护法》出台之前,一些法院在个人信息侵权案件中通过降低证明标准,转换证明责任来缓解当事人之间的实质不平等。例如,在"申某诉携程网侵权责任纠纷"中,法院认为,申某已举证证明其将个人信息提供给携程公司之后其信息泄露,后在较短时间内发生信息泄露,已完成相应合理的举证义务。携程公司应就原告个人信息泄露无故意或过失之事实负举证责任。参见北京市朝阳区人民法院(2018)京 0105 民初36658 号民事判决书。

有利于强化信息处理者的举证义务;另一方面,可以减轻个人的举证负担,对受害人提供有效的救济。①在"微信读书案"中,原告能够提供的证据仅限于其可识别的信息——自动关注其微信好友并将其读书信息公开,然而该类信息的产生和利用属于腾讯公司内部的技术行为,原告很难提供清晰的侵权链条证明腾讯公司的算法行为构成侵权。因此,法院适用过错推定责任,将反驳原告主张的举证责任移转至腾讯公司。而在"小区张贴判决书案"中,物业公司张贴判决书的行为发生在线下,并未使用算法技术,原告从取证到举证都不存在技术上的困难,依照传统人格权规则适用一般过错责任即可。

3. 损害的认定标准不同

作为信息自决观念的延伸,信息的可识别性与人格权益保护之间建立联系,个人信息的可识别性是判断个人信息权益是否受到侵害的关键,②而这种可识别性必须以算法处理行为违反法律规定为前提。在数字社会,个人信息因算法技术的客观记录产生社会典型公开性,符合侵权损害的"客观真实性"要求③,但其损害后果具有潜在性和不确定性。④信息处理者侵害个人信息权可能爆发在任何处理环节,这种侵

---

① 参见王利明、丁晓东:《论〈个人信息保护法〉的亮点、特色与适用》,载《法学家》2021年第6期,第9页。

② 参见姚佳:《论个人信息处理者的民事责任》,载《清华法学》2021年第3期,第50页。

③ 参见彭诚信:《论禁止权利滥用原则的法律适用》,载《中国法学》2018年第3期,第261页。

④ 理论界对个人信息侵权中的"损害"认定存在争议,本书认为无论采用何种观点都不影响损害基于算法而具有客观性的特征。目前学界对于损害的认定存在两种观点:1.降低个人信息权益损害的认定标准,即只要侵害个人信息权益就构成侵权,就财产损失而言,可根据数据泄密、去匿名化导致的经济损失赔偿;就精神损害而言可降低"严重性"的认定标准,降低个人获得精神损害赔偿的门槛。叶名怡:《个人信息的侵权法保护》,载《法学研究》2018年第4期,第88—92页。2.以"风险"代替"损害"作为个人信息权益纠纷中认定责任成立的标准,依据风险投保的成本,并结合个案权衡,评估计算损害赔偿的数额。田野:《风险作为损害:大数据时代侵权"损害"概念的革新》,载《政治与法律》2021年第10期,第30—36页;谢鸿飞:《个人信息泄露侵权责任构成中的"损害"——兼论风险社会中损害的观念化》,载《国家检察官学院学报》2021年第5期,第28—36页;Daniel J. Solove & Danielle Keats Citron, "Risk and Anxiety: A Theory of Data-Breach Harms", *Texas Law Review*, Vol.96, No.4, 2018, pp.737—786。

害的发生具有普遍性,算法的循环分析还可能导致损害的衍生和可持续性,"以往的污点跟踪技术无法有效识别处理个人信息造成损害的潜在风险"[①],个人不仅难以应对这种风险,更难以就损害进行举证。据此,规制算法并"对强势主体施加义务"成为调整信息处理者与个人之间强弱关系的必要选择,这是个人信息倾斜保护的典型运作机制。[②]在个人信息权纠纷中,判断个人信息权益是否受到损害是通过合法性原则进行反向确定的,即处理行为是否合法或是否履行法律义务成为连接风险与损害认定的关键。[③]在"微信读书案"中,微信读书自动生成原告的读书时长、读书内容等信息,并进行持续的识别分析,具有勾勒出其人格侧面的高度风险,这些损害及风险都是由算法计算并固定的。腾讯公司未向原告充分告知就自动为其关注读书好友并公开读书信息,违反处理个人信息的合法性原则,侵害了原告的个人信息权,应适用个人信息权规则进行救济。而在传统人格权纠纷中,损害是一种主观感受,并不具有数字环境中的客观性和可计算性特征,难以进行固定和干预,法院无法通过隐私、名誉识别出具体保护的范围,往往只能借助"社会评价降低、生活安宁受到威胁"等典型的法律后果作为判断标准。在"小区张贴判决书案"中,原告因物业公司张贴判决书导致的"社会评价降低"就属于传统人格权侵权损害的典型情形。

(二) 个人信息与传统人格权规则的个案衡量

1. 个人信息权与传统人格权均可适用的模糊空间

以算法识别为核心区分个人信息权与传统人格权在理论上是可以

---

①　参见阮神裕:《民法典视角下个人信息的侵权法保护——以事实不确定性及其解决为中心》,载《法学家》2020年第4期,第29页。

②　参见丁晓东:《法律如何调整不平等关系? 论倾斜保护型法的法理基础与制度框架》,载《中外法学》2022年第2期,第446页。

③　有学者就侵害个人信息权益与损害的不同进行细化分析,认为前者是指个人信息处理行为违反合规义务,应从行政法维度展开理解,后者是指信息处理者在违反合规义务的同时导致个人民事权益受到实质性损害,应该从民法维度展开理解。参见王锡锌:《个人信息权益的三层构造及保护机制》,载《现代法学》2021年第5期,第121页。

证成的,但"法律存在空缺结构"①。以数为媒的社会与以人为媒的社会之间不存在一条界限清晰的鸿沟,而是彼此混杂在一起②,法律行为中的因果关系经历两个空间的立体穿越和复杂转换,呈现出深度隐蔽性和边界模糊。③因此,在虚实交错的双重空间,因处理个人信息的方式不明,导致在一些涉及个人信息的案件中能否适用个人信息权存在模糊地带,甚至出现个人信息权和传统人格权均可以适用的情形,如"庞某信息泄露案"即为典型。这种情形的出现不能归因于是对个人信息本质特征的误读,而是因为案件因果关系不明引起的适用困境,解决此类案件究竟应该如何选择,还应取决于法官的价值判断。

2. 价值取向决定个案规范构造的差异性

若选择个人信息权规则,采用的是过错推定责任,是从有利于保护受害人的角度去考虑的,体现了倾斜保护个人利益的价值理念:在网络领域发生个人信息泄露属于侵害个人信息权的典型情形,垃圾短信、骚扰电话等很多都是通过自动化技术泄露的,符合个人信息的算法性特征。在"庞某信息泄露案"中,两被告是个人信息的实际控制者,存在运用算法技术泄露原告信息的高度可能,鉴于个人信息的收集和流通属于去哪儿公司与东航公司之间的内部行为,原告很难证明两被告存在过错,因此,采过错推定责任矫正个人举证能力的不足,属于权利纠偏的调整规则。若选择传统人格权规则,适用的是一般过错责任,其保护理念是平衡行为人的行为自由与受害人利益填补,但过错原则对加害人较为有利,因为受害人得不到赔偿或赔偿不充分即意味着加害人获得利益。④这在侵权法上体现的是优先保护行为自由的基本原理:本案中侵权事实并不明确,两被告并非系争信息的唯一控制主体,个人信息

---

① 参见梁上上:《利益衡量论》,法律出版社 2016 年版,第 213 页。

② 参见邱泽奇:《数字社会与计算社会学的演进》,载《江苏社会科学》2022 年第 1 期,第 77 页。

③ 参见马长山:《智能互联网时代的法律变革》,载《法学研究》2018 年第 4 期,第 31 页。

④ 参见彭诚信:《现代权利理论研究:基于"意志理论"与"利益理论"的评析》,法律出版社 2017 年版,第 393—394 页。

的泄露可能是算法处理导致的，也可能是黑客侵入系统或者公司员工私人行为泄露导致的，由于信息泄露的方式无法查明，客观事实就无法确定。那么按照传统人格权的保护逻辑，这种"可能性"能够阻断责任构成中的因果关系，故两被告的侵权责任不成立也是一种应然结果。

就"庞某信息泄露案"而言，本书更倾向于选择传统人格权规则，原因在于：其一，本案虽然属于隐私权纠纷，但法院实则采用的是用隐私权解决个人信息的保护问题，整个案件的裁判说理部分都体现了个人信息权倾斜保护受害人的基本价值，这与传统隐私权纠纷的推理思路并不相符，由此导致司法裁判的内在逻辑出现混乱。其二，本案案件事实无法确切查明个人信息泄露的方式是否经过算法处理，被告也并没有充足的理由证明两被告具有过错，从侵权主体到责任构成均由法院推定，这在事实上令被告承担了过度严苛的责任。其三，在数字社会中，数字经济的发展离不开个人信息的持续喂养，个人信息并非不能利用，而是要合法利用。如果一味保护个人，只要产生损害就由企业承担责任，那么企业畏手畏脚的行为将阻碍数据技术的创新，最终限制数字经济的健康发展。

个人信息权与传统人格权在规范构造上的差异反映的是两种制度价值取向的不同。针对同一案件事实，有两个法条赋予彼此相互排斥的法效果，就产生了解释的必要性①，但法解释学总伴有价值判断的成分，这就取决于法官在具体案件中的自由裁量，即从解释者本身寻求正义之保障。②因此，当出现个人信息权与传统人格权均可适用的情形时，应该交由法官自由裁量以确保两种利益的平衡。需要注意的是，"私法责任的目的在于对损害的填补而非对过错方的惩戒"，③如果总是由信息处理者承担责任，未免过于苛刻。因此法官在对损害进行分

---

① 参见［德］卡尔·拉伦茨：《法学方法论》，陈爱娥译，商务印书馆 2003 年版，第 194 页。

② 参见梁慧星：《民法解释学》，法律出版社 2015 年版，第 191 页。

③ 参见彭诚信：《现代权利理论研究：基于"意志理论"与"利益理论"的评析》，法律出版社 2017 年版，第 399 页。

配时,既要避免个人因不法行为招致无辜损害,同时也不应过分强调制裁信息处理者,在无确切证据充分表明案涉个人信息是经过算法处理时,选择适用传统人格权规则较为稳妥,防止因个人信息权的泛化适用而颠覆人格权的逻辑体系与内在价值。

第二章
个人信息的客体属性

　　我国《个人信息保护法》第 4 条第 1 款规定："个人信息是以电子或者其他方式纪录的与已识别或可识别的自然人有关的各种信息,不包括匿名化处理后的信息。"上述对个人信息的概念界定仍然是描述性的,如果不对其内涵和类型做细致准确的研究,则据此个人信息基本囊括了所有与自然人相关的信息内容。概念的泛化则意味着概念内涵界定的失败。本章秉持在数字经济背景下讨论个人信息的基本理念,结合个人信息与物、作品、隐私、数据等其他权利客体的比较,大数据技术革新背景下算法应用的影响,阐明个人信息的自然属性、人格属性,及其财产性基因,从而理清个人信息的客体属性。

第一节　个人信息的自然属性

一、个人信息的无体性

（一）传统"物"的概念和范围

　　我国《民法典》没有对"物"的概念作出规定。在比较法上,关于"物",有不同的认识。在德国法上,"物"是一种主要的权利客体,且仅指"有形物"。①计算机程序因缺少有形性不是"物",不过当其存储于数据中而具有客观存在的形式时,则可以成为"物"。当然,并非所有客观存在的有形物都在私法上"物"的范畴内。首先,"物"必须具有可支配性和法律上的交易价值,否则这些物即使客观存在,也不属于私法上"物"的概念范畴。比如,自然状态下的空气和水因缺乏可支配性而不属于"物"。再如,教会财产等公共物,因不具有法律上的交易价值也不属于"物"。②其次,生存之人的身体及其各个部分,也不属于"物"。③因此,离开生存之人的身体组成部分,如献出的血、取出的器官属于"物",且这些身体组成部分一旦被移植到他人身体中,就不再属于"物"。尸体因不是生存之人而不属于"物"。最后,根据《德国民法典》第90a条的规定,动物不属于"物"的范畴,不过当对于动物没有其他规定时,则适用关于物的规定。④与德国法不同,法国法并没有采用"物"的概念来作为权利客体,而是使用了"财产"的概念,并将其区分动产和不动产。⑤由于"财产"概念的相对模糊性,因此,其没有像德国法上"有形物"的概念限制,无形财产也被纳入扩张的"财产"概念范畴内。⑥"财产"较之于"物"的概念更符合市场经济发展的需求,有价证券、网络虚拟空间产生后虚拟货币、游戏装备等虚拟财产也开始具有类似"物"的交换和使用价值,要求"物"的形式不再局限于"有形物",上述新生事物可以轻松地纳入"财产"的范围,然而是否属于"物"却仍存在不小的争议。⑦

①　参见《德国民法典》第90条。

②　参见[德]迪特尔·梅迪库斯:《德国民法总论》,邵建东译,法律出版社2009年版,第22、876页。

③　参见杜景林、卢谌:《德国民法典评注》,法律出版社2011年版,第35页。

④　参见《德国民法典》第90a条。

⑤　参见《法国民法典》第526、529条。

⑥　参见[法]弗朗索瓦·泰雷、菲利普·森勒尔:《法国财产法》,罗结珍译,中国法制出版社2008年版,第78—81页。

⑦　关于有价证券和虚拟财产是否属于"物",学界有不同的观点。"肯定说"参见孟勤国:《物的定义与〈物权编〉》,载《法学评论》2019年第3期,第6—9页。有学者认为有价证券包括物权证券、债权证券和社员权证券,按此理解,有价证券不一定是"物"。参见杨继:《"票据"概念再探》,载《比较法研究》2007年第4期,第122页。关于"虚拟财产"的法律属性,存在"物权说""债权说""知识产权说""新型权利说",因此"虚拟财产"是否是"物"目前也众说纷纭。参见高郦梅:《网络虚拟财产保护的解释路径》,载《比较法研究》2021年第3期,第180页。

不过,"物"不能被"财产"所取代。"财产"只是因其回避了"有形物"和"无形权利"的区分而具有模糊性,促使其恰好具有了概念范畴扩张的便利性,不过不等同于概念的科学性。①一是,"物"反映了德国民法上物债二分的体系,"物"之上物权的绝对性、支配性和"债"之上债权的相对性区别明显,较之于"财产"的模糊界定更为精确。二是,"物"不同于发明专利、作品,前者是客观存在,而后者是人类精神活动的产品,因此虽然这些智力成果可以笼统地归入"财产"范畴,但是如果不保留"物"的概念,会抹杀"财产"内部权利客体的差异性。

基于以上论述,"物"的概念范围只是有必要作适度的扩张。对此有学者提出"物"是指除人的身体之外,能为人力所支配,具有独立性,满足人类社会生产生活需要的有体物和自然力。②基于此,电、光、水、气、热等自然力也可以被纳入"物"的范畴,"物"的有形性限制有所松动。不过,即使"物"的概念范围有所扩张,其核心内涵仍是权利主体可支配和排他控制的客观存在,即权利主体可以实现物理上的单一控制。

(二) 个人信息无体性的具体表现

与传统民法上的"物"相比,个人信息存在诸多差异,最显著的特征就是个人信息具有无体性,无体性要求个人信息必须记录固定方能被控制利用。信息具有内在涵义但没有外在形态,它是经过人脑或自动化方式处理的产物,具有无体性,这也是信息区别于有体财产权客体的主要特征。具体体现在以下几个方面:

第一,个人信息不具有物的完全可支配性。个人信息只是具有描述个人身份或行为特征的信息内容,并且因其对个人身份的可识别性而产生了与特定主体的联系,不过这种联系不等同于个人可以完全支配个人信息。信息的沟通和交流特性决定了其不可能完全由某一特定的主体完全支配。具体到个人信息处理活动领域,个人对信息处理者

---

① 参见李国强:《时代变迁与物权客体的重新界定》,载《北京师范大学学报(社会科学版)》2011年第1期,第128—129页。
② 参见王泽鉴:《民法物权》,北京大学出版社2009年版,第40页。

处理其个人信息的行使知情同意的权利也不同于物权权利人对物的支配和控制。

第二,个人信息不具有物的排他性。首先,"物"可以为一人或有限数量的人享有或使用,具有对其他不特定第三人的排他性,而个人信息在每一瞬间都可能发生不同主体对信息的处理行为,处于公共空间的个人信息主体,不可能对所有个人信息都采取保密措施,会时常发生个人信息的披露和公开,个人信息也经常在不经意间被收集并处理。上述信息的使用主体甚至因信息可以被轻易复制而没有数量的限制。其次,在互联网虚拟空间中,即使某人从未披露其自己的个人信息,但该主体仍然可能享受到个人信息共享产生的产品和服务的价值和好处,因此个人信息不像"物"可以被排他控制,反而会经常发生"搭便车"行为。①最后,即使通过数据加密等技术手段可以达到对个人信息的排他控制,但也不具有物权权利人对物占有、使用、收益所产生的公示效果。②

第三,个人信息不具有物的客观存在性。首先,个人信息因其对个人信息主体的特有识别关联而可以认为其没有完全脱离主体而存在,特别是根据"领域理论",个人信息中与人格关联紧密的隐私部分更不具有客观存在性。其次,个人信息很容易被复制,不存在枯竭的问题,而物作为客观存在具有有限性。最后,个人信息虽然通过数据载体的作用可以存在于电子形式的记录中,甚至是磁盘、电脑等实体中,但是该种存在方式不同于"物"的概念所强调的"有形性",因为即使承载信息内容的数据被删除、硬盘或电脑被毁损灭失,个人信息并不会丧失其内容,而只是以无形的方式继续存在,只要找到新的载体,依然可以显现。

---

① See Guido Pincione, "Market Rights and the Rule of Law: The Case for Proce-dural Constitutionalism", *Harvard Journal of Law & Public Policy*, Vol. 26, No. 2, 2003, pp.414—415.

② 参见郑佳宁:《数据信息财产法律属性探究》,载《东方法学》2021年第5期,第49页。

第四,个人信息的价值不具有物的可预知性。信息处理技术处于不断发展更新的状态中,个人信息处理行为可以不断挖掘信息内容的价值,甚至形成新的预测个人信息,因此其价值增加不具有可预知性。而物虽然也会因添附或孳息的产生而有价值增加的情况,但是其使用往往依循特定的功能开展使用,因此使用价值是可以预知和判断的。

二、个人信息是事实的表现

(一) 个人信息不具有作品的独创性要求

虽然个人信息与作品都具有信息本质[①],即作品与个人信息是用于识别个人身份或行为特征的信息内容一样,是文学艺术或科学领域表达的信息内容[②],但是二者之间的共性也仅限于此。个人信息本身并不具有作品所要求的独创性和主观智力成果要求,个人信息只是对其描述的信息主体某一方面特征的事实性进行记录。

根据信息产生方式,个人信息中个人直接提供的个人信息和被记录的个人信息缺少作品所要求的"独创性"要件,无论采用何种"独创性"判断的实质标准,这些个人信息都达不到独创性的要求。信息和知识并不处于同一层级。基于数据、信息、知识、智慧的 DIKW 模型,信息是事实、数字和其他有意义事物的表现形式,知识则是存在人脑中的信息库,信息与知识的关系可以解释为知识产生于信息,正如信息产生于数据。[③]从这一角度看,个人信息在信息层面而非知识层面。人是符

---

① See Henry E. Smith, "Intellectual Property as Property: Delineating Entitlements in Information", *Yale Law Journal*, Vol.116, No.8, 2007, p.1742.

② 参见吕炳斌:《个人信息权作为民事权利之证成:以知识产权为参照》,载《中国法学》2019 年第 4 期,第 52 页。

③ Chaim Zins, "Conceptual Approaches for Defining Data, Information, and Knowledge", *Journal of the American Society for Information Science and Technology*, Vol.58, No.4, 2007, p.485.

号的动物,符号原理对人有效并且普遍适用①,个人信息是对人的标表,通过客观的个人标识建立起与主体的稳定联系。因此与知识不同,个人信息与智力创造并无密切关联,它由自然人生成,能够客观地识别自然人并表征其个人特征,包括生物特点、活动轨迹以及人物画像等,如《民法典》所列举,个人信息包括自然人的姓名、出生日期、身份证件号码、生物识别信息、住址、电话号码、电子邮箱、健康信息、行踪信息等。虽然个人信息因其对特定个人身份的识别而体现了不同个人信息主体之间的差异性特征,但是这种差异性不同于独创性。一方面,个人信息中并非所有的信息内容都具有绝对的差异,真正具有一对一识别能力和绝对差异的个人信息只有人脸、基因等个人生物识别信息,而除此之外的大量个人信息并非如此,如某一自然人会与自己的家庭内部成员共用一个家庭住址、使用同一台电脑的多个自然人会分享同一个IP地址,甚至某项个人信息就是用于识别某一群体,比如种族、民族、宗教信仰、性别、性取向等信息。另一方面,这些个人信息的产生是完全不自觉的,我们生下来就具有各种各样的个人信息,在社会交往过程中信息的内容和种类又会不断增加,这与具有独创性的作品产生需要花费巨大的精力和创造性活动显然不同。

(二)经处理产生的个人信息也不构成作品

不过,对于在信息处理活动中经分析产生的个人信息或预测个人信息,其是否具有作品所要求的独创性,需要进一步探讨。分析产生的个人信息和预测个人信息在形成过程中需要耗费一定的劳动,预测个人信息甚至包括一些原有信息内容无法直接展示的具有前瞻性的结论,这些分析和预测的过程是由特定的计算机程序和算法控制的,而算法的设计虽然不能达到大陆法系所要求的反映作者个人思想、情感精神世界的要求,但是却可能达到英美法系所要求的基于经验、技能、判断、选择而付出必要劳动的要求。对于作品的"独创性"要件,有学者提

---

① 参见[德]恩斯特·卡西尔:《人论》,甘阳译,上海译文出版社2013年版,第45、60页。

出在司法实践中法院判决对"独创性"标准的要求整体比较高,造成作品的客体范围收紧,从而有很多新生的事物被排除出著作权保护的范围而进入公共领域,这种"推诿"现象导致这些新生事物不能被任何法律分析框架所调整,从而增加了社会决策成本,是一种不良的现象,因此主张对作品的"独创性"要件采用放宽的态度。[①]

应当明确的是,分析形成的个人信息和预测个人信息即使符合放宽的"独创性"要件,其产生过程也不同于作品。这些信息的生成是算法分析的产物,而算法运行的过程并不是个人主观智力活动,而是可以被复制而重复开展的客观存在。[②]综上所述,个人直接提供的个人信息、被记录的个人信息都不具有作品的"独创性"而不可能被纳入"作品"的范畴,分析形成的个人信息和预测个人信息有符合放宽后的"独创性"要件的可能性,不过仍然与作品存在显著区别。

三、个人信息的场景性特征

个人信息特有的无体性、流动性特征使其对信息主体的价值在不同的场景下有所差异,相应地出现不同类型的个人信息在不同场景下的相互转化,下文就此对两种主要的信息转化方式展开论述,以反映个人信息的场景性特征。

(一) 私密信息转化为公开信息的方式

《民法典》中明确规定私密信息首先适用隐私权进行保护,因此私密信息体现了个人"独处"的价值,不过私密信息的信息本质决定了其不可能不存在信息的流动,而且隐私是"独处"的权利也不意味着其仅是纯粹个人的行为,相反隐私体现在个人与他人、社会公共空间的关系中。[③]故

---

① 参见蒋舸:《论著作权法的"宽进宽出"结构》,载《中外法学》2021 年第 2 期,第336—338 页。

② 参见王迁:《论人工智能生成的内容在著作权法中的定性》,载《法律科学(西北政法大学学报)》2017 年第 5 期,第 148 页。

③ See Daniel Solove & Paul Schwartz, *Information Privacy Law*, Wolters Kluwer, 2018, p.87.

而私密信息流动过程中可能存在向公开信息的转化,接下来将着重探讨私密信息转化为公开信息的方式。

私密信息流动过程中是否需要向社会公众公开主要考虑个人信息主体的主观意志与社会公共利益之间的平衡需求。前者是指个人是否主动公开,后者是指维护社会公序良俗等公共利益的规范目的是否允许或强制要求这种私密信息的公开。相应地,就可能存在四种可能的情况,一是个人主动公开且不会损害社会公共利益,此时私密信息转化为公开信息;二是个人主动公开但会损害社会公共利益,此时私密信息不能转化为公开信息;三是个人不希望公开也不会损害社会公共利益,此时不存在私密信息的转化问题;四是个人不希望公开但会损害社会公共利益,此时私密信息依然转化为公开信息。

对于第一种情形,最典型的情况是公众人物会主动公开自己的私生活,从而提高曝光度和知名度。[1]这些花边新闻和八卦娱乐消息可以成为人们茶余饭后的谈资,构成普通民众精神文化生活的一部分,因此私密信息转化为公开信息。

对于第二种情形,在网络直播时代体现得尤为明显。网络直播行业如果不进行有效的行业监管很容易诱发低俗、色情等不良现象,因此对于在网络直播平台主动公开个人私密信息的情形,如果存在违背社会公序良俗等损害社会公共利益的情况,应当认为这些信息并没有因个人信息主体的主动公开而成为公开信息,相反仍然属于私密信息,他人通过该渠道获取后并不能随意分享。

对于第三种情形,现实中大部分的情况如此,即私密信息是个人信息主体不愿为外人知晓的隐秘信息,因此人们不会主动公开这些信息内容。私密信息不公开也符合社会公共利益的规范需求,有美国学者将其称为"强制隐私"(coercing privacy)。[2]需要着重注意个人私密信

---

① 比如美国在 2007 年曾经出现一档有关记录名人家庭生活的真人秀节目《与卡戴珊姐妹同行》(Keeping Up with the Kardashians)。

② See Anita L. Allen, "Coercing Privacy", *William & Mary Law Review*, Vol.40, No.3, 1999, pp.756—757.

息被他人知晓的特殊情况,应当明确私密信息被他人知晓不等于公开,因此这种情况也不存在私密信息向公开信息的转化。具体可能包括两种形态:一是在公共空间中私密信息被他人知晓。有学者分析了公共空间可能存在两种样态,包括空间松散但人情紧密的"熟人社会"和人际关系相对疏远但空间拥挤的"陌生人社会",在这两种公共空间形态中,与个人人格联系紧密的私密信息都很容易被知晓,而且这种知晓很多时候不是有意窥探而是无心看到。[1]不过信息在公共空间被知晓不意味着这些信息丧失了私密性,也不能认为信息主体本人对这些被知晓的个人信息不再抱有应施加特殊保护的预期。[2]由于私密信息被知晓后,其信息的私密性没有改变,因此仍然需要受到公开的限制,即知晓的人不能将其大肆宣传。二是在信息处理活动中,企业或政府等公共部门作为信息处理者知晓的个人信息中可能存在某些当事人不愿意公开的私密信息,比如他人未经本人允许将其私密照片上传至互联网,小区或商场内的监控拍到一些私密视频画面[3],搜索引擎通过记录个人信息主体的搜索词条发现其生活喜好,进而向其进行精准广告推送,被记录的生活喜好涉及个人的私密信息。[4]以上情形中虽然个人的私密信息都已被他人知晓,但其私密信息的性质并没有发生变化,信息处理者对收集到的信息内容应当采取必要的删除等数据加密措施,以防止信息内容的公开,第三人不能随意获取和传播该类信息内容。

对于第四种情形,主要是指某些私密信息可能是对个人信息主体形成社会负面评价的信息,因此个人有足够的动机隐瞒这些信息而选择不公开,然而如果不公开将可能违背公序良俗,甚至导致该个人信息

---

[1]　参见戴昕:《"看破不说破":一种基础隐私规范》,载《学术月刊》2021年第4期,第104—106页。

[2]　See Helen Nissenbaum, "Toward an Approach to Privacy in Public: The Challenges of Information Technology", *Ethics and Behavior*, Vol.7, No.3, 1997, p.207.

[3]　比如7·15北京优衣库不雅视频事件。

[4]　比如在"朱烨诉百度案"中,涉案的广告推送包括"丰胸"和"人工流产"等内容,信息处理者通过原告的搜索行为知晓了其私密生活中一些不愿为外人知晓的信息。

主体逃脱法律的制裁,此时需要出于维护社会公共利益的目的允许知晓该私密信息的他人予以公开或强制披露。[1]

(二) 敏感信息与一般信息之间的转化

根据前文论述,信息敏感性是经过客观的技术测试形成的判断,因此敏感信息一般不会轻易发生性质的变化。《信息安全技术 个人信息安全规范》对敏感信息制作的标准清单,也可以表明敏感信息一般都是相对稳定的。故而总体来说敏感信息不会向一般信息发生转化。不过,在特定的信息处理场景下,某些敏感信息可能就是一般信息,易言之,有些一般信息只有在满足特定的信息处理条件时才具有敏感信息的面孔。在《信息安全技术 个人信息安全规范》中列明的个人身份信息就是例证。[2]在当前的社会背景下,这些身份证件是开展必要的社会公共管理和服务所不可或缺的信息资料,在特定场合下展示该类信息几乎是人们的共识,并不会引起大多数人过度的反感。上述信息的敏感性也并不必然来自信息内容本身,而是在特定的信息处理场景下这些信息与其他种类的敏感信息组合分析、比对使用后可能对个人人身和财产带来的潜在损害风险。因此,只有在具体的信息处理场景下,才能判断该信息属于敏感信息还是一般信息。

除了上述私密信息向公开信息转化、敏感信息与一般信息之间的转化外,根据信息产生方式划分的四种信息类型之间也存在转化的特点。只不过,这种转化恰好就是按照信息处理行为推进的过程和方向进行的,即个人直接提供的个人信息或被记录的个人信息向分析形成的个人信息的转化,再由分析形成的个人信息向预测个人信息转化。

---

[1] 典型的事例有家暴事件等。参见胡凌:《个人私密信息如何转化为公共信息》,载《探索与争鸣》2020年第11期,第28页。

[2] 《信息安全技术 个人信息安全规范》附录B对个人敏感信息的举例中,其中的个人身份信息包括身份证、军官证、护照、驾驶证、工作证、社保卡、居住证等。

第二节　个人信息的人格属性

一、个人信息关涉人格尊严

(一) 个人信息与隐私保护紧密关联

1. 美国：宽泛隐私权概念及个人信息与隐私的一元化

在美国法上，隐私是十分宽泛的概念，以至于很难给隐私进行确切的概念界定。①而且，隐私的概念在不同的场景下会有不同的含义。比如，隐私可能包括个人身体隐秘或私人生活关系，也可能是个人事务的自主决策，还可能包括信息披露和使用的场景。因此，在美国法学说中，隐私主要包括三重内容，即物理隐私、自决隐私、信息隐私。在上述不同的场景下，隐私含有身体、决定、信息等多重含义。②

所谓物理隐私，主要是基于托马斯·库利(Thomas Cooley)法官提出的隐私是一种"独处"(let alone)权利的观点所形成的对隐私内涵的理解。③基于物理隐私概念，形成了侵权法上对隐私权的类型化保护，普罗瑟提出了侵犯隐私权的四种侵权行为形态：侵入个人的独居或独处地点，或者侵入其个人事务；公开个人的私人事件；在公众面前扭曲个人的形象；为自身私人利益而盗用他人的姓名或肖像。④所谓自决隐私，主要是指个人可以不受制约、独立地决定自身私人事务。自决隐私

---

① 美国法官比格斯(Biggs)就曾在其判决书中直言不讳地指出："隐私就是飓风中难以捉摸的蓬草堆。"Ettore v. Philco Television Broadcasting Co., 229 F.2d 481(3d Cir. 1956).

② 阿丽塔·L.艾伦，理查德·C.托克音顿：《美国隐私法：学说、判例与立法》，冯建妹、石宏等译，中国民主法制出版社2004年版，第8页。

③ See Thomas. M. Cooley, *Law of Torts*, Calllaghan & Company, 1888, p.29.

④ See William L. Prosser, "The Privacy", *California Law Review*, Vol.48, No.3, 1960, p.389.

是"个人自决"观念在隐私领域的体现,反映政府对个人自由的尊重,因此自决隐私受保护的程度可以反映政府行为是否具有合法性。①在美国,自决隐私主要涉及对自己的身体和家庭作出决定的自由,涉及避孕、生育、堕胎和育儿等问题,是一系列最高法院审理的案件的核心,通常被称为"实质性正当程序"或"宪法隐私权"。②所谓信息隐私,与电脑和信息处理技术的显著发展息息相关,人们处理信息的能力提升促使围绕信息开展的各项决策对个人主体带来的影响远超过去。美国学者阿兰·威斯丁(Alan Westin)曾经将信息处理技术的发展带给隐私保护的挑战总结为六个方面:一是信息收集活动显著增加,使得个人生活的方方面面都被各种不同类型的个人信息所完整记录;二是个人身份和行为特征被高度数字化后促使私人企业机构开始借助各类信息的汇总集合开展商业决策;三是电脑信息储存容量和处理速度的显著提升促使原有的物理隐私概念下形成的个人独处空间与公共交流空间的界限日益模糊,一些原本处于个人独处空间中的隐私内容也不断暴露在公共空间中;四是公共服务系统对个人信息的需求显著增强,政府部门行政职能越来越依赖于个人信息的收集;五是信息处理者之间的信息共享较之于以往显著增多,甚至出现跨行业、跨部门的信息流动;六是交易领域的自动化信息处理正在逐渐取代原有的现金交易。③以上六个方面的变化表明信息内容本身内含了更深刻的个人隐私安全的价值,信息隐私的概念应运而生。

在上述宽泛隐私权的概念下,个人信息保护的立法实践主要基于信息隐私的概念,因此个人信息保护被纳入隐私保护的范畴,呈现个人信息与隐私保护一元化状态。美国联邦层面对特定行业内的个人信息进行相应的立法保护,具有代表性的法案包括《视频隐私保护法》《联邦

---

① See Priscilla M. Regan, *Legislating Privacy: Technology, Social Values, and Public Policy*, University of North Carolina Press, 1995, p.225.

② See Daniel Solove & Paul Schwartz, *Information Privacy Law*, Wolters Kluwer, 2018, p.36.

③ See Alan Westin, *Privacy and Freedom*, Ig Publishing, 1967, pp.161—166.

儿童在线隐私保护法案》《家庭教育权利和隐私保护法案》《健康保险携带和责任法案》等。

2.欧洲:一般人格权下的隐私权概念及个人信息与隐私的二元化

《德国民法典》第823条第1款规定仅涉及对生命领域的人格权的认可,包括生命权、身体健康的完好无损权以及活动自由权。除此之外,法律上的有名人格权还包括姓名权、肖像权、名誉权。德国联邦最高法院判决的"读者来信案"中,法院认为私人信件内容属于个人的言论,是否公开以及公开的方式均应由本人决定,未经当事人同意,不得擅自公开其私人的信件。①在该案中,法院援引了德国《联邦基本法》第1条和第2条将人的尊严认可为是一项一般人格权,并属于《德国民法典》第823条第1款中规定的"其他权利"。②因此,在德国法上,隐私权不是法律规定的有名人格权,而是在判例中确认的一般人格权下的权利内容。与一般人格权概念下的隐私权不同,个人信息受保护的权利涵盖了公法和私法领域的信息处理行为,形成了公私法统一化的趋势,并在《联邦个人信息保护法》中采取公、私领域信息处理行为分别规定的立法模式。③因此个人信息与隐私在德国是被区分开来的,前者是经由宪法判例形成的"一般人格权"下的私法概念,后者则涵盖了公、私法领域,并对不同领域的信息处理行为作出区分的规定。

欧盟各国关于个人信息保护的统一立法中个人信息保护与隐私权保护也呈现并立状态。2002年的欧盟《隐私与电子通讯保护指令》(Directive on privacy and electronic communications)将隐私和通信中的个人信息区分对待。④个人信息保护与隐私权并立还体现在二者出自宪法层面的不同规范,前者体现为欧盟《基本权利宪章》第7条的规

---

①　BGHZ 13，334，339.

②　[德]迪特尔·施瓦布:《民法导论》,郑冲译,法律出版社2006年版,第209页。

③　参见蒋舸:《个人信息保护法立法模式的选择——以德国经验为视角》,载《法律科学(西北政法大学学报)》2011年第2期,第118—119页。

④　《隐私与电子通讯保护指令》第1.1条规定:"……特别是对私人生活和通信的尊重,一机构对个人数据处理的保护。"该指令在开篇主旨中即明确了隐私和个人信息区分对待的原则。

定"人人均有权尊重其私人与家庭生活、住所安宁和通信",后者体现为第 8 条的规定"人人均有权享有个人数据保护,此等数据应仅得于特定明确目的,且于数据主体同意或其他法律规定之正当依据下,公平地被处理。人人均有权了解并删除其个人数据"。个人信息受保护的权利独立存在的特性在专门的数据保护立法中被正式的承认,比如 1995 年《个人数据保护指令》和 2018 年 GDPR 都单独对个人数据保护权作出规定。①

3. 中国:实然层面客体的交叉

个人信息与隐私并非互相包容的关系,在实然层面存在客体的交叉,即有些个人信息属于隐私,有些不属于隐私;有些隐私属于个人信息,有些不属于个人信息。②

二者客体上交叉在立法中有所体现:比如在早期立法中,隐私与个人信息在客体上存在重合部分。《关于依法惩处侵害公民个人信息犯罪活动的通知》中规定:"公民个人信息包括公民的姓名、年龄、有效证件号码、婚姻状况、工作单位、学历、履历、家庭住址、电话号码等能够识别公民个人身份或者涉及公民个人隐私的信息、数据资料。"该条文将个人信息区分为具有身份识别性的信息和涉及个人隐私的信息。类似地,《关于人民法院在互联网公布裁判文书的规定》第 10 条规定的法院在互联网上公布裁判文书时应当删除的个人信息包括两类:"自然人的家庭住址、通信方式、身份证号码、银行账号、健康状况、车牌号码、动产或不动产权属证书编号等个人信息"和"家事、人格权益等纠纷中涉及

---

① 《个人数据保护指令》第 1.1 条规定:"……保护自然人的基本权利和自由,特别是[但不限于]其隐私权"。对此欧盟 29 条工作组《关于个人数据概念的意见》中指出,该指令特别提到在家庭和家庭之外的环境中处理个人数据,因此关于保护个人数据的规则超出了对尊重私人和家庭生活权利这一广义概念的保护。See Article 29 Data Protection Working Party, Opinion 4/2007 on the concept of personal data, 01248/07/EN WP 136, p.136,(Jun. 20, 2007). GDPR 进一步将个人数据保护权与隐私权保护区分,建立了完备的个人数据保护法体系。

② 参见张新宝:《从隐私到个人信息:利益再衡量的理论与制度安排》,载《中国法学》2015 年第 3 期,第 39 页。

个人隐私的信息"。在我国《民法典》中，个人信息与隐私在客体上的重合直接为立法所明确认可，《民法典》第 1032 条第 2 款规定："隐私是自然人的私人生活安宁和不愿为他人知晓的私密空间、私密活动、私密信息。"继而第 1034 条第 3 款规定："个人信息中的私密信息，适用有关隐私权的规定；没有规定的，适用有关个人信息保护的规定。"因此，在客体上个人信息与隐私的重合部分是私密信息。

具体到司法实践中，个人信息与隐私在保护范围上也存在重合，特别是在前《民法典》时代，个人信息保护尚未进入民法视野，仅有隐私权在《侵权责任法》中作出规定时，个人信息与隐私权保护曾长期处于一元化的司法实践。比如，此前北京市门头沟区人民法院曾就王某等在履行职务过程中张贴、微信群内发布含原告李某、时某等人个人财务、手机通信信息的统计表的行为侵犯个人隐私作出 17 项判决书，其中均提出所谓"个人隐私信息"的概念，将个人信息的泄露行为认定为隐私权侵害。[1]进入《民法典》时代，虽然个人信息与隐私在《民法典》中采取分别规定的区分模式，但是私密信息的重合部分依然存在，因此在司法实践中二者的保护范围仍然存在重合。比如，在王某诉奚某侵权责任纠纷案中，原告王某与被告奚某是邻居，入户门共用同一公共走廊，被告在其门外加装具有摄像录音存储功能、可 360 度调整旋转的监控摄像头，并可与手机 App 连接即时操作显示。原告认为被告的行为会收集到其本人和家庭成员日常进出家门的情况和人脸信息，还会拍摄到其房屋内部专有部分的一个角落，因此向法院起诉要求被告拆除摄像头并删除所有录像资料。法院认为被告出于保护自身人身和财产安全的需要，未经原告同意收集原告及其家庭成员的出行信息、面部特征、住址并储存，属于对个人信息的过度处理。其中还包括原告住所内的专有部分画面等私密信息，构成隐私权侵害和个人信息权益侵害。[2]

---

[1]　参见北京市门头沟区人民法院(2017)京 0109 民初 4617 号民事判决书等。

[2]　参见苏州市吴江区人民法院(2020)苏 0509 民初 16063 号民事判决书。

以上个人信息与隐私的实然交叉集中体现在立法中对"私密信息"概念的界定。个人信息与隐私在客体上的交叉意味着私密信息的界定才是处理好个人信息与隐私作为权利客体之间的关系的关键。私密信息具有隐私和个人信息的双重性质,相应地其范围界定应当体现隐私所要求的"私密性"和个人信息所要求的"场景性"。下面具体阐述私密信息的界定方法:

首先是"私密性"判断,根据《民法典》第 1032 条第 2 款的规定,私密信息的"私密性"主要体现为"不愿为他人知晓",因此"私密性"判断是一种主观判断。信息的"私密性"是有差异的,某些个人信息处于个人隐私最核心的范畴,并且符合人类共同的情感价值共识,因此其私密属性是相对恒定的。比如,个人私生活中隐秘的信息内容,包括涉及性生活的信息内容;还有一些个人信息虽然产生于个人私生活领域,但是并不绝对隐秘,比如涉及家庭日常私生活的信件、通话记录、个人不愿启齿的婚史等情感生活经历等,如果个人主动公开后,其隐秘性就会消失而丧失"私密性"。

其次是"场景性"判断,与"私密性"判断的主观性不同,"场景性"判断由于场景因素对个人信息可识别性的影响是客观存在的,因此是一种客观条件判断。"场景性"对个人信息的可识别性主要影响体现在结合识别领域,不同信息在不同场景下与其他信息结合识别个人身份或行为的效果不同。比如,个人网页活动记录、消费购物记录、行踪记录、观影阅读记录本身是在与外部世界互动中产生的个人信息,并不绝对属于隐秘的私生活领域,因此并不具有"私密性",不过一旦在特定的场景下,当信息数量足够多时,经过具有信息处理能力的信息处理者通过结合识别后就可以分析判断个人信息主体的行为特征和兴趣偏好,挖掘和预测个人的私密信息,带来类似于私密信息泄露的精神损害。[①]因此,在必要的场景因素满足的个案下,这些个人信息有可能落入"私密

---

① 参见许可、孙铭溪:《个人私密信息的再厘清——从隐私和个人信息的关系切入》,载《中国应用法学》2021 年第 1 期,第 16 页。

信息"的范围。

私密信息界定中经常会和敏感信息混淆,因为二者确实在内容上有重叠,比如涉及性生活的信息。对此,国内学者也有不同的观点,有的学者认为私密信息就是敏感信息①,有的学者认为敏感信息与私密信息之间存在交叉的关系②,有的学者认为敏感信息与私密信息应当严格区分。③笔者认为,私密信息与敏感信息在内容上的重叠不能说明二者同义,只不过二者在内容上的重叠是结果呈现上的恰巧反映,本质上私密信息与敏感信息在核心内涵、具体认定标准、考量因素、涵盖范围上有显著的区别:

第一,在核心内涵上,敏感信息是从个人信息视角采用的概念,敏感性的本质是信息传播的受控性,而私密信息虽然冠以"信息"之名,只是因为其隐私内容恰好以信息作为呈现方式而已,实际上在法律上采用的保护顺序也是首先适用隐私权保护,只有在没有隐私权的规定时,才适用个人信息保护,因此私密信息是从隐私视角采用的概念,私密性的本质是不愿为他人知晓的隐秘性。基于以上两种不同的核心内涵,会导致二者在公开/不公开上有差别,敏感信息的传播受控性不排斥信息的公开性,因此已经公开的个人信息同样可以具有敏感性,而私密信息的隐秘性要求信息内容不可公开。第二,在具体认定标准上,敏感信息判断是一种复杂的技术测试,而私密信息主要是一种法律层面的价值判断。第三,在考量因素上,敏感信息主要考虑的是信息传播一旦不受控造成泄露对信息主体乃至社会造成的损害程度,而私密信息则主要考虑个人主观是否愿意为他人所知晓。这就意味着敏感信息中包含大量与个人财产和人身安全密切相关的信息,而私密信息仅涉及个人

---

① 参见张新宝:《个人信息收集:告知同意原则适用的限制》,载《比较法研究》2019年第6期,第6页。

② 参见程啸:《个人信息保护中的敏感信息与私密信息》,载《人民法院报》2020年11月19日第5版。

③ 参见彭诚信:《数据利用的根本矛盾何以消除——基于隐私、信息与数据的法理厘清》,载《探索与争鸣》2021年第2期,第81页。

内心情感和精神世界的隐秘信息,个人财产信息、健康生理信息、生物识别信息无论再敏感,也不属于私密信息的范畴。第四,在涵盖范围上,私密信息小于敏感信息的范围,为敏感信息所包容。

(二) 个人信息与隐私的应然区分

个人信息与隐私在立法与司法实践中的实然交叉不影响在理论上对二者进行必要的区分,这也是《民法典》颁布后形成的个人信息与隐私分别规定的二元化立法模式的内在要求。我国《民法典》同时规定了隐私和个人信息,这说明我国法中的隐私含义应该是狭义的,至少在理论上它不应该与个人信息存在交叉与相互包容。

从理论上讲,个人信息与隐私的应然界分主要从二者在权属上的区分展开,对此国内学者已经有丰富的理论成果,主要从主体、客体及权利性质、内容、保护方式等角度对二者进行必要的区分。[1]就主体而言,隐私的权利主体只有自然人,但有学者主张个人信息的权利主体并不排除包含企业和非法人组织的可能。[2]就客体而言,隐私主要是不愿为外人所知晓的私密空间、私密活动和私密信息,因此其客体一方面并非只有信息一种内容载体,另一方面必须体现一定的"隐秘性"。与之相对,个人信息一般都是电子化或以其他方式形成的记录,同时强调个人身份或行为的可识别性,因此即使是已经公开的信息内容,只要具有对个人身份或行为的可识别性,仍然是个人信息。就权利性质而言,隐私权是一种精神性人格权,主要是通过消极防御的方式防止精神损害。[3]而个人信息除了被动防御第三人侵害之外,还可以被积极利用,

---

① 相关研究成果参见王利明:《论个人信息权的法律保护——以个人信息权与隐私权的界分为中心》,载《现代法学》2013 年第 4 期,第 66—68 页;彭诚信、杨思益:《论数据、信息与隐私的权利层次与体系建构》,载《西北工业大学学报(社会科学版)》2020 年第 2 期,第 81—82、84、86 页。许可、孙铭溪:《个人私密信息的再厘清——从隐私和个人信息的关系切入》,载《中国应用法学》2021 年第 1 期,第 9—10 页。

② 参见彭诚信、杨思益:《论数据、信息与隐私的权利层次与体系建构》,载《西北工业大学学报(社会科学版)》2020 年第 2 期,第 81 页。

③ 参见王利明:《论个人信息权的法律保护——以个人信息权与隐私权的界分为中心》,载《现代法学》2013 年第 4 期,第 66 页。

体现一定的财产价值。与之相对,隐私不能自由交易和公开,也不能任意处分。①就权利内容而言,隐私权是《民法典》中的法定人格权,具有支配性和排他性,可以对不特定的第三人主张宽泛的自主决定权以防止隐私侵害,而个人信息权只能在具体的信息关系中主张,仅包括查阅权、复制权、删除权、更正权四种请求权。②有学者将个人信息权主张的具体信息关系进一步限定在持续的信息不平等关系中(企业等信息处理者和个人之间)。③就保护方式而言,隐私主要通过侵权救济来保护,而个人信息的保护具有综合性,《个人信息保护法》中的保护方式涵盖了事前的预防机制和事后救济,事后救济又包括民事、行政和刑事责任。

基于以上理论探讨,对个人信息与隐私的区分,可以总结为以下几点:

我国法中隐私的应有之义可从以下角度理解:第一,隐私的权利主体只能是自然人,其他主体如法人、非法人组织等都不能成为隐私的权利主体;第二,隐私的客体主要是关涉个人自然存在与社会存在之自由与尊严方面不愿为他人所知的信息,如基因、疾病医疗、性取向等信息;第三,隐私原则上不能自由交易和处分,隐私权作为人格权,在我国理论界和实务界几乎没有争议,隐私意味着纯粹的人格属性,而不具有财产属性。

我国法中个人信息的应有之义可从以下角度理解:第一,个人信息的权利主体不仅包括自然人,还可能包括企业、非法人组织等,所有的民事主体皆可为信息主体,这一点并未被现有法律所排除;第二,自然人主体的个人信息,应当是独立于隐私之外、作为单独客体保护的部

---

① 参见彭诚信:《数据利用的根本矛盾何以消除——基于隐私、信息与数据的法理厘清》,载《探索与争鸣》2021年第2期,第81页。

② 参见高富平、李群涛:《个人信息主体权利的性质和行使规范》,载《上海政法学院学报(法治论丛)》2020年第6期,第41—42页。

③ 参见丁晓东:《个人信息权利的反思与重塑》,载《中外法学》2020年第2期,第341—345页。

分;第三,个人信息的法律属性尽管有争议,但从个人信息作为主体的社会属性及其对主体社会存在的影响上来看,将其认定为人格利益更符合法律的本质要求。但作为人格利益的个人信息中也包含一定的财产利益,只不过该财产属性并不能直接为他人利用。个人信息的人格定性决定了对个人信息的利用需征得权利主体的同意,只不过具体的同意方式(明示、默示等)还可针对具体的利用方式进行细化研究。征得主体同意后,方可把具有人格属性的个人信息通过商品化权或公开化权的方式转化为财产价值予以转让与利用。①

我国狭义的隐私内涵至少在法理上能够与个人信息界分清楚,隐私保护的是主体不愿为人所知的部分信息,而个人信息保护的是主体愿意为人所知,但不愿为人所滥用的部分。由此决定了隐私的保护目标应是禁止任何意义上的公开或侵入,确保隐私不为人所知,而个人信息的保护目标则是保障个人意愿的自由,实现个人对相关公开、利用、处理行为的知情和控制,确保个人信息不为人所滥用。

由于隐私在本质上就是信息,只不过此类信息过于隐秘而主体不愿意为他人所知,法律才将其命名为"隐私"并刻意予以保护。这也引起了实践中将隐私和个人信息相混淆的现象,典型的表现就是将个人信息分类为个人敏感信息与一般个人信息,从而带来隐私与个人敏感信息关系之疑惑。从现有规定来看,隐私是指"自然人的私人生活安宁和不愿为他人知晓的私密空间、私密活动、私密信息"②,个人敏感信息是指"一旦泄露、非法提供或滥用可能危害人身和财产安全,极易导致个人名誉、身心健康受到损害或歧视性待遇等的个人信息"。③如果个人信息与隐私分别为独立的客体,那么信息再敏感,也不会包含隐私,但上述定义中,"一旦泄露可能危害人身和财产安全,极易导致个人名誉、身心健康受到损害或歧视性待遇等"的类型显然包含了隐私在内。此

---

① 参见彭诚信:《数据利用的根本矛盾何以消除——基于隐私、信息与数据的法理厘清》,载《探索与争鸣》2020年第2期,第80—82页。
② 参见《民法典》第1032条。
③ 参见《信息安全技术 个人信息安全规范》(GB/T 35273-2020),第3.2条。

点亦可从我国《民法典》第 1032 条个人信息中明确包含"私密信息"中看出。《民法典》试图把隐私与个人信息界分清楚，而实际规定和表述又模糊不清，原因就在于两者没有在概念内涵上厘清。

其实，如果采用本书界定，两者在理论上泾渭分明。但这仅是在概念上，或者在纸面上的界分清楚。而在实践中，仍然难以把隐私与个人信息清晰辨别，尤其对信息利用主体来说更是如此。这是由于隐私的主观性使然。同样的信息泄露，对不同主体产生的影响大不相同。不同的主体对相同信息的珍视与重视程度亦不一样。在此意义上，隐私的界定清楚，除了某些共识性的类型，如性取向、基因信息等之外，其他隐私内涵仅仅停留在法理概念上。而在实践中，隐私的具体范围远非确定，此为不同主体的个体差异性与主观性所决定。

这就要求企业在利用个人信息时，必须设立专门对个人信息予以评估与评判的机构，对哪些信息可能会被信息主体作为隐私对待，对哪些信息会被信息主体作为隐私之外的一般个人信息而允许他人利用，事先作出一定的预判。在此意义上，《个人信息安全规范》个人敏感信息与非敏感信息的分类，可以作为预判隐私与一般个人信息的参考标准[1]，但它并不影响隐私与个人信息的基本分类，仅作为前置预判的操作性标准而已。实际上，现有的个人敏感信息、私密信息，都不是与隐私、个人信息相同意义下的分类，而仅限于在预判操作、描述意义上的运用。

预判的一般步骤为：先判断某项信息是否为隐私，如可能是，则企业不能为商业利用，如果为了国家安全、社会安全等也须依法使用；如否，则适用一般个人信息的保护规则。适用一般个人信息的保护规则时，核心前提是如何征得信息主体的同意。同意规则应是确立隐私、信息与数据的客体范围及法律属性后最为重要的制度，也是信息利用的其中一个前提性制度。[2]经过对隐私与一般个人信息个案预判后的信息利用未必没有争议，因为预判并不能完全代替具体信息主体对其信

---

[1]　参见《信息安全技术　个人信息安全规范》(GB/T 35273-2020)，附录 B。

[2]　限于其重要性及复杂性，拟专文研究。

息的个人判断与个人感受。而一旦发生争议后,隐私与个人信息的最终评判还是会经由司法机关予以判断,这就又回到最初有关隐私与个人信息界定的基本理论,作为司法裁判的参考标准。

(三) 数字化人格易扭曲真实人格

网络媒介的普及推动了个人信息在更广的范围内传播,人们在网络空间中留下的在线活动信息经过汇总、分析和加工后可以形成针对个人的用户画像,用以全方位地描述个人在线上空间的活动偏好和兴趣。在网络空间中,针对某一信息主体的个人信息汇聚可以形成数字化的人格,人们在线上虚拟社会中也获得了新的身份和资格,并产生了相应的权利。①

线上虚拟社会中的数字化人格会受到传统社会中的真实人格的影响,故而线下传统社会中已经存在的侵犯具体人格权的现象可能在线上社会中继续广泛存在。比如,在网络空间中存在的个人信息处理活动,可能造成侵害隐私权、名誉权。具体来说,如果被传输或公开的信息造成对个人私生活安宁的侵害,会侵犯个人的隐私权,如"林某诉张某等网络侵权责任纠纷案"中,被告张某公开了原告涉案的开庭时间地点等位置信息,法院认为这种公开行为容易造成原告被人肉搜索,威胁到其私生活安宁,因此构成隐私权侵害;②如果被传输或公开的信息造成个人的社会声誉降低,会侵犯个人的名誉权,如"付某某诉某网络公司等名誉权纠纷案"中,被告某网络公司与第三方某新闻机构签订协议,约定由被告公开该第三方对另一被告某网瘾戒除教育中心进行实地采访的新闻资料,公开的资料中包括原告付某某在该教育中心戒除网瘾时的照片等个人信息。法院认为由于被告某网络公司在国内的影响力,这些照片和配图文字、评论文章在公开后被大量点击和转载,造成原告的社会评价降低,侵犯了原告的名誉权。③

---

① 参见朱程斌:《论个人数字人格》,载《学习与探索》2021年第8期,第83页。
② 参见山东省德州市中级人民法院(2020)鲁14终1348号民事判决书。
③ 参见案例来源:北大法宝(【法宝引证码】CLI.C.11183942)。

除了上述相似性外，较之于传统社会中的真实人格侵害，数字化人格更体现了其独立性，且数字化人格很容易扭曲真实人格，造成更广泛的人格尊严受损，这主要是由于网络社会以数据企业为代表的线上信息处理者这一新兴权力巨头的出现和网络环境下个人信息特有的流动性两方面原因所造成的，具体来说：

第一，数字化人格以网络空间中的个人信息为主要原料而经过加工形成，因此其完整性、准确性仰赖于信息的完整性和准确性。一旦个人信息处理活动中获取的个人信息不准确、不完整以及具体的信息处理方式存在缺陷，最终形成的数字化人格就会与个人的真实人格存在偏差。①而在网络空间下，个人对其信息的控制并不具有绝对性，信息一旦被收集，具体的信息处理活动都是由线上的信息处理者开展的，在这一过程中，技术和资本力量的加入促使网络社会中出现了以数据企业为代表的新的权力集团。它们掌控着大量的数据信息，并获得强大的算法和算力，可以操控形成关于个人的数字化人格。网络社会中的这一新兴权力一旦不受控制，数字化人格就会成为任人摆布的橡皮泥，而与个人的真实人格严重偏离而被扭曲。网络空间中人格尊严的贬损已经不仅仅局限于传统公共空间内私生活秘密的曝光，而更多来自无声的数据监控和信息利用。②因此，数字化人格扭曲真实人格的实质是算法背后的技术与资本对个人信息主体的监控和剥削。

第二，在传统社会中，个人试图保守其私生活秘密或维持其在社会第三人中的道德评价的努力会受到信息流动性的阻碍，即信息特有的流动性导致一些不足为外人道或对个人社会评价带来负面影响的信息内容经常超出个人希望坚守的私人空间而进入外部世界③，即俗语所说的"好事不出门，坏事传千里"。上述矛盾在现代数字社会转型后，对

① 参见张新宝：《论个人信息权益的构造》，载《中外法学》2021年第5期，第1150页。

② 参见马长山：《智慧社会背景下的"第四代人权"及其保障》，载《中国法学》2019年第5期，第16页。

③ 参见房绍坤、曹相见：《论个人信息人格利益的隐私本质》，载《法制与社会发展》2019年第4期，第103页。

传统法律价值形成冲击后体现得更加明显。以私密信息为例，私密信息所要求的不愿为他人知晓的隐秘性代表了传统社会中人们对私生活安宁的主观期待，体现了私人空间与公共空间绝对区隔的价值预设。在当时的社会背景和技术条件下，这种对外界侵入的保密需求是可以得到满足的。然而进入数字时代后，个人在网络空间上的"透明人"危机不断加深，所有的秘密都在网络世界里留下痕迹，强大的信息处理能力足以从众多看似毫无规律的蛛丝马迹中挖掘出个人内心试图隐藏的秘密。比如，基于信息收集完成的"用户画像"足以用来分析个人近期所有的生活内容，当不同主体之间的信息经过比对后发现隐秘的"一夜情"不是什么难事。[①]也就是说，在理论上如果打通网络空间上所有的数据渠道，完全可以实现对某一特定个人在虚拟数字世界中生活图景的还原。甚至在传统的物理空间，人们试图保留内心和私生活隐秘角落的渴望也越来越难以得到满足，因为个人秘密在手机、电脑等电子载体中留下了记录，很容易被外人有意或无意地窥探和发现。因此，私密信息所包含的对个人和公共空间的理解在现代社会背景下面临被解构的危险。这也就意味着在互联网时代，数字化人格一旦形成，人们几乎没有秘密可言，个人活动都会留下痕迹并被储存在云端，绝对意义的私人空间已经不复存在。甚至，很多时候借助于算法，从一些看似毫无关联而无关紧要的个人信息中可以推测出原本个人不愿为外人道的隐私，即数字社会中的个人信息借助算法能够计算出个人隐私。具体来说，信息处理者最初采集的信息未必是个人隐私，并且依照法律要求信息处理者也不能采集隐私信息。但在数字社会，算法的加入却增加了个人信息转化为隐私的可能性，因为在信息自动化处理过程中，多维信息结合能够清晰勾勒出个人画像。换句话说，在数字社会中，隐私可无需运用传统社会中的窥探、采集等直接侵权方式，而是可通过算法对多维信息处理计算出来，如著名的"塔吉特百货孕妇营销案"，百货公司利

---

① See Jack M. Balkin, "Information Fiduciaries and the First Amendment", *U.C. Davis Law Review*, Vol.49, No.4, 2016, p.1188.

用顾客的购买数据可推测出该少女怀孕,并向其推荐一系列孕妇产品。①隐私也是人之基本权利和自由的体现,是人格尊严的重要组成内容,由此亦可知个人信息与人格利益密切关联。从这个视角出发,虽然在概念构成上隐私与个人信息交叉形成的私密信息确实存在,但是在数字社会背景下私密信息几乎很难有存在的空间。

二、个人信息关涉行为自由

(一) 基于个人信息处理开展的算法应用威胁个人自治

个人自治是个人作为法律上的主体最重要的主体性价值,也是个性自由发展的基本前提。个人自治要求人们在获取足够的信息后,可以根据自身的目标而自主、自由地作出决定或决策。②在基于机器和算法的自动化决策普及前,决策是专属于人类自身的行为,人类基于个体的选择构成了其私人与公共生活和事务领域不可分割的一部分。③而自20世纪末以来,随着机器学习和算法应用的日益普及,自动化处理技术开始用于辅助人类判断。直至近年来人工智能技术的日益发展推动算法应用逐渐演变为决策的核心力量,并深度参与社会生活的各个领域,对人类形成了实在的控制力和影响力。④因此,基于个人信息处理开展的算法应用会严重威胁个人自治,干涉个人在传统社会中本应享有的行为自由,阻碍个性自由发展,具体表现为以下几个方面:

第一,算法应用会侵害个人信息主体的知情权,阻碍其对知悉、获取信息的自由。个人有能力作出自主、自由的决策基于其获取必要的

---

① 参见吴军:《智能时代——大数据与智能革命重新定义未来》,中信出版集团2016年版,第152—155页。

② See Philip Brey, "Freedom and Privacy in Ambient Intelligence", *Ethics and Information Technology*, Vol.7, No.3, 2005, p.160.

③ See Michal S. Gal, "Algorithmic Challenges to Autonomous Choice", *Michigan Technology Law Review*, Vol.25, No.1, 2017, p.60.

④ 参见蔡星月:《算法决策权的异化及其矫正》,载《政法论坛》2021年第5期,第25—26页。

信息从而形成的认知世界并采取相应行动的能力,因此信息的多元化和多样性是个人基于自由意志作出决策的基础,而在互联网媒介形态下,个人信息的获取机制具有片面性,无法满足个人自主决策对信息获取的要求。该片面性主要体现在以下三个方面:

首先是基于兴趣的定向信息推送机制窄化了信息获取范围。互联网世界的海量信息不可能为常人全部获取,故而人们在互联网世界中获取信息的内容很大程度上取决于线上信息处理者的说明,即我们看到的世界有时不取决于我们主动地发现,而是被动地告知,个人在网络世界中容易只能看到自己喜欢看到的信息而非需要看到的信息。以网络世界中广泛存在的个性化推荐为例,其背后的算法逻辑是,结合个人在网络世界中的行为偏好而筛选个人可能感兴趣的内容,过滤与个人平时浏览内容相关度及匹配度低的内容,并且以符合个人阅读习惯的方式向个人进行定向推送。因此,这种基于兴趣偏好而开展的信息获取会造成个人逐渐受困于算法所编织的"信息茧房"中,导致信息范围受限而定制化、同质化,加剧个体与真实多元世界的脱节。①

其次是信息处理过程本身的不可预知性增加了信息获取难度。基于个人信息展开的算法应用本身不具有透明性,形成一个个的"算法黑箱",这对于个人信息主体不具有可预知性,个人无法真正知晓其个人信息在被收集后会被进行何种处理和深度运用。算法的不透明会造成个人无法参与信息的筛选,个人无法获得其在传统线下社会中享有的信息自由,这种信息处理过程本身的非公开性就是对知情权的侵犯,这也是为什么越来越多的学者呼吁并主张个人信息主体享有算法解释权的原因。②

---

① 参见丁晓东:《论算法的法律规制》,载《中国社会科学》2020 年第 12 期,第139 页。

② 相关观点阐述的研究成果众多,代表性观点可参见丁晓东:《基于信任的自动化决策:算法解释权的原理反思与制度重构》,载《中国法学》2022 年第 1 期,第 99—118 页;苏宇:《优化算法可解释性及透明度义务之诠释与展开》,载《法律科学(西北政法大学学报)》2022 年第 1 期,第 133—141 页;解正山:《算法决策规制——以算法"解释权"为中心》,载《现代法学》2020 年第 1 期,第 179—193 页。

最后围绕信息推送本身展开的商业竞争也会在一定程度上异化信息传播的方式。在网络世界中,信息本身是有价值的,个人在掌握特定信息后开展的消费行为直接与商家的经济利润挂钩,因此,在特定网页以醒目的方式向个人传递产品信息就成为商家经常采取的营销手段。在这一背景下,掌握信息传播媒介的网络平台会逐渐演化为资本力量雄厚的行业巨头,因为众多商家必须通过竞价的方式从这些平台有偿获得信息传播的高地,现实中网络平台上的"热搜榜""头条新闻"等即为例证。[①]当信息的自由传播演变为一场资本的弱肉强食后,个人信息主体知悉了解信息事实内容的权利就会受到威胁。

第二,算法应用会干涉甚至替代个人信息主体的自主决策。算法应用带来的是在传统的公权力与个人权利二元治理模式中加入新兴的技术权力,并迅速侵蚀传统的公权力与个人权利,深度改变社会传统决策方式的结构形态,这种算法权力极速扩张的现象被称为"算法利维坦"。[②]在"算法利维坦"的笼罩下,高度集权化、去个性化、精确化的算法决策缺少公民个人权利的有效制衡,算法权力与个人权利的关系处于失衡且个人属于相对弱势一方,此时算法权力可以了解人的欲望、操纵人的情绪,甚至代替人作决定。[③]在上述算法权力扩张背景下,之所以机器算法决策能够代替人的决策,是因为当收集的个人信息足量、围绕信息展开的数据加工达到必要的深度和广度时,机器和算法会获得全知全能的预判能力,其可以对控制的信息数据所涵盖的所有群体或个体进行分析,并通过影响或引导人们行为的方式促使人们作出机器算法预判的选择,从而在实质层面代替个人的自主决策,达到对个人主

① 参见匡文波:《对个性化算法推荐技术的伦理反思》,载《上海师范大学学报(哲学社会科学版)》2021 年第 5 期,第 17 页。

② 参见于淼:《数字经济视域下算法权力的风险及法律规制》,载《社会科学战线》2022 年第 2 期,第 276—277 页。

③ 参见张爱军:《"算法利维坦"的风险及其规制》,载《探索与争鸣》2021 年第 1 期,第 100 页。

体性塑造的效果。简而言之,"算法利维坦"意味着算法不光可以指引人们的行为,更可以建构人们的行为,形成可怕的足以颠覆个人主体性地位的社会重塑能力。①对此,最典型的例证就是美国的脸书(Facebook)公司曾经在其用户订阅栏中通过展示用户地址附近的选举投票地点链接及其已经参与投票的好友资料照片来试图鼓励人们参与选举,脸书可以使用用户的个人信息集合来预测某一用户可能支持谁,甚至影响最终的选举结果。这表明围绕海量信息数据开展的算法应用容易造成个体的自由意志被数据遴选和加工后的集体选择所取代。②换言之,传统社会个人的自主决策是绝对个性化的,而在网络空间中,受算法应用形成的"算法利维坦"的影响,个人决策逐渐转化为可预测的同质化判断,由此引发的累积和连锁影响使个性平等自由发展的基本人权受到威胁,个人在本应高度自治的网络空间中却不断"被决定",丧失了基本的主体性价值。

(二) 基于个人信息处理开展的算法应用诱发歧视

个人享有平等发展而不受歧视的权利是现代法治的重要价值根基,也构成现代人权体系的基础。③基于个人信息处理开展的算法应用对传统法律体系下的主体之间平等受法律保护的固有理念形成巨大冲击,算法应用中的个人信息处理活动一旦失范,很容易诱发对个人信息主体的歧视,限制个人在平等自由的社会规则治理框架下享有独立发展的机会,最终危及应受法律保护的行为自由。算法应用产生的算法歧视问题主要体现在以下几个方面:

第一,基于个体特征展开的定向算法分析所产生的个体性规则会突破传统法律的一般性,导致特定个体遭受不平等对待,引发显性的歧视。具体来说,当信息积累到一定程度或机器学习和分析能力足

---

① 参见郑玉双:《计算正义:算法与法律之关系的法理建构》,载《政治与法律》2021年第11期,第97页。

② 参见[德]罗纳德·巴赫曼、吉多·肯珀等:《大数据时代下半场——数据治理、驱动与变现》,刘志则、刘源译,北京联合出版公司2017年版,第20—21页。

③ 参见韩大元:《宪法学基础理论》,中国政法大学出版社2008年版,第252页。

够强大时,基于用户画像所形成的个体行为偏好分析会使网络环境下的治理规则趋近于个性化的规则,摆脱法律只能基于一般大多数情形展开预判和规制的滞后性,在这一过程中伴随着对具体的个人信息主体根据某一特征进行标签化的区分,这种以算法处理为工具的标签化区分模式给部分商家从事歧视性待遇以获取额外的经济利益提供了便利。比如,当个人信息处理者对收集到的个人信息进行组合、分析等加工行为后,可以判断特定个人的消费习惯和对商品价格的敏感程度,进而预测个人对商品价格上涨的接受程度,并在此基础上设置相应的消费者群体标签,给予不同的交易价格待遇,形成价格歧视。

第二,平等价值的维护包含了形式平等和实质平等两个方面,前者是指在具体的制度设计中忽略不同人的先天差异和强弱之分,而只关注和保障个人在自由竞争中的机会平等,后者是指考虑人与人之间的固有的先天差别,从而给予不同对待,以防止形式平等带来的强弱分化等不良后果,以求在事实和结果上达到平等。正因为形式平等与实质平等的差异,促使在传统社会领域中,法律规则会针对特定的弱势群体给予倾斜性的保护以防止形式上的平等掩盖实质上的不平等,而在数字网络空间中,上述规范逻辑面临无法适用的困境。具体来说,算法应用所采取的个人身份或行为特征标签化区分意味着针对该个体及其所代表的群体会形成相应的信息反馈和信息分析结果,上述分析结果立基于算法特有的精确性和高度一致性,故而因形式平等的技术逻辑诱发对特定群体或个人的实质性不平等待遇。[①]

第三,技术中立并非绝对,算法设计者的人为偏见很容易植入具体的算法程序中,并通过精确化、高度一致性的技术运算结果进一步加深固有的偏见,造成对个体乃至特定群体的隐性歧视。比如美国社会中广泛存在的对黑人的种族歧视会在特定的数据产品中体现,网约车

---

① 参见崔靖梓:《算法歧视挑战下平等权保护的危机与应对》,载《法律科学(西北政法大学学报)》2019 年第 3 期,第 31 页。

Uber 平台上黑人乘客有时会很难叫到车。[①]上述人为偏见对算法歧视的影响意味着在算法应用中完全消除对特定群体的歧视几乎不可能实现。究其原因,首先,固有偏见普遍存在于人类社会的各个角落,社会的多元性和多样性意味着文化和意识形态的差异,差异造成对立继而造成偏见,算法及基于算法形成的各种知识产品由设计师人为创造,不可避免地带有人类社会中已有的偏见。其次,对社会人群进行分类是个人认知中不可避免的无意识心理机制,这意味着完全摆脱身份差别实现彻底的中立是不可能实现的[②],典型例证是谷歌公司曾推出的搜索引擎算法中会导致非洲裔美国人的身份标签经常性地与犯罪相关信息联系在一起,由于在系统内输入相关信息内容并进行匹配分析时,算法处理会基于事实输出中立性的结果,因此即使算法设计者最初并未主动追求特定结果,也会造成事实上的歧视性待遇。[③]除了个体层面心理机制的影响,社会治理中对某一身份群体的倾斜也意味着对与之对立的另一群体的逆向歧视[④],因此绝对的中立和平等无论在个人心理认知层面还是社会规则治理层面都很难真正实现。最后,算法运行的逻辑基础是对被收集的个人信息进行归类整合,其标准就是数据来源主体的标签化,当不同主体的个人信息基于特定的标签完成归类后,就会达成"去个性化"的效果,因此对特定群体的固有偏见经过算法处理后会负载到其内部的具体个人,造成对独立个体的误判,进而影响其后算法决策给出的公平性待遇。比如,在劳动就业领域,同一标签下的求职群体内的具体个人会存在能力的差异,从而导致基于标签化特征的

---

① 参见丁晓东:《论算法的法律规制》,载《中国社会科学》2020 年第 12 期,第148—149 页。

② See Linda Hamilton Krieger, "The Content of Our Categories: A Cognitive Bias Approach to Discrimination and Equal Employment Opportunity", *Stanford Law Review*, Vol.47, No.6, 1995, p.1164.

③ 参见郑智航、徐昭曦:《大数据时代算法歧视的法律规制与司法审查——以美国法律实践为例》,载《比较法研究》2019 年第 4 期,第 113 页。

④ See James E. Jones, Jr., "Reverse Discrimination in Employment: Judicial Treatment of Affirmative Action Programs in the United States", *Howard Law Journal*, Vol.25, No.2, 1982, pp.218—223.

算法决策对群体内的不同个人造成不成比例的不利影响，一些原本有能力胜任工作岗位的求职者也会被算法决策拒之门外，遭受事实的歧视性待遇。[①]

第三节 个人信息的财产性基因

一、个人信息内含财产价值的微观基础

(一) 个人信息与数据在互联网时代呈现日益重合的状态

个人信息与个人数据的差异仅停留在内容与形式区分的逻辑层面。有学者循此逻辑对二者的区别进行了细致的阐述，认为既然信息与数据是内容与形式的关系，那么个人信息与个人数据也是如此。相应地，个人数据不强调信息价值，因此单一的、零星的个人数据因信息价值极低而不能成为个人信息。某一个人数据的信息价值通过同一主体的多项个人数据或不同主体的个人数据组合后会形成个人数据集合，因其信息价值的增长也可以成为个人信息集合，故而个人数据与个人信息的关系可以归结为个人数据"可以"但不"必然"是个人信息的形式，个人信息也"可以"但不"必然"是个人数据所反映的内容。[②]对个人信息与个人数据的上述区分在逻辑层面是可行的，不过忽视了互联网技术和信息处理技术兴起后的现实影响。在现实背景下，所有的信息都可以通过数据的方式来表达，数据企业关注的也是数据的信息价值，因此信息价值不足的残缺数据不能成为有意义的数据，也就不能成为个人数据。因此，个人数据与个人信息重合度越来越高。

[①] 参见汤晓莹：《算法雇佣决策下隐蔽就业歧视的法律规制》，载《河南财经政法大学学报》2021年第6期，第78页。

[②] 参见周斯佳：《个人数据权与个人信息权关系的厘清》，载《华东政法大学学报》2020年第2期，第89—90页。

互联网技术和信息处理技术兴起后,个人信息与个人数据在世界各国的相关法律文件中同义,究竟用信息(information)还是数据(data)更多只是立法习惯使然,并没有实质性判断差异。具体来说,从个人层面来看,两大法系均是把法律本质上的个人信息作为权利客体,无论采用个人信息或个人数据的称谓,其含义基本相同。比如,欧盟GDPR规定:"个人数据(personal data)是指与已识别或可识别的自然人相关的任何信息(information)"①;德国《联邦数据保护法》(BDSG)规定:"个人数据(personenbezogene Daten)是指所有与已识别或可识别自然人有关的信息(Informationen)"②;美国的许多联邦法律和州法律使用了个人数据(personal data)的定义,但在美国被广泛接受的概念是PII,即个人可识别信息(personally identifiable information),这两个概念可以互换使用。③我国立法也普遍采用了个人信息的概念。④司法实践中尽管用语较为混乱,但也有规律可循:以"微博与脉脉案"⑤为例,法院虽然使用个人信息、用户数据信息、用户数据等说法,但在以个人为主体时,其落脚点都在信息,意在强调用户个人的隐私权、知情权、选择权等,只有在指代经处理被提交给企业的信息时,才会混入数据的称谓;而在以企业为主体时,法院多用数据的说法,认为其为商业资本、经营资源、数据资源,主要强调其经济价值。可见,实践中对信息、数据的称谓并不以区分为目的,而是使用习惯使然。比如,欧洲国家的个人信息保护立法基本都采用"个人数据"的称谓,并将其解读为是一种信息。而在美国因信息可识别性标准发源的影响,而采用了个

---

① 参见欧盟《一般数据保护条例》(General Data Protection Regulation),第4条第1款。

② 参见德国《联邦数据保护法》(Bundesdatenschutzgesetz),第46条第1款。

③ See Paul M. Schwartz, Daniel J. Solove, "Reconciling Personal Information in the United States and European Union", *California Law Review*, Vol. 102, No. 4, 2014, pp.878—879.

④ 参见原《民法总则》第111条,《电信和互联网用户个人信息保护规定》第4条等。

⑤ 参见北京知识产权法院(2016)京73民终588号民事判决书。

人可识别信息的概念,故而在联邦和各州立法文件中直接沿用"个人信息"的称谓。在一些特定的情境下,美国的法律文件中还出现"个人记录"(record)的法律用语,不过其依然是指可以为人们所了解的信息内容。①因此,在互联网兴起后的网络时代和数字时代,个人信息和个人数据本身没有差异,二者可以互换使用。如果非要说二者有何使用场景的差异在于对信息、数据的阶段化理解,人们倾向于在个人掌握阶段称其为"信息",在企业掌握阶段,鉴于经过电子化处理、形成数量集合,倾向于称其为"数据"。

(二) 个人信息电子化后的聚合性和转移性特征

在数据可以作为信息的载体后,个人信息实现了聚合和转移的方便,单个的个人信息在经过聚合后,可以形成更大的经济价值。具体来说,通过汇总从用户手中收集的个人信息——包括同一个人用户的同一行为的多条信息、同一个人用户的不同行为的多条信息、不同个人用户同一行为的多条信息等多种方式的汇总聚合——信息处理者可以基于用户行为特征来进行用户市场的划分,从而开展不同的商品营销活动。信息汇总聚合后形成的大型数据集较之于书籍等传统的信息介质在传输速度上也更加便利,消费者几乎每时每刻都可以通过简单的勾选就可以完成数据信息的转移。因此,个人信息在以数据作为载体后的聚合性和转移性特征是个人信息财产利益得以体现的基础。

个人信息的聚合性具体可以包括个人信息内容的海量性、个人信息载体的整合性、个人信息价值的可挖掘性三个方面。信息内容的海量性反映在当今社会人类创造的信息量已经大大超出之前任何一个历史时期可以创造的信息数量,并且其中增长的大部分来自互联网用户生成的个人信息。个人信息载体以数据的形式整合可以最大限度地增加信息收纳的数量,提升信息整合的效率,对此,在瑞利诉加利福尼亚州案(Riley v. California)中,美国联邦最高法院强调,"目前最畅销的

---

①　相关例证可参见 Uniform Commercial Code,Article 1-201(b)(31)。

智能手机可以保存数百万页的文本、数千张图片或数百个视频"。因此,在信息储存能力上数据要远远优于其他物理介质。个人信息价值的可挖掘性表现为个人信息以数据形式聚合后其经济价值会显著提升。个人信息聚合后形成的大型数据集可以实现预测算法、训练人工智能,并有助于其他大数据应用。甚至即使个人信息数据集合中某一信息字段被删除,通过其他剩余的信息字段仍然可以推断出该信息字段的内容,从而得出相同的整体性信息内容分析结论,因此其经济价值比聚合前的单一个人信息的价值呈指数级增长。

个人信息数据的转移性体现为信息传输容量大、速度快。个人信息数据可以通过整体数据包的方式实现迅速转移,复制成本很低。因此个人信息的分享很容易实现,一旦个人信息主体将其个人信息提供给数据交易链条中的信息接收者,则很难限制个人信息向外传播和转移。此外,即使不存在数据向第三方的转移,互联网的存在也使得多数具备相当信息处理能力的主体可以同时阅读使用该信息。

二、个人信息的电子数据化催生其潜在财产价值

在传统社会,个人信息主要落入具体人格权(如姓名权、肖像权、名誉权和隐私权等)的保护范围,其内含的精神价值是法律关注的重点。而在新兴的数字社会中,法律不但关注个人信息中的精神性人格利益,也开始关注个人信息中天然内置的财产性利益,因此恰恰是数字社会中个人信息的财产性价值才催生了个人信息受法律保护的必要。[①]数字社会背景下个人信息的电子数据化催生了其潜在的财产价值,使得基于个人形成的数据信息成为数字社会中最重要的生产要素。

(一)以个人信息为核心的商业运营模式形态的展开

公司交易中最显著的是面向网络用户的科技型公司的合并与收购,其中汇聚了个人信息的数据集合也是公司重要的战略资产,被纳入

---

① 参见彭诚信:《论个人信息的双重法律属性》,载《清华法学》2021年第6期,第79页。

到公司合并或收购的范围。①除此之外,在医疗领域中,同样涉及很多关于患者健康生理信息的数据整合和转移。除了上述以合并和收购为主要形式的公司交易外,在公司破产中,也不乏个人信息财产利益的表现。比如,国外部分电子通信公司在破产中试图向债权人转移用户的个人数据,以达到规避其隐私保护政策中对个人信息加以保护的合同义务。②这些都表明个人信息集合形成的数据是企业十分看重的资产。

对于以数据经纪商为核心形成的数据交易市场,美国学者肯尼斯·劳登(Kenneth Laudon)曾专门作了设想,提出设立专门的信息受托机构来代理个人信息的数据交易。③实际上,美国目前已经形成了庞大的数据交易市场,其中有相当数量的数据经纪商(data broker),著名的以数据收集为主要业务的公司 Acxiom 收集了 96% 的美国家庭的信息,并出售给其他行业公司,比如银行、电信、传媒等企业。④正如联邦贸易委员会(FTC)所认识到的,数据经纪商的数据来源不限于个人信息主体本人,还包括行业内的其他数据经纪商,因此业内已经形成了复杂的基于合同的数据传输链条。⑤为了保障个人信息主体的身份安全,在进行数据传输时都不能披露信息的来源。

数字时代带给人们生活的最大变化就是几乎有关衣食住行的方方

---

① Facebook 决定以 190 亿美元收购 WhatsApp,也就是说,为 6 亿用户每人支付 30 美元。2012 年也为 3 300 万 Instagram 用户每人支付了 30 美元。微软收购 Minecraft 时也进行了类似的计算。See Pauline Glickman & Nicolas Glady, What's the Value of Your Data? Available at: https://techcrunch.com/2015/10/13/whats-the-value-of-your-data/, last visited on Oct.6, 2021.

② 参见余佳楠:《企业破产中的数据取回》,载《法律科学(西北政法大学学报)》2021 年第 5 期,第 79—80 页。

③ See Kenneth C. Laudon, "Markets and Privacy", *Communications of the ACM*, Vol.39, No.9, pp.92—102.

④ See Acxiom Corp: The "faceless organization that knows everything about you", The Week, January 9, 2015, available at: https://theweek.com/articles/474509/acxiom-corp-faceless-organization-that-knows-everything-about, last visited on Oct.6, 2021.

⑤ See Federal Trade Commission, Data Brokers: A Call for Transparency and Accountability, May 2014.

面面都可以通过线上支付的方式完成,其中可能随时发生个人数据的交换。因此,在每一个线上完成的消费者合同中可能包含有个人数据的交换。比如,每当我们进入餐厅通过扫码的方式点单时,微信内的账户信息会被同步,从而形成个人的用餐情况等交易信息;通过大众点评App进行观影、出行娱乐等活动的搜索、购票及出行体验的点评时,这些信息内容都会与自己的身份信息建立联系;通过支付宝可以使用城市共享单车,同步自己的出行信息等实时数据。这些线上交易都伴随有个人数据的共享,人们越来越习惯于通过数字身份开展各类活动,由此形成联系消费者、商品或服务及实时监控或评价消费者数据的物联网。[①]

综合以上论述,可以明确进入数字经济时代后,个人信息确实具有一定的财产价值,具体表现为:一方面,在以公司为主体的收购或破产中或以数据经纪商为中间人开展的数据交易中,个人信息主体可以获得一定的金钱价值。另一方面,在各类消费者合同中,除了主要的商品或服务交换外,还包括个人信息的交换以作为享受相应商品或服务的代价。

(二) 个人信息财产价值挖掘的必要条件

1. 个人信息天然具有财产性的基因

在数字社会(尤其是数字经济)中,个人信息的商业价值凸显出来,商家可运用个人信息形成的数据产品获得巨大商业利润。无疑,技术是个人信息产出经济价值的变革性因素,但它仍是外因,个人信息天然具有的财产性基因才是其产生商业价值的内因。在数字社会中,它能够满足商业需要且有可控性和稀缺性,具有成为法律上的财产权益客体的可能性。

第一,个人信息具有效用性。信息是交互性的概念,由输出者、通信媒介、接收者构成。信息从人类存在起便一直存在,只不过起初信息只能通过口耳相传无法固定,无法产生真正的财产价值。可以说,是信息通信媒介的迭代发展,尤其是数字社会的出现,方把个人信息中的财产价值催生出来。从口耳相传、书写文字、复制印刷、电子介质到人工

---

① See Stacy-Ann Elvy, "Contracting in the Age of the Internet of Things: Article 2 of the UCC and Beyond", *Hofstra Law Review*, Vol.44, No.3, 2016, p.845.

智能,信息通信载体的每一次发展都会给个人信息带来社会价值结构的改变,信息是否给予保护、给予何种保护,取决于对这些价值的社会评价。①信息论指出,信息的基本价值在于消除不确定性。大数据改因果关系预测为相关性预测,通过相关性发现事物背后的规律。信息自动处理技术以及网络传播技术的发展使个人信息规模化采集、处理成为可能,大数据预测产生了对个人行为规律更深的洞察力,数据尤其是个人信息因此与土地、资本、人力一样成了核心的生产要素,成为商业分析的重要资源,为生产消费各领域所普遍青睐。

第二,个人信息具有稀缺性。个人信息由个人生成,是对个人的描述和表征。在前数字社会时代的传统社会里,"信息一直是处于公共领域的公共素材或材料,是任何人均可以使用的资源",②此时个人信息仅具有表明与个人稳定联系的识别意义,还不具有预测性的商业价值,不具有使用上的稀缺性。稀缺性是指有价值的个人信息供给小于人们的需求。人类进入数字社会后,个人信息被规模化、结构化采集,能够被网络永久记载,这为个人信息的数据化利用创造了条件。算法技术的发展,使规模化、结构化的个人信息产生了预测分析价值。但这些有预测价值的信息并非天然的、处于公共领域的信息,而是由个人信息处理者付出了相当的交易成本生产而来,这样的处理者实际是数据价值的生产者。③数据生产者为获得并保有个人信息,在信用建设、服务模

---

① 参见[美]罗纳德·K.L.柯林斯,大卫·M.斯科弗:《机器人的话语权》,王黎黎、王琳琳译,上海人民出版社 2019 年版,第 30、31 页。

② 参见高富平:《个人信息保护:从个人控制到社会控制》,载《法学研究》2018 年第 3 期,第 94 页。

③ 《个人信息保护法》第 73 条规定,个人信息处理者是指在个人信息处理活动中自主决定处理目的、处理方式的组织、个人。《民法典》同样使用了信息处理者的概念,该法虽未对处理者进行界定,但规定个人信息处理包括个人信息的收集、存储、使用、加工、传输、提供和公开等,可以判断信息处理者是进行如上信息处理活动的组织和个人。《民法典》从具体信息处理行为角度对处理者进行了侧面解释,当我们从处理者与个人信息财产价值关系上观察时,处理者实际可以分为两种类型:一种是规模化个人信息财产价值的生产者,可以称为数据生产者;另一种是未生产但利用个人信息财产价值的处理者,可以称为数据的第三方利用者。因价值关系更能体现权利义务分配上的不同,故本书依具体情况对信息处理者、数据生产者与数据的第三方利用者作了区分使用。

式、质量维护以及信息安全保障等方面投入大量成本,由此才能获得用户信赖,累积规模化的个人信息。为保证信息采集、使用、持有不侵害用户权益,数据生产者又投入大量合规风控成本,以确保信息处理获得合法性,不受追责处罚。高昂的收集与处理等成本使规模化个人信息成为社会稀缺资源。我国乃至国际上频发的数据争夺案,从侧面亦可反映出规模化个人信息的稀缺性。规模化数据是由一条条个人信息组成,参与到数据处理过程中的每一条个人信息都有其独立价值,涓涓个人信息的细流方汇成数据的海洋。规模化个人信息的稀缺性实质上也意味着个体化的个人信息同样具有稀缺性。

第三,个人信息具有可控性。有价值且稀缺的资源并不一定能成为法律上的客体,成为法律客体需要具有可控性。我国《民法典》《个人信息保护法》《网络安全法》等均强调了个人信息以电子或者其他方式记录这一形式要素,其制度意义在于择选出具有可控性的个人信息。口耳相传的信息需要以声音或影像为媒介,依赖于人的听觉或视觉,而人的听觉或视觉在传递信息过程中具有一系列缺陷,它受时间、空间限制,甚至人脑记忆也会影响信息传递质量,具有极大的不确定性,因此在信息的获取及流通方面,口耳相传方式极为受限,欠缺控制性的个人信息较难被有效利用并产生商业价值。而数字社会中的个人信息,由于可存储于数据平台之上,且能够被收集、加工、处理,从而具有了可控制性,可控制的信息才能产生可利用、交易的财产价值。

第四,个人信息具有流通性。个人信息的可控性决定了它可以在不同的使用者之间自由流动。数字社会中的互联网是开放和共享的,网络运营者利用网络爬虫、OpenAPI 接口开放等技术手段,使个人信息可以超越空间和时间因素,在不同处理者之间高效流转,从而实现了信息的最大化流动。个人信息流通是其产生交换价值的基础,有交换价值的资源才可能发挥市场作用,流通性是个人信息财产化必不可少的重要条件。

2. 技术推动个人信息财产价值实现

由上述实践中围绕个人信息开展的商业运营模式进行从表面到实质的分析,可以明晰个人信息电子数据化后其财产价值挖掘的必要条件是外在的技术。具体来说:

第一,个人信息的分析价值在现有技术背景下可实现。数字经济时代背景下个人信息开始具有分析价值,信息处理技术的显著提升促使信息内在的财产性基因被彻底释放和展现出来。当个人信息被广泛收集并以电子数据的形式储存汇总在云端的服务器中时,海量的数据信息内容被分析、比对、整理后可以挖掘其中普遍存在的规律,形成新的知识。在数字经济时代,针对海量信息数据获取知识的分析方法仰赖于数据挖掘技术的成熟。[1]虽然个人信息内容本身的分析价值都是基于其对主体特征的事实描述而展开分析,从而获取认知世界的方式,进而发现客观世界规律,预测未来发展走势,但是在个人信息电子数据化后,依靠数据挖掘技术可以进一步释放其财产价值,并扩展信息内容可能的现实应用,带来额外的经济效益。这主要源于以下两个方面:一方面,个人信息电子数据化后可以显著提升信息的收集、储存效率,使得信息实现海量化且内容不易失真或丢失,信息质量的损耗大大降低,大数据分析的价值即在于此,当信息的内容足够多、来源足够广泛且多元时,基于信息的分析就越有价值。另一方面,数据挖掘技术使得信息处理者从信息分析中获取知识和规律的能力显著增强,各种高级的算法运用、分析场景的细化以及数据信息之间的匹配、聚合促使人们从原本的信息内容中挖掘出新的知识和规律,从而释放信息内容潜在的财产价值。

第二,个人信息的交换价值在数据流通背景下可实现。个人信息的电子数据化推动数据流通效率提升,这对个人信息分析价值在具体的交换中被实现不可或缺。在实践中,数据流通主要通过网络爬虫、

---

[1]　参见高富平:《数据流通理论——数据资源权利配置的基础》,载《中外法学》2019 年第 6 期,第 1408 页。

OpenAPI 接口等技术手段实现,个人信息得以超越空间和时间因素,在不同信息处理者之间高效流转。①数据流通对个人信息财产价值实现带来的影响主要体现在以下几个方面:第一,数据流通进一步促进了信息内容的集聚,有助于信息处理者开展数据挖掘,获取信息的分析价值。在数据不流通的情形下,信息处理者之间处于相互隔绝的封闭状态,因此掌握的信息广度有限,数据流通则促使信息处理者可以相互共享数据信息,从而扩展数据的来源,以便实现多维度数据信息的汇集,从而提升数据挖掘和分析的精度和广度,达到信息分析价值增量的效果。第二,数据流通意味着承认了信息内容的交换价值,为现实中存在的以个人信息为核心的商业运营模式提供了正当性基础。数据流通的微观形式即为不同信息处理者之间就其数据挖掘分析成果和资源的交易,具体的交换价值就是信息内容的分析价值在市场中的交易价格。无论是公司交易还是数据经纪市场,都伴随有上述数据信息的交换。而在消费者合同领域,数据信息的交换主要是为了实现身份识别的认证功能,以推动商品交易,因此数据信息的交换并不是交易的核心内容,不过在消费者合同中的数据信息的交换可以用于对消费者行为偏好特征的分析以便开展后续的精准化信息推送,此时伴随信息推送可以衍生出相关的广告营销,从而建立新的财产变现模式。第三,数据流通推动了围绕个人信息展开的社会化利用,从而挖掘了信息内容作为整体性的社会资源的价值。目前在现实中出现很多数据聚合平台,可以将不同信息处理者收集和控制的信息内容相互连接,从而汇聚多方力量,推广数据分析成果和产品的社会化应用。

---

① 参见彭诚信:《论个人信息的双重法律属性》,载《清华法学》2021 年第 6 期,第83 页。

第三章

个人信息的权利属性

在解决个人信息的客体属性问题后,明确个人信息的权利属性,才能相应地开展个人信息财产价值外化路径的研究。本章的重点将放在对个人信息的人格权利本质的证成上,主要挖掘人格利益的价值基础与个人信息权的内在契合性,并通过考察人格权法的现代转向,探寻个人信息权融入人格权法的方式。在此基础上,一方面,通过对个人信息财产权说的反思与批判,揭示个人信息权与一般的财产权理论并不具有适配性;另一方面,阐明个人信息作为整体的信息资源的社会价值与其上的个人信息权的私法属性可兼容。基于以上推导出个人信息权是内含财产价值的人格权,而非纯粹的财产权,且该私法属性与其多重社会价值不冲突。

第一节 个人信息权的人格权利本质

一、个体尊严自由价值是个人信息权的核心

(一)个体尊严价值与欧洲大陆人格权法

1. 个体尊严价值的源流

人类对"尊严"概念的提出最早可追溯至文艺复兴时期意大利哲学

家皮科,他在其演讲中提出了人作为主体的尊严价值。不过,有学者提出,皮科的尊严论仍然包裹有神学的色彩,因为他认为人的尊严只属于"亚当堕落之前和基督道成肉身之后的人"①,这意味着人的尊严仍然需要来自上帝的力量。不过,可以肯定的是皮科确实把个体的尊严价值与个体自由联系在一起。上帝的力量在皮科的尊严论里扮演的角色更类似于一种道德和信仰的感召。②因此,"尊严"最初被理解为个体追求道德和信仰的一种自由状态。

欧洲大陆保护个人尊严的法律始于17—18世纪,不过由于当时欧洲大陆仍处于君主制时代,因此,受人尊重和个人尊严是地位尊贵的贵族成员才有的法律特权,绝大多数的下层平民并不享有法律上受人尊重的个人尊严。③由于个人尊严在当时体现了贵族阶层的身份特权,因此其带有显著的"礼仪规范"(etiquette norms)的特征,即在社会生活交往中的特定场合下以何种装束、穿着或行为举止方式对待彼此,因此尊严价值反映了个人对在公众场合下进行自我展示的价值需求,代表了欧洲中世纪以来形成的严密的礼仪传统。④个体尊严价值与社会交往礼仪规范的内在联系对后来的欧陆人格权法和美国隐私权理论的影响极其深远,后文详述。

个人尊严价值从身份特权向所有普通人的扩展在欧洲大陆经历了几百年的缓慢发展。在德国纳粹时期,法西斯政权极力鼓吹德意志民族激进情绪,向所有国家人民作出在个人尊严和荣誉上一律平等的政治承诺,促使个人尊严价值在"二战"期间得到前所未有的发展。⑤不

---

① Charles Trinkaus, *In Our Image and Likeness*, *Humanity and Divinity in Italian Humanist Thought*, University of Notre Press, 1995, p.507.

② 参见吴功青:《革命与危机:皮科论人的尊严与个体自由》,载《北京大学学报(哲学社会科学版)》2013年第5期,第44—45页。

③ See James Q. Whitman, "Enforcing Civility and Respect: Three Societies", *Yale Law Journal*, Vol.109, No.6, 2000, pp.1320—1330.

④ See James Q. Whitman, "The Two Western Cultures of Privacy: Dignity versus Liberty", *Yale Law Journal*, Vol.113, No.6, 2004, pp.1168—1169.

⑤ James Q. Whitman, On Nazi "Honour" and the New European "Dignity", in Christian Joerges & Navraj Singh Ghaleigh(eds.), *Darker Legacies of Law in Europe: The Shadow of National Socialism and Fascism Over Europe and its Legal Traditions*, Hart Publishing, 2003, pp.251—262.

过,此时的个人尊严价值更多是与战争荣耀联系在一起,是法西斯政权为了开启战争而将法律作为政治手段开展的思想控制,与后来人格权法上的个人尊严价值还是有本质的差异。甚至从历史上来讲,大陆法系传统人格权法对个人尊严价值的强调恰恰是"二战"创伤留给人们痛苦回忆而深刻反思形成的反法西斯主义特别是反纳粹主义的产物。①1949年,《德国基本法》第1条明确规定,德国公民享有人格尊严受尊重的权利,所有国家机关均应当尊重和保护公民享有的此种人格尊严权,由此个体尊严价值获得人格权法的承认。

2. 尊严价值是欧洲大陆人格权法的精髓

尊严是一种人之为人而具有的内在价值。个人作为主体的人格尊严价值一方面源于自我建构,即查尔斯·泰勒(Charles Taylor)所说的"我们的尊严是我们对自己的尊重"②;另一方面,个人尊严价值同样体现在他人的尊重中,依赖于主体间认知和确认的过程,因此个人人格的完整性依赖于他人的尊重。③相应的侵犯个人尊严的行为是对其人格完整性的冒犯、贬低和羞辱,保护个人人格尊严旨在保护人格的完整性免受精神痛苦。在大陆法系特有的尊严价值传统下,人格权的根基就是通过保护人格的完整性来应对市场自由化下对个人尊严价值的威胁。④

德国人格权法理论起步相对较早,因此对欧洲大陆人格权法影响深远。不过,德国法上的人格权直到20世纪初都仅限于姓名权和肖像权。私人生活受尊重的权利一直处于被忽视的状态,并没有作为一项具体的人格权,直到1949年基本法规定了人格尊严受尊重的权利为契

---

① See Bernard Beignier, *Le droit de la personnalité*, Presses universitaires de France Paris, 1992, p.7.

② Charles Taylor, *Sources of the Self: The Making of the Modern Identity*, Harvard University Press, 1989, p.15.

③ See Robert C. Post & Jennifer E. Rothman, "The First Amendment and the Right(s) of Publicity", *Yale Law Journal*, Vol.130, No.1, 2020, p.122.

④ See James Q. Whitman, "The Two Western Cultures of Privacy: Dignity versus Liberty", *Yale Law Journal*, Vol.113, No.6, 2004, p.1171.

机,私法领域的一般人格权理论才从战争期间无人问津的状态到获得承认并迅速发展,经由判例发展,名誉侵害、侵入私人领域、转发私人数据信息、对非公开言论或引言的曲解、在公开场合伪造生活照、未经授权对他人姓名或照片进行商业化使用等都被纳入一般人格权之下。[①]随后在理论上,也有部分学者将名誉权、著作权、生命权、身体权和健康权纳入具体人格权进行保护,将其视为与姓名权、肖像权一样是一项具体人格权。不过,学者们对具体人格权的数量并没有达成统一的意见,依然有学者将范围限定在姓名权和肖像权。至少可以肯定的是,无论是具体人格权还是一般人格权,都是一种受他人尊重的权利,体现为一种消极的防御性权利。

(二) 个体自由价值与美国法上的隐私权理论

1. 个体自由价值对传统隐私的奠基作用

美国法上的传统隐私概念形成与个体自由价值密不可分。首先,隐私可以通过宪法上的言论自由等原则进行间接保护,即个人有权在其私人领域内享有自主的行为自由,且不受他人干涉。其次,隐私与市场自由原则支配下形成的不同主体之间的自由逐利行为密不可分。不过,最能反映信息隐私与个体自由价值紧密联系的历史注脚就是女性主体自由的解放进程。在历史上,以家庭为单位的隐私权(由此产生的性、婚姻、爱情和子女等)曾被视为女性主张个体自由价值的障碍。直到隐私权理论的女权主义分支崛起后,才对基于女性个体行为自由而非附属于男性的家庭隐私予以承认,女性可以在私生活中拥抱隐私和行使生殖自由的机会,而不是将隐私视为"男性意识形态"的附属品。[②]基于以上原因,女性自决隐私的核心就是女性对自己私生活及生育行为的自主决定权,由此可以延伸至为他人的感官和监视设备无法接触到个人生活状态、精神状态或关于他们的信息。

---

① 参见[德]本德·吕特斯、阿斯特特丽德·施塔德勒著,于馨淼、张姝译:《德国民法总论》,法律出版社 2014 年版,第 115、121 页。

② See Daniel Solove & Paul Schwartz, *Information Privacy Law*, Wolters Kluwer, 2018, p.129.

综上所述,美国法上的传统隐私的本质是公共与私人之间基于自由主义者的明文规则形成的一条界限。①作为自由的隐私权是一个隐藏在社会规范和义务的约束之下的自发的、真实的个人自由领域。

2. 受欧陆人格权法影响下的隐私权理论

由于美国法上崇尚自由的传统,个体尊严价值并没有获得广泛的承认,不过发端于自由主义的隐私权体系在发展过程中受到了欧洲大陆人格权法理论的影响,在实质上承担了类似人格权的功能。在美国,隐私并不排斥对尊严价值的保护,甚至很多学者都着力于从尊严价值的角度论证隐私保护的必要性。首先,隐私权理论的开山鼻祖塞缪尔·沃伦和路易斯·布兰代斯将隐私权的价值基础定位于个人的人格尊严,而非行为自由。②之后的隐私权学说代表学者都一以贯之地坚持了对隐私权保护个人的尊严价值的重视。查尔斯·弗里德(Charles Fried)、杰弗里·罗森(Jeffrey Rosen)、罗伯特·波斯特(Robert Post)就是其中杰出的三位代表。弗里德在强调隐私是个人主体行为自由的保障的同时,进一步提出隐私之于尊重、爱、友谊和信任的必要性就像氧气之于燃烧,对隐私的威胁侵害了个人作为主体的完整性,因此隐私在行为自由之上又创造了明显区别于普遍自由的新的价值,即人们在爱、友谊和信任关系中体验到的被尊重的价值。③罗森提出现代隐私受到侵害的主要原因是人们在社会交往中的公众形象因片面的信息影响而存在"断章取义"的错误评价,从而侵犯了个体在"礼仪规范"要求下应受保护的尊严价值。④波斯特关于隐私的理论受欧陆人格权法体系下"尊严价值"影响更为浓重。他指出隐私法保护的尊严规范是"礼貌

---

① See Richard Sennett, *The Fall of Public Man: On the Social Psychology of Capitalism*, Cambridge University Press, 1978, p.18.

② See Samuel D. Warren & Louis D. Brandeis, "The Right to Privacy", *Harvard Law Review*, Vol.4, No.5, 1890, p.207.

③ See Charles Fried, "Privacy", *Yale Law Journal*, Vol. 77, No. 3, 1968, pp.477—483.

④ See Jeffery Rosen, *The Unwanted Gaze: The Destruction of Privacy in America*, Vintage, 2001, pp.8—9.

规则",就像礼仪规范一样,没有这些规范的保护,任何社会都无法维持任何形式的社区。①隐私保护的尊严价值取决于主体间规范,即人与人之间尊重的行为形式。不过,波斯特没有否认隐私权的自由价值,而是将隐私进一步区分为保护个体尊严价值的隐私和保护个体自由价值的隐私。②上述对隐私规范价值的理论学说在网络时代信息处理技术迅猛发展后的个人信息权保护问题仍然具有深刻的影响,个人信息权与个体尊严和自由价值的关系紧密,不可不谈。

(三) 个人信息权与个体尊严和自由价值的关系

1. 个体尊严价值是个人信息权的价值基础

如前文所述,个体尊严价值将重点放在人格的完整性上。它设想身份是通过社会化过程形成的,在社会化过程中,现有的社会态度被纳入自我的结构中。通过社会化形成的人不能简单地说是自主的,因为他们个性的维持取决于其他人的态度。如果个体自由的价值以努力促进人的独立为宗旨,那么个体尊严价值就以相互依存为前提以保护个体的人格完整性。不过,大众传媒引发了社会公共空间的大规模扩张,导致传统文明规则框定下的个人身份和受尊重的权利面临被侵蚀的危险。颇为吊诡的是,个人受尊重的权利侵蚀并非出自个人与大众的对立,而是信息关系中不同主体之间的相互依赖,易言之,不同主体的依赖关系使个人基于"礼貌规范"的尊严价值成为可能,而这种依赖关系又引发了个人信息权利保护的危机。信息传播过程要遵循特定的文明规范,因此个人信息权通过个人与公共空间沟通联系的文明规范予以保护。③从内容上讲,信息传播领域的文明规范是一种基于人与人之间彼此尊重而形成的仪式要求,即个体尊严价值立基的礼貌规则。从

---

① See Robert C. Post, "The Social Foundations of Privacy: Community and Self in the Common Law Tort", *California Law Review*, Vol.77, No.5, 1989, p.1008.

② See Robert C. Post, "Three Concepts of Privacy", *Georgetown Law Journal*, Vol.89, No.6, 2001, p.2087.

③ See Robert C. Post, "The Social Foundations of Privacy: Community and Self in the Common Law Tort", *California Law Review*, Vol.77, No.5, 1989, p.959, p.1008.

功能上讲,信息传播领域的文明规范主要是为了区分个人的社会交往形态,形成互相尊重的社会关系或亲密关系。从目的上讲,信息传播领域的文明规范是为了使信息主体成为自主而独立的个体。因此个人信息权利保护的价值基础正是个体的尊严价值。

2.个人信息权与个体自由价值的双重联系

个人信息权与个体自由价值之间形成了双重联系,对此可以简单归结为个体自由价值构成个人信息权的重要方面,同时自由价值的泛滥在一定的背景下又损害了个人信息权的保障。下面详述之:

第一,个人对其信息的主体性控制权是个人自由的一个方面。以自由主义作为人格保护渊源的美国法为例,宽泛隐私权与个体自由价值之间密切的历史渊源关系决定了个人信息权的自由方面。个人信息主体有权按照自己的意志自主决定何时、如何以及在多大程度上向他人传达有关自身的信息。个人信息权保护暗含的关于行为自由的预设是如果一个人不能确定其个人信息被第三方在不知情的情况下获取时,个人信息主体即被剥夺善意行为的自由。[①]个人信息权同样具有道德约束的规范含义,因此个人信息权的价值不止于对信息处理活动的同意或许可这种浅层层面,相反流于同意的个人信息权预示着其规范性价值缺失。因此,个人信息权代表一种结构性自由,具有自由的内在价值和工具价值。[②]个人信息与传统物理隐私和自决隐私的最大区别就是其自由理念不再处于相对不变的物理场所,而处于相对灵活的信息空间,因此个人信息权所保障的自由不是一种他人无权干涉的特权,不代表个人可以因此而随心所欲,故而个人信息权在保护个人行为自由方面起着防御性的作用,个人信息主体的行为自由主要体现在个人可以自主地决定隐去其信息与身份的关联或以匿名的方式发表言论,并保留自身个人领域和外在空间适度的社交距离。

---

① See Charles Fried, "Privacy", *Yale Law Journal*, Vol.77, No.3, 1968, p.483.

② See Julie E. Cohen, "Privacy, Ideology, and Technology: A Response to Jeffrey Rosen", *Georgetown Law Journal*, No.89, No.6, 2001, p.2039.

第二，个体自由主义在信息技术更新的背景下诱发了个人信息权利保障的新危机。个体自由价值赖以存在的启蒙思想、市场理性和自由国家等原则都与个人信息权在信息时代的保护危机密切相关，诉诸自由主义的基本原则导致了个人信息保护难度的加剧，而不是解决。美国学者弗里德·凯特（Fred Cate）将个体自由主义在信息领域称为"信息自由流动主义"（Free flow of information）。个人信息可以给人们带来全方位的知识，以及预测偏好、行为和需求的能力，以及据此制定公共（或私人）政策的机会。①因此，在个人信息流动过程中，信息自由流动主义不仅限于保护言论自由和促进艺术创作的传播的价值，更为刺激经济发展提供了支持，关于个人需求和偏好的信息方便了商品服务分配中对市场需求的精确捕捉，因此个人信息流动构成了竞争性市场体系的关键组成部分，这些信息使生产商和销售商能够根据消费大众对产品和服务的多样性或个性化的需求，对生产计划进行微调。

不过信息自由流动主义在提升经济和社会效益的同时，也损害了个人信息权的个体自由价值。这种危害的产生是连贯而全面的。当企业通过关于个人需求和偏好的信息来开展商品和服务投放时，人们会在潜移默化中失去对自主行为的控制。个人的思想、信仰和行动本来就是容易被周围其他人形成的环境所影响和建构的，自主性因此不可避免地陷入所处的场景，随着时间的推移，这种动态构造可能会在潜移默化中改变人们的习惯、偏好和信念。具体到企业的商品和服务营销实践中，企业可以利用人们过去的行为特征信息建构人们关于未来的偏好和选择，从而达成从预测到控制的目的，削弱个人信息主体的自由价值，抹杀启蒙运动中宣扬的思想独立性品质，这是很可怕且真实存在的风险。

上述由市场自由主义引发的对个体自由价值的侵蚀风险产生的根本原因在于，参与市场需求供应的企业对个人信息的需求在市场自由

---

① See Fred H. Cate, "Principles of Internet Privacy", *Connecticut Law Review*, Vol. 32, No. 3, 2000, pp. 882—883.

体系下呈现无度的状态,即信息获取的越多越好。这种对个人信息需求的无度的状态源于在市场自由理念下的共识性判断是市场参与主体都应该能够寻求和使用将使他们在经济上获取更多价值的信息。[①]申言之,探求个人信息的驱动力不是了解个人私生活信息内容以满足一种猎奇和窥探隐私的心理,而只是趋利避害的市场行为的体现,即企业希望通过获取足够多的个人信息来降低运营风险,提高经营利润,而这恰恰是市场自由主义的产物。通过信息企业开展的分析和预测活动可以降低投资的不确定性,提升企业风险决策转化为实际利润的潜力,因此信息、风险和利润构成了市场自由主义下的核心支柱。[②]然而,当企业通过获取个人信息的方式降低投资风险、获取最大化的商业利润时,建立的基础是个人被暴露在外。[③]市场自由主义可以由市场扩及政府决策领域,政府通过与具备强大算法能力的企业之间的合作,同样可以形成强大而广泛的系统化数据库,用于预测行政执法活动中责任的分配和计算。算法等技术因素的加入强化了市场自由主义对个人信息权的上述反向侵蚀,导致个人信息权与个体自由价值的关系变得更加复杂。比如,监控和数据收集功能的技术工具通常可以被嵌入到空间、工具、网络协议和应用程序甚至文档的设计中,从而可以将人们关于阅读、观看、收听等多重行为习惯的记录储存并随时向设计持有人报告。这意味着在大型数据库搭建的网络世界里,个人内心自主决定的重要性大大降低。权利(以及由此产生的期望)是由工具性而不是由个人所处的位置来定义的,是由基于同意的个人信息权来定义的。基于同意或许可的个人信息权因丧失道德约束的规范价值而将个人行为自由的决定权转移到技术工具的设计者身上。简而言之,我们只能做别人允

①　See Richard A. Posner, "The Right of Privacy", *Georgia Law Review*, Vol.12, No.3, 1978, p.397.

②　See Nina Munk, How I Started a Dot-Coin for Dogs, New York Times, Oct.15, 2000, §6.

③　See George J. Stigler, "An Introduction to Privacy in Economics and Politics", *Journal of Legal Studies*, Vol.9, No.4, 1980, pp.628—633.

许的事情,只能阅读别人批准的内容,而不是假设我们可以在私人空间做自己喜欢做的事情。以上市场理性、自由国家的原则导致个人信息的收集和后续处理只会越来越深入,由此带来的是对个体自由价值的全面侵蚀,而令人尴尬的私密信息泄露只是这种全面侵蚀的一种偶然牺牲品而已。①

3. 个体自我分割视角下个人信息权的价值统合

波斯特根据米德(Mead)提出的个体自我分割理论将个体自由与尊严价值统合于个人信息权之下。米德将"自我"和"社会控制"联系在一起,把"自我"和"自我表达"联系在一起,它们共同构成了一种在社会经验中表现出来的人格。自我本质上是一个社会过程,因参与社会交往的信息表达过程,伴随着两个不同的阶段,一个是"本我"(I),通过自我对他人态度的反应而形成;一个是"他我"(Me),通过他人对自我的认识而形成。②基于此,波斯特提出"本我"以个体自由价值为基础,彰显个体自由价值的个人信息权保护了自我自发、独立和独特的个人方面,而"他我"以个体尊严价值为基础,通过消除社会交往关系中的冲突和差异,借助礼仪规范来保护个体尊严,彰显个体尊严价值的个人信息权保护了自我的社会化方面。③

上述通过个体自我分割的方式来统合个体尊严和自由价值的方式在威斯丁提出的角色扮演理论中也有所体现。个人在社会空间内展示自身的公众形象,并承担相应的社会角色,可以理解为是信息交换过程中"自我"的展现,不过个人信息权同样为个人走下"社会舞台"、揭掉自我面具提供了机会,个人可以自主地选择在特定的空间保持"本我"。威斯丁将这种角色扮演的转换理解为是个人情绪释放的需求。④综上

① See Julie E. Cohen, "Privacy, Ideology, and Technology: A Response to Jeffrey Rosen", *Georgetown Law Journal*, Vol.89, No.6, 2001, p.2031.

② See George Herbert Mead, *On Social Psychology*, Anselm Strauss, 1964, pp.230—240.

③ See Robert C. Post, "Three Concepts of Privacy", *Georgetown Law Journal*, Vol.89, No.6, 2001, p.2095.

④ See Alan Westin, *Privacy and Freedom*, Ig Publishing, 1967, pp.34—38.

所述,个人信息权是使人成为一个完整的人的利益,推动个人自我人格的发展。[①]

二、人格权法可包容个人信息权利属性

(一) 物质性人格利益与精神性人格利益的两分

我国有学者将人格利益区分为物质性人格利益和精神性人格利益。[②]前者是指民事主体直接支配自己的生命健康和身体利益的权利,主要包括生命权、身体权和健康权。后者是指姓名权、肖像权、名誉权、荣誉权、隐私权等权利,还包括一般人格权即人格尊严不受侵犯的权利。对此,目前的学界已经基本形成共识,并且在司法实践中也有所体现。[③]

物质性人格利益与精神性人格利益的两分反映了人格权法的现代转向,传统的人格权法主要偏重于个人生命、身体和健康的消极保护,精神性人格利益的引入推动了人格利益向财产利益的转化。如果说人格利益的核心价值关联是尊严价值和自由价值,那么精神性人格利益的分立为包容个人信息权利属性提供了基础。

(二) 从消极防御向积极利用的转变

1. 人格利益积极利用情形显著增加

人格利益积极利用的典型情况就是人格利益的"商品化",人格权权利客体的范围拓展到了作为人的组成部分的身体和身份。有形的身体(器官、组织、配子、DNA 样本等)和无形的身份(姓名、图像、声音、个人信息等)已经获得了巨大的经济价值,越来越多地被视为在市场上可

---

① Jeffrey H. Reiman, Privacy, Intimacy, and Personhood, in Ferdinand David Schoeman(ed.), *Philosophical Dimensions of Privacy: An Anthology*, Cambridge University Press, 1984, p.308.

② 参见张俊浩主编:《民法学原理》,中国政法大学出版社 1991 年版,第 130—135 页。

③ 参见高富平:《精神性人格权益的规制范式——以个人信息为视角》,载《东岳论丛》2021 年第 1 期,第 164 页。关于物质性人格利益的概念,也有学者认为应采用"生物性人格权"的用法,不过这种观点仍然承认生命权、身体权、健康权与姓名权、名誉权、隐私权等的区分。参见曹相见:《物质性人格权的尊严构成与效果》,载《法治研究》2020 年第 4 期,第 56—57 页。

以买卖的商品。因此,人格权与财产权越来越趋同,可转让权利和不可剥夺权利之间的概念界限趋于模糊。①无形的身份所蕴含的精神性人格利益可以进行积极的利用自不必待言,即使是与个人联系紧密的有形身体所蕴含的物质性人格利益,也不再仅具有消极防御的权能,而可以进行积极利用,只不过只有在法律允许的情形下利用行为才可用于获取经济利益。

分而述之,对于生命权而言,允许个人对其生命进行一定的自主支配并不违反人格权的非财产性特征,也没有背离人格权的尊严价值要求,相反体现了对个人人格尊严和人身自由的尊重。个人对其生命的自主支配体现为个人可以拒绝无意义的治疗,其生命存在并非一种义务,而是一种权利,即个人可以选择有尊严地生存或死亡。②生命不仅是人的生物生命,也是精神生命。③个人可以决定其生命存在的方式,故而当生命质量已经十分低下,存活无异于苟延残喘而无任何精神、尊严和伦理价值时,个人可以自主决定放弃其生命权。④对于身体权而言,在现代科技条件下,身体的组成部分如器官、精子、卵子可以与身体分离用于捐献,虽然对于分离后的身体组成部分是否仍然属于身体还是可以构成物存在学说争议,但是这些身体组成部分的积极利用已成现实。人格利益所蕴含的个体尊严和自由价值要求上述身体组成部分的积极利用必须遵循自愿原则,这在我国《民法典》第1003条的规定中也有体现,据此自然人的身体权包括维护身体完整和行动自由两重内涵,因此对身体部分的处分属于个人自主决定权的范围。不过,对身体组成部分是一项物还是身体的性质判断会影响积极利用行为是否在自

---

① See Giorgio Resta, "The New Frontiers of Personality Rights and the Problem of Commodification: European and Comparative Perspectives", *Tulane European and Civil Law Forum*, Vol. 26, 2011, p.42.

② 参见王利明:《人格权的属性:从消极防御到积极利用》,载《中外法学》2018年第4期,第852页。

③ 参见易军:《生命权:藉论证而型塑》,载《华东政法大学学报》2012年第1期,第16页。

④ 参见马俊驹:《人格和人格权理论讲稿》,法律出版社2009年版,第251页。

愿捐献的同时可以包括通过买卖的方式获取经济利益,对此,我国《民法典》的态度是坚持身体组成部分利用的无偿原则,禁止以任何形式买卖。①对健康权而言,医学的进步促使人们在患病时可以自主选择是否参与相关医学试验,个人对其身心健康的人格利益的自主处分一方面可以为个人健康提供保障,另一方面也对社会公共卫生和医疗事业的发展有所助益,这正是健康权积极利用的价值。

2. 集体性的事前预防用以规范人格利用行为

在人格利益积极利用的背景下,人格权法正在由传统的基于个人的事后救济转向基于集体的事前预防机制。这种转变可以从以下两个视角予以检视:

一是损害救济观念的转型。在过去,法律的干预基本上是通过损害赔偿的方式以修复侵权的后果。这种事后补救的保护模式建立在对损害的现实性理解之上,即损害必须真实地发生,表现为有形的可以被辨别的财产损害,相应的损害赔偿以补足差额为要求。不过,人格权法的现代转向突破了传统侵权法要求的事后损害赔偿救济,而将传统的事后救济与事前预防机制结合起来,相应地对人格利用行为规范的前提不仅立基于现实的损害,还包括预期的风险。这主要是科技高度发展给社会生活带来剧烈变革引发的结果。较之于工业化时代,重型能源、制造产业等危险工业活动的发展给人们带来了环境污染、气候变化、新型疾病等巨大风险,信息技术革命后出现的数据经济模式也给现代人类文明带来新的外部风险。②这些风险是科技发展导致的必然后果,虽然尚未现实化,但是具有潜伏性、扩散性和不可逆性,一旦现实化,其后果相当严重。③因此,固守传统侵权法上的事后损害

---

① 《民法典》第 1007 条规定:"禁止以任何形式买卖人体细胞、人体组织、人体器官、遗体。违反前款规定的买卖行为无效。"

② See Danielle Keats Citron, "Reservoirs of Danger: The Evolution of Public and Private Law at the Dawn of the Information Age", *Southern California Law Review*, Vol.80, No.2, 2007, pp.241—298.

③ See James E. Krier & Clayton P. Gillette, "The Un-Easy Case for Technological Optimism", *Michigan Law Review*, Vol.84, No.3, 1985, p.405.

观念反而会弱化侵权法的预防功能。在损害观念转变的背景下,严重性的精神损害及为预防现实损害发生而产生的预防费用也开始被纳入损害的范围,从而使得尚未成为现实的风险也可以被侵权法所吸纳。[1]

二是程序保障的时间前移。人格权益保护中出现了在诉讼发生前即可启动的人格权禁令制度。该制度一方面体现了事前预防的思想,即转变传统侵权事后救济的思想,摆脱对侵权行为持续发生、损害后果持续扩大听之任之的消极态度;另一方面该制度也体现了不同于财产保护领域的行为或财产保全程序的特殊性。第一是功能的不同,人格权禁令主要侧重于阻止侵权行为的继续发生,防止事后损害救济于事无补;而财产保护领域的行为或财产保全程序主要是为了固定财产,保证诉讼程序启动后作出的判决能够有效执行。第二是地位的不同,人格权禁令是一种独立于诉讼程序存在的诉讼外程序保障制度,而财产或行为保全制度因其功能与诉讼后的执行密切相关,因此附属于诉讼程序。[2]

以上变化表明,在人格利用行为规制中,不再固守传统人格权法所遵循的个性自由主义,国家法律制度开始被赋予更积极的作用。它不仅被要求给予权益损害以补救,而且还被要求为有效行使基本自由提供必要的机制和物质条件。这一演变符合国家需要为保护个人的人格尊严和行动自由承担积极义务的学说,它反映了对 19 世纪自由主义法典中的旧自由主义私法模式的克服。

(三) 个人信息权融入人格权法的方式

1. 个人信息权是一项具体的人格权利

个人信息在数字社会中的人格属性决定其上存在的法律权益也首先表现为人格权益。个人信息在终极意义上仍然体现着个人的行为自

---

[1] 参见谢鸿飞:《个人信息泄露侵权责任构成中的"损害"——兼论风险社会中损害的观念化》,载《国家检察官学报》2021 年第 5 期,第 34—36 页。

[2] 参见郭小冬:《人格权禁令的基本原理与程序法落实》,载《法律科学(西北政法大学学报)》2021 年第 2 期,第 147—148 页。

由与尊严平等。若个人信息被不当或非法利用,极易对个人造成人格贬损,甚至是更大范围的人格权益侵害。当信息处理者利用个人信息进行算法决策时,极有可能产生不公平现象,形成算法歧视或偏见;当营销商运用数据画像进行广告投放或定向营销时,个人选择预先被算法圈定,消费者的决策自由受到营销商的支配和干扰;当个人信息被黑客窃取时,数据撞库使用户在网络社区上的所有活动及信息都可以被黑客掌握,个人丧失隐私控制。不仅如此,个人信息泄露更是对公民生命财产安全造成巨大威胁。非法获取公民个人信息,是电信网络诈骗黑色犯罪利益链条中的必经环节①,违法犯罪人窃取或在数据黑市上购买这些高质量信息后,实施精准电信诈骗或勒索,这些侵害给个人带来了极大的精神胁迫。为避免个人因信息滥用而遭受人格贬损,避免担心数据泄漏而产生精神困扰,法律需要赋予个人一种控制个人信息的权利,以确保其人格独立和自由。在自动化数据处理情形下,人的自由发展取决于其是否有权对抗个人资料被无限制地搜集、储存、使用和传输,其依据来源于个人自主决定的价值和尊严。②

个人信息上的人格权益属性从功能上看主要是防御性权益。个人信息所负载的利益主要体现为精神利益,利益决定了权利行使的目的,把利益保护和利益实现纳入私权界定,人们可以从保护目的出发,准确界定权利。③(1)个人信息人格权益是防御性权益。数字社会中个人信息之上附着的是防止因个人信息被非法收集、泄露、买卖或利用而导致其既有人身、财产权益遭受侵害,甚至人格尊严、个人自由受到损害的利益。④个人信息人格权益的目的便是防御这种损害风险。1977 年德国《联邦资料保护法》正式提出一般性的个人信息权,明确指出其立法

---

① 参见高铭暄:《论中国大陆(内地)电信网络诈骗的司法应对》,载《警学研究》2019 年第 2 期,第 7 页。

② 参见王泽鉴:《人格权法》,北京大学出版社 2013 年版,第 200 页。

③ 参见[德]迪特尔·施瓦布:《民法导论》,郑冲译,法律出版社 2006 年版,第 134 页。

④ 程啸:《民法典编纂视野下的个人信息保护》,载《中国法学》2019 年第 4 期,第 37 页。

目的是保护个人一般人格权不受个人数据操作的损害。①2016 年欧盟 GDPR 直接将个人信息权界定为个人数据保护权。②(2) 人格权益属性决定了个人信息权是积极的防御权。赋权风险控制通过赋予个人知情权、选择权,使其能在事前决定是否参与风险活动、是否接受信息处理可能产生的各种风险,实现个人信息的风险自治,如此才能更为有效地保护并尊重其人格利益。其逻辑为:一是通过参与实现自治,即个人是风险承受者,而这些风险又多与人的基本权利和自由相关,个人应享有信息处理参与权,应能制衡信息处理者的决定、控制信息处理过程;二是通过监督构建信任,个人授权信息处理的前提是,个人相信处理是安全的,个人监督处理活动,有助于构建信息处理信任关系,形成信息持续供给。(3) 人格权益属性决定了个人信息处理者须负有风险控制的义务,换句话说,义务型风险控制也是个人信息防御的必备内容。个人信息处理者能低成本控制风险,并且是信息处理受益者,因此各国的个人信息保护法律一般都规定了信息处理者的风险控制义务,要求符合公平、透明、必要、目的限制、比例、追责等原则。但义务保护具有被动性,缺少监督和制衡较难落到实处:从法律效果来说,义务履行情况,如信息安保、风险评估、审计监督等对信息处理者更具现实意义,它是信息处理获得合法性的条件;从个人角度来看,义务履行并不必然排除风险,对个体保护具有或然性。

个人信息人格权益具有独立性,无法由其他人格权提供救济。我国司法实践早期采取了以传统社会中的隐私权为救济路径保护个人信息权益的方式,如"庞某某诉中国东方航空股份有限公司、北京趣拿信息技术有限公司隐私权纠纷案"③"吴某某与北京三快科技有限公司隐私权纠纷案"④"罗某与北京金某科技有限公司隐私权纠纷案"⑤。这

---

① 参见张里安、韩旭至:《大数据时代下个人信息权的私法属性》,载《法学论坛》2016 年第 3 期,第 122 页。

② See General Data Protection Regulation(EU)2016/679, Whereas(1), (4).

③ 北京市第一中级人民法院(2017)京 01 民终 509 号民事判决书。

④ 贵州省毕节市中级人民法院(2020)黔 05 民终 3113 号民事判决书。

⑤ 江苏省苏州市中级人民法院(2020)苏 05 民终 6904 号民事判决书。

也是在保护个人信息的专门规则出现之前的无奈选择。在《民法典》正式确定了个人信息权益的独立法律地位后,越来越多的案例开始采用个人信息权益作为请求权基础与裁判依据,如"黄某诉腾讯科技(深圳)有限公司等隐私权、个人信息权益网络侵权责任纠纷案"①"凌某某诉北京微播视界科技有限公司隐私权、个人信息权益网络侵权责任纠纷案"②"孙某某与北京搜狐互联网信息服务有限公司等人格权纠纷案"③,这些案例从价值取向、权益客体、权益内容、权益侵害后果以及权益保护方式等方面对个人信息权与相关人格权益,尤其是隐私权作了比较和区分。《个人信息保护法》出台后,法院对个人信息权益特性会采取更为全面的司法论证,不仅使个人信息权益的独立性与独特性越来越清晰,并且也为当事人寻求个人信息救济确定了恰当的请求权基础和诉讼事由。

2. 个人信息权体现积极利用价值的精神性人格利益

个人信息权体现了主体尊严性与内容信息性两重维度的结合。个人信息权的尊严性源于其和信息主体即个人之间特定的联系。人作为主体不同于外在客观物质世界的区别之一就在于个人对其身份价值的认同感、荣辱感和归属感。相应地,个人信息权因其与个人身份紧密的联系而具有尊严性,体现了个人对其身份内容呈现和使用方式的控制权。个人信息权的信息性则是其本身内容属性的直接外在表现,个人信息归根结底是海量信息中的一种,其必然以信息性作为其客体属性的直观特征。个人信息权的信息性特质决定了在静态层面上记载和叙述、动态层面上表达和传播特定含义具有重要作用。以个人姓名信息为例,其一方面体现了个人对其姓名特有的尊严利益,另一方面也体现了其对个人身份内容的展示,方便个人与外在世界的沟通联系,体现了信息识别和信息管理的价值。由于个人信息权在尊严性与信息性上的

---

① 北京互联网法院(2019)京 0491 民初 16142 号民事判决书。
② 北京互联网法院(2019)京 0491 民初 6694 号民事判决书。
③ 北京互联网法院(2019)京 0491 民初 10989 号民事判决书。

维度重合,使得个人信息权是一种可以积极利用的精神性人格标识利益。

由于个人信息权益侵害往往延迟发生,行为与后果之间的联系并不容易确定,因此基于消极防御权能的事后个别救济无力形成周密有效的保护机制。①故而在个人信息保护中需要坚持积极保障的思想,以国家机构为统筹,协调多主体进行事前的集体预防。②个人信息权的事前集体预防保护在我国《个人信息保护法》出台后体现得尤为明显。在《个人信息保护法》第55条中,事前规定信息处理者需承担保护个人信息安全的义务,即针对高风险的个人信息处理活动,要求信息处理者在事前进行个人信息保护影响评估,并对处理情况进行记录。个人信息保护影响评估在个人信息保护方面具有防患于未然的作用。③按照《个人信息保护法》的规定,履行个人信息保护职责的国家机构(国家网信部门负责统筹协调和监督管理,国务院有关部门及县级以上地方人民政府有关部门在各自职责范围内负责个人信息保护和监督管理工作)、个人信息处理者特别是大型个人信息处理者④都需要承担相应的责任,这体现了多主体集体预防的思想。

3. 个人信息权的人格权利本质在现行法下解释的可行性

第一,《民法典》将个人信息保护置于"人格权编",与姓名权、名誉权、荣誉权、隐私权等人格权并列,同时《民法典》第990条第2款明确规定:"除前款规定的人格权外,自然人享有基于人身自由、人格尊严产生的其他人格权益。"从该体例编排结构和兜底性条款的表述可以推出

① 参见阮神裕:《民法典视角下个人信息的侵权法保护——以事实不确定性及其解决为中心》,载《法学家》2020年第4期,第29—31页。

② See Gloria Gonzalez Fuster & Raphael Gellert, "The Fundamental Right of Data Protection in the European Union: In Search of an Uncharted Right", *International Review of Law, Computers & Technology*, Vol.26, No.1, 2012, p.80.

③ 参见程啸:《个人信息保护法理解与适用》,中国法制出版社2021年版,第420页。

④ 根据《个人信息保护法》第58条的规定,提供重要互联网平台服务、用户数量巨大、业务类型复杂的个人信息处理者需要承担对平台内的产品或服务提供者的监督和管理义务。

个人信息权益在《民法典》体系下是人格权。

第二，《民法典》"人格权编"中规定的各项人格权以人格利益为起点，通过功能续造的方式产生民事主体可以从事的各项人格利用的经济行为，并提供为尊重和保障民事主体的人格权而对他人的具体行为要求和相应的侵权责任条款。比如在《民法典》"人格权编"中，对姓名权、名称权和肖像权的规定都呈现这种立法模式。首先，第990条肯定这些权利具有人格尊严价值；其次，第993条规定民事主体在法律允许的范围内可以许可他人使用其姓名、名称、肖像，第1012、1013、1018条又对民事主体的经济行为在姓名、名称、肖像范畴内分别作出规定；再次，第998条对认定行为人是否存在侵权行为提供具体的考量要素，第1014、1019条分别规定了禁止行为人从事的侵害民事主体姓名权、名称权、肖像权的行为，第999、1020条规定了行为人合理使用民事主体姓名、名称、肖像的情形；最后，第996、997、1000条规定了行为人应当承担的不同类型的侵权责任。类似地，个人信息保护条款在我国《民法典》中也呈现"人格利益属性确认——民事主体经济行为——相对人行为要求——相对人侵权责任"的立法逻辑。上述立法模式一方面反映了人格权在我国法律体系下涵盖消极的防御权能和积极的使用权能，另一方面反映了人格权包含人格尊严和财产自由的双重属性。因此，承认个人信息权的人格权属性符合我国人格权法立法意旨和立法技术。

第三，个人信息权作为一项具体的人格权利可以从立法官员的态度中得到推测和佐证。第十二届全国人大法律委员会副主任委员张鸣起曾撰文明确指出《民法典》"总则编"中"在民事权利的种类上，增加了对一些新型权利（如自然人的人身自由权、自然人的隐私权以及对个人信息的保护、对数据和网络虚拟财产的保护）的列举"。[①]由此可知，个人信息权至少被立法机关认可为一项姓名权、肖像权、名誉权等具体权利并列的具体人格权利。

---

① 张鸣起：《〈中华人民共和国民法总则〉的制定》，载《中国法学》2017年第2期，第13页。

第二节　个人信息权天然内含财产价值

一、个人信息权不适用完全的财产权理论

（一）个人信息财产权理论的背景和内容

1. 个人信息财产权理论的形成源于市场自由机制调控的失灵

在个人信息未财产化时，个人信息的商业利用只能通过个人信息主体与信息处理者之间的线上合同实现，容易产生市场调控失灵的问题，这主要是由于知情同意规则的固有缺陷造成的。受困于个人理性决策的局限性，个人的同意更多是自发的选择而非理性思考的结果，相应地在作出同意时很难完全知晓信息处理活动的风险。此外，即使是一个具备专业的熟悉企业个人信息保护政策素养的人，如果想要完全理解在生活中随时出现的线上个人信息处理活动及其产生的信息转让，也需要花费巨大的时间成本。①信息处理的过程性和纵深性特征导致个人的有限理性进一步面临巨大的外部压力，个人很难在信息收集阶段就判断其个人信息未来可能的商业用途，后续的信息传输、分享均不在个人事前一次性同意可以控制的范畴内。②

除了因个人有限理性导致的个人与信息处理者之间的磋商能力不平衡外，个人请求个人信息权利保护的诉讼保障机制在信息处理活动环境下也很难实现。在以数据经纪人为核心的个人信息商业利用活动中，信息的出售方和购买方互不知晓，特别是当信息处理活动进入

---

① See Daniel J. Solove, "Privacy Self-Management and the Consent Dilemma", *Harvard Law Review*, Vol.126, No.7, 2013, p.1889.

② See Edward J. Janger & Paul M. Schwartz, "The Gramm-Leach-Bliley Act, Information Privacy, and the Limits of Default Rules", *Minnesota Law Review*, Vol.86, No.6, 2002, pp.1230—1232, 1241—1244.

后续的传输和分享过程后,个人很难确认其个人信息被收集后开展信息处理活动的市场参与主体,在诉讼过程中证明的难度很大。即使可以证明,在个人信息主体与初始信息收集者之间的合同关系仅能用于规范双方之间的相对关系,而对后续第三方主体毫无控制力,因此个人主张在信息处理活动中的个人信息权利保护缺乏相应的请求权基础。[1]

上述个人信息商业利用中存在的市场调控失灵问题最终会导致个人信息主体与信息处理者之间关系的彻底失衡,个人不敢轻易交付其个人信息或是出于自我保护目的而提供不真实的个人信息,信息处理者痴迷于市场逐利性而不愿意为个人信息保护支付必要的技术成本,由此导致双方信任关系的彻底丧失。[2]上述市场关系的失衡最终会影响流通领域中的个人信息的质量,依赖准确而高质量个人信息的机器学习、人工智能、算法应用等新型技术的发展会面临阻碍,会对人们享受数据经济创造的普遍社会福祉造成影响。[3]

2. 个人信息财产权理论的内容

个人信息财产权理论的内容是围绕解决上述市场自由机制调控失灵而展开的,其理论建立在形成个人信息商业市场之上,包括确定个人信息作为一项财产的可转让范围、个人信息商业利用的缺省规则、个人信息主体的退出权利和设立执行保障机构。确定财产的可转让范围是通过限制个人信息的可转让性来实现的,易言之,明确个人信息在特定情形下的不可转让性是个人信息财产权理论的重要环节。个人信息财产权理论一方面认可了个人信息可以作为财产在市场上转让,另一方面也通过使用和分享限制大大限缩了其自由转让性,即把财产权作为

---

[1]　See Thomas W. Merrill & Henry E. Smith, "The Property/Contract Interface", *Columbia Law Review*, Vol.101, No.4, 2001, pp.776—777.

[2]　See Steven H. Hazel, "Personal Data as Property", *Syracuse Law Review*, Vol.70, No.4, 2020, pp.1071—1073.

[3]　See Solon Barocas & Andrew D. Selbst, "Big Data's Disparate Impact", *California Law Review*, Vol.104, No.3, 2016, p.684.

一项附着在流动的个人信息之上的权利,并以受限制的可转让性作为财产权的特性,从而实现对下游信息处理活动(传输、向第三人分享)的控制,以防止潜在第三人对个人信息权的不当侵害。①在这一个人信息财产转让模式下,个人信息作为一项财产进行商业利用的缺省规则是"选择—加入"模式,即在信息的初始收集阶段及后续超出原有使用目的范围的信息传输和分享活动中都需要获得个人信息主体选择加入的同意才可以开展相应的信息处理活动。基于"选择—加入"模式,个人信息财产权理论进一步提出个人信息主体的同意除了具有在最初信息收集阶段选择不加入的自由外,还包括如果加入后后续可以随时选择退出。

个人信息财产权理论在上述对财产权的可转让范围和行权方式作出一系列限定后,进一步提出要效仿房屋、汽车等不动产或动产来建立统一的个人信息财产利用的执行保障机构,用以承担三方面的职能,即推动信息交易的市场职能、确定具体的个人信息财产状况的登记职能,以及确保对个人信息商业利用合同及法律条款遵守的监督职能。②虽然有统一的执行保障机构,但是个人信息财产权理论提出信息交易市场应当是去中心化的,即信息交易的达成以个人信息主体与信息处理者之间分散的合同交易的方式达成,而不是经由统一的交易场所来实现。③用于公示个人信息财产状况的登记采用的是核验式的方法,其理想预设是以去标识化的数据符号来标注个人信息来源及相应的信息使用许可情况和传输分享限制等。④当出现个人信息权益侵害时,执行保障机构应当允许个人通过私人或集体诉讼的方式主张损害赔偿,并设

---

① See Paul M. Schwartz, "Privacy Inalienability and the Regulation of Spyware", *Berkeley Technology Law Journal*, Vol.20, No.3, 2005, p.1271.

② See Paul M. Schwartz, "Property, Privacy and Personal Data", *Harvard Law Review*, Vol.117, No.7, 2004, p.2110.

③ See Paul M. Schwartz, "Privacy Inalienability and the Regulation of Spyware", *Berkeley Technology Law Journal*, Vol.20, No.3, 2005, pp.1277—1278.

④ See Jonathan Zittrain, "Privicating Privacy: Reflections on Henry Greely's Commentary", *Stanford Law Review*, Vol.52, No.5, 2000, pp.1595—1597.

置相应的惩罚性赔偿金的数额标准。①

（二）个人信息财产权理论无法解决的问题

1. 财产的可转让性受到过多限制

个人信息虽然体现出一定的财产价值，但是其可转让性与一般意义的财产仍有很大区别，在自由流转上受到很大的限制，没有完全遵循财产规则的要求。为此，一些基于个人信息的商业化活动而提出财产权理论的学者也不得不承认，个人信息作为财产的可转让性只能称为"混合转让性"（hybrid alienability），顾名思义这种可转让性并不是财产法上纯粹的可转让性，而是一种被修正的甚至杂糅后的可转让性，具有个人信息在特定条件下不可转让的意味。②个人信息的可转让性受到限制表明在特定条件下个人信息不可转让，这与财产的自由转让原则相违背。③与房屋、汽车等不动产或动产的转让可以基于双方当事人的合意自由流转不同，个人信息的转让需要受限于个人信息主体的同意，这是由其人格权利本质所决定的必然结果。由于在个人信息流转过程中，个人同意的要求会一直存在，导致个人信息流转不同于财产的转让，而更像是人格标识的许可。同时个人的同意作为对个人信息转让与否的限制要基于个人的隐私偏好，即个人根据自身尊严利益或自由利益是否会受到威胁的判断来决定是否同意转让个人信息，因此在不同场景下是否会获得同意、是否可以转让，这些都不具有一般性，设

---

① 在美国《加州消费者隐私法案》中，虽然宽泛的民事诉讼途径在立法审议中被删除，但是仍然赋予消费者提起诉讼的权利，具体的适用情形是"任何因未加密或未经授权的而被收集个人信息的消费者……由于企业违反了执行和维护与信息性质相适应的合理安全保障程序和义务要求，因此可能会受到未经授权的访问和过滤、盗窃或披露的影响时，因此可以提起民事诉讼"。具体的救济方式包括损害赔偿（向每位消费者赔偿不少于 100 美元且不超过 750 美元的损失）和禁制令。对于故意违反法律有关规定的企业行为，可以处以最高 7 500 美元的民事罚款。See CCPA 1798. §150(a)(1), 1798. §155(b).

② See Paul M. Schwartz, "Property, Privacy and Personal Data", *Harvard Law Review*, Vol.117, No.7, 2004, p.2060.

③ Pamela Samuelson 在对个人数据中的财产权益表示怀疑时认为："财产权制度的特征，即当所有权人将其权益出售给另一人时，买方可以自由地向第三方转让其获得的任何权益。"Pamela Samuelson 认为财产意味着自由流动。这一命题是不可辩驳的，几乎不需要详细阐述。

置统一的财产转让规则的难度可想而知。

此外,诚如前文所言,个人信息主体同意的形式化和过高的规则成本导致同意规则下的个人信息商业利用的市场调控机制失灵,然而个人信息财产化规则同样没有打破个人信息转让需要受到限制的固有要求,因此市场失灵的难题不仅依旧存在,反而增加了个人信息财产转让规则无法与一般的动产或不动产转让规则保持一致的新问题。这一问题具体包括以下两个方面:

第一,个人信息商业利用财产化后形成的自由转让机制与个人对其信息的控制权存在矛盾,财产的自由转让性可能引发个人信息交易市场的必要秩序失控。具体来说,财产需要自由的可转让性,这会加剧现有市场中个人信息交易的弱点,引发颇为吊诡的矛盾:在传统的财产自由转让模式下,个人对其财产有足够的控制力,而在网络数据交易领域,个人因在磋商协议能力上与数据处理企业的实质不对等而导致对其信息的控制力削弱,数据企业获取的个人信息在进行二次数据交易时可能会违背个人的意愿,或者超出个人授权的数据使用目的和范围,因此财产自由转让规则在个人信息市场上并不能适用。

第二,个人信息财产化交易面临转让价格确定困境。首先,同一项个人信息,对不同数据企业形成的价值是存在差异的,个人无法判断将同一信息转让给不同企业或是受让企业再次转让给次受让人时,其个人可以在每次数据交易中获取的具体价值。①其次,不同个人可能具有不同的隐私偏好,对其个人信息保密更为看重的信息持有人可能会比不那么看重的信息持有人更注重保证其个人信息不被披露的"防范成本"以及丧失相应数据服务机会所带来的损失,由此导致其对个人信息交易可以获取的交易价值有更高的预期。②但实际情况是,数据企业在

---

① 类似地,Pamela Samuelson 预测,个人可能在与 N 发生交易时,无法评估将同一数据传输给 M、P 或 N 的任何其他被许可人时,他应获得的价值。个人信息会受到无数次的使用,随后的获取者可能会更看重这些数据。

② See Robert D. Cooter & Thomas S. Ulen, *Law and Economics*. London: Addison Wesley Longman, 1996, pp.72—74.

收集个人信息后并最终反馈相应数据产品及服务时，并不需要对隐私偏好有更强烈期待的个体更多的产品或服务价值。涉及个人信息的数据交易的价格确定困境反映了市场化机制下，无论是个人定价还是企业定价都可能造成交易价值的实质不对等：个人无法准确预测每次交易可以获取的具体价值及丧失交易机会或保护个人信息不被披露需要付出的成本，因而缺少议价的能力。①数据收集企业及潜在的第三方可能会将其未经许可获取个人信息需要支付的成本计算在最终的数据交易价格中，从而导致企业从交易中获得不当的多余价值。企业定价还会导致企业对获取消费者事前同意及保证个人信息不被不当披露的新技术运用研发缺少热情，从而加剧个人信息安全的威胁。

2.财产保护的公示原则没有一贯的坚持

个人信息财产化后需要解决财产保护的公示公信问题，与不动产的登记或动产的交付不同，个人信息财产保护的公示很难真正实现。如果个人信息财产权的公示采用类似不动产的登记原则，建立统一的可供查询的公共记录系统，则会与个人信息固有的人格私密性特征相违背。公示原则的初衷是确保财产交易市场上的潜在购买者能够知道某一财产之上有哪些权利人、权利人享有哪些权利，因此这些已登记的不动产权属证明和统一的登记记录需要面向社会不特定的公众以供搜索查询，从而保证市场交易安全。然而在个人信息领域，如果通过可供公开查询的公共记录将个人信息与特定的个人信息主体联系起来，那么这些公共记录反而会起到向外传播和扩散个人信息主体本想保护的个人信息的作用。②

为了解决财产公示原则与个人信息私密性保护之间的固有冲突，个人信息财产化下的公示原则与一般的不动产登记原则有较大区别，在公示的范围和强度上都有限缩和弱化。第一，为了降低统一的财产

① See Pamela Samuelson, "Privacy as Intellectual Property", *Stanford Law Review*, Vol.52, No.5, 2000, p.1138.

② See Abraham Bell & Gideon Parchomovsky, of Property and Information, *Columbia Law Review*, Vol.116, No.1, 2016, pp.273—274.

公示可能对个人信息泄露造成的影响,个人信息财产权理论的支持者普遍提出的是一种去中心化的登记公示系统,即有多个地方性的系统存在,而反对建立统一的登记系统。①第二,以欧盟 GDPR 为例,个人信息是否被转让等情况只能通过个人信息主体同意的电子形式的合同来证明,其查询主体也仅限于个人信息主体与受让个人信息的信息处理者。②如果第三人想要了解某项个人信息的财产权属状况,只能通过判断该项个人信息是否仍然可以用于识别到具体的个人来判断。在这种财产公示原则下,管理财产公示信息的并不是国家机构,而是私人主体,第三方也无从查询。如果采用这种个人信息财产保护的公示原则,相当于是要求个人信息财产权的客体仅限于抹去个人信息主体与信息之间的身份关联的匿名化的数据,因为善意的第三人无从知晓未经匿名化的个人信息的财产权益状况。因此,个人信息财产化后的公示原则的适用范围和公示强度都大打折扣。

二、个人信息权内含财产价值的证成

数字社会中的个人信息具有天然的财产基因,但因其本质上的人格性,决定了财产基因并不必然成为法律上的权益。个人信息权益是否具有财产性,要看其财产基因是否能够得到法律确认,即个人信息在法律上是否可以财产化以及法律主体是否应当享有该财产利益。

(一) 个人信息在法律上可以财产化

个人信息具有外在性,合理财产化利用不会贬损人格。个人信息的人格价值建立在与个人的稳定联系之上,个人信息权益是标表性人格利益。个人信息是外在于个人的社会性认同,它是个人社会存在的利益形式体现。由于个人信息外在于个人,若利用合法合理,并不会因为财产化而使个人丧失人格的独立和完整。

---

① See Paul M. Schwartz, "Property, Privacy and Personal Data", *Harvard Law Review*, Vol.117, No.7, 2004, p.2112.

② See Article 7 of GDPR.

所谓个人信息的财产化，其本质是将内含于个人信息中的财产价值通过授权他人使用而实现，不会因他人处理信息而使得人格权益丧失。个人信息与个人的联系具有稳定性，其本体是对人的表征，信息处理针对的不是个人，而是经媒介固定后的信息、未经同意或非法获取个人信息，个人丧失的是对外化信息的控制力，但仍然享有控制其信息的人格权益。

个人信息财产化更能体现个人对其信息的自由意志。"自我决定是人的主体价值的本质和核心"①，在不贬损个人人格、不侵害个人人格权益的前提下，个人信息财产化可以扩大个人对其信息的自由范围，使其可以享有个人信息财产化后的利益，这可以更好地维护个人权益和人格尊严。

（二）个人不是个人信息财产价值的唯一主体

从个人信息财产价值的生产过程看，个人仅是信息财产价值的供给者而非生产者，数据价值的产生，除有个人贡献外，还有信息处理者，主要是数据生产者的劳动与智力付出。在此意义上，个人似乎难以甚至也不应独享信息中的财产利益。

1. 个人为个人信息财产价值提供者

"在大数据概念下，数据皆有源，而'源'就是数据描述的对象或者数据主题。"②个人为个人信息的描述对象，是信息之源，没有源头便不会产生个人信息，更不会有后续的信息采集分析和加工利用。基于信息财产价值的形成过程，个人仅提供了信息财产价值生产的原材料，但没有原料供给，个人信息财产价值便不会产生，个人理应参与信息财产价值的分配。

2. 个人往往并非信息财产价值的生产者

个人信息中的财产价值主要源自采集者有意识地记录和搜集，而这些规模化、结构化且具有时效性的个人信息，需要采集者投入大量的

①　孟勤国、牛彬彬：《论物质性人格权的性质与立法原则》，载《法学家》2020 年第 5 期，第 11 页。

②　高富平：《数据生产理论——数据资源权利配置的基础理论》，载《交大法学》2019 年第 4 期，第 16 页。

资本、技术和人力才能生成。尽管个人信息天然蕴含了财产基因,但这种财产基因往往需要采集之后的规模化处理与加工,方能发挥与释放出更大的、更符合数据利用目的的、有针对性的效用与价值。

3. 个人信息的财产价值应由个人与数据生产者共享

个人信息的财产价值生成是由作为原材料供给者的个人与作为数据生产者的处理者共同实现的。无论从财产分配的劳动报偿理论看,即人们有权取得自身劳动所创造的财产,还是从功利主义理论看,即法律为激励个体有效利用资源而保护财产权利①,个人信息财产利益均不应由个人独享,因为其价值产生于数据生产者投入的智力和体力劳动,且相较于个人,数据生产者是数据资源的最高效利用者。可以说,数据上利益结构是多重法权关系的重叠,用户和数据经营者之间、不同层次的数据经营者内部之间的权利,彼此围绕数据经济的合理关系和生态结构而布局。②

4. 个人信息中的财产利益配置要符合产权配置规律

个人信息可以财产化是个人与数据生产者分享信息财产价值的基础。个人信息的财产化,并非说个人应完全支配其信息财产价值,而是要符合数字社会中应然的产权配置规律。从功利主义视角看,合适的产权赋予适当的主体,可使产权指向的资源得到最大化利用,社会福利水平实现最大化均衡。只是个人信息人格权益的本质属性决定了无论如何分配,也不应侵害个人的人格利益,这是基本底线。基于此,个人信息中的人格利益必然专属个人,但财产利益配置与人格利益归属可不遵从同样的逻辑。人格利益归于个人,这是法律的底线要求,即维护人之自由和尊严的要求;财产利益归属则应遵从市场要求,受市场规律支配。法律承认个人信息的人格价值不等于其中内含的财产利益也不证自明的归个人专有。

---

① 参见[美]约翰·G.斯普兰克林:《美国财产法精解(第二版)》,钟书峰译,北京大学出版社 2009 年版,第 14、18 页。

② 参见龙卫球:《数据新型财产权构建及其体系研究》,载《政法论坛》2017 年第 4 期,第 73、76 页。

第三节 个人信息权的私法属性
与信息资源的社会价值

一、信息资源的多重社会价值

(一) 作为基本权利客体的宪法价值

个人信息在欧盟与美国的法律制度中都具有宪法保护的历史渊源。《欧盟基本权利宪章》第 8 条规定了个人对其个人数据有获得保护的权利,欧盟立法或关于欧盟事务的成员国立法不得与之抵触,因此个人数据受到保护的权利在性质上类似于宪法上的基本权利。在法律效果上,欧盟各成员国需要基于上述宪法上确定的基本权利而对个人信息主体履行国家保护义务。①美国法上是通过宪法判例的方式确立了个人的信息隐私权,从两项重要的宪法性判例——韦伦诉罗伊案(Whalen v. Roe)和尼克松诉总务管理署署长案(Nixon v. Administrator of General Services)中可以管中窥豹。韦伦诉罗伊案一案主要是围绕 1972 年纽约州颁布的一项法案的合宪性展开。该法案要求医院必须以正式编制的清单列明在诊疗过程中提供对人体最危险的合法药物类别的处方,在清单的副本中必须列明处方医生、配药药房、药物和剂量以及患者姓名、地址和年龄等身份信息,这份清单必须上交州健康主管部门并由官方记录存档在数据库中。一些医生及其患者(包括原告韦伦)因此向法院提起诉讼,认为医患关系属于隐私的范围(Zone of privacy),法案的规定是对隐私范围一种不必要的清扫(A needlessly broad sweep),要求判令该法案违宪,一审法院判决支持原告的诉讼请求,纽约州健康事务

---

① 参见王锡锌:《个人信息国家保护义务及展开》,载《中国法学》2021 年第 1 期,第 148—149 页。

委员会遂提起上诉。联邦最高法院最终在判决意见中认为政府部门收集处理涉及个人的信息，可能会侵犯被上诉人对医患记录的信息享有的隐私权，但是这种信息之上的隐私的范围仅仅包括未曾被公开的个人信息。[①]在该案中，医患关系信息中绝大多数内容涉及公共政策制定等社会利益，对有限的个人信息的收集不会使得整个医患关系数据收集违宪，因此收集并披露这部分内容是州正常行使其治安监察权，因此联邦最高法院推翻一审判决。尼克松诉总务管理署署长案中，原告尼克松在担任美国总统期间累积的资料中含有涉及个人信息的内容，根据尼克松与总务管理署达成的协议，总统任职期间资料封存在其住所附近，后新任总统福特(Ford)通过了一项旨在废除该项协议的《总统录音和材料保存法》(Presidential Recordings and Materials Preservation Act)，原告遂向法院起诉要求判令该法案违宪，其中一项理由即认为该法案侵犯了其隐私利益(privacy interests)。地区法院给出的裁判意见认为在所有的涉案任职资料中，涉及总统个人隐私的内容十分有限，大部分资料都与原告作为总统的履行职责相关，因而具有重大的社会公共利益，因此最终判定认为该法案没有侵犯原告的个人隐私。该案上诉到联邦最高法院，大法官布伦南(Brennan)撰写的法院意见认为，包括总统在内的公职人员在与他们以公共身份所做的任何行为无关的个人生活事务中，并非完全没有受宪法保护的隐私权，因此原告的隐私权主张可以涵盖的范围包括，他和他的妻子、女儿、医生、律师、牧师以及他的密友之间极其私人的交流，以及个人日记和妻子的个人档案。[②]法院认为原告对这些涵盖个人信息的资料是有合理隐私权期待的，但考虑到原告作为公众人物的地位，以及原告对绝大多数材料没有任何隐私期望且保存这些材料具有重要的公共利益，以及事实上不可能对少量的私人资料进行分离等原因，最高法院最终判定该法案并不侵犯当事人的隐私权。

---

① See Whalen v. Roe, 429 U.S. 589(1977).

② See Nixon v. Administrator of General Services, 433 U.S. 425(1977).

综合以上对两项案件裁判情况的阐述,虽然最高法院认定隐私权仅仅涵盖没有被公开的秘密资料,没有支持原告主张保护隐私权的诉讼请求,但是最高法院在判决意见中都直接肯定了个人信息隐私宪法性权利(individual constitutional right to information privacy)确实存在。

(二) 构成言论自由的核心基础

信息与言论表达虽然是两个不同的概念,但是却存在密切的关联。美国学者沃洛克提出所有关于信息的披露和分享几乎都可以构成言论。[①]在美国法上最高法院曾经专门有判例支持了该观点。[②]在网络化构成的信息时代,这一观点显得更具吸引力和说服力,因为信息本身承载了言论表达行为与言论表达内容的双重作用。一方面,信息被认为是一种过程、知识和事物,相应地可以用于涵摄言论表达的行为过程和内容原料。[③]如果对信息的获取和分享进行限制甚至禁止,就会影响基于信息产生的言论的表达自由。另一方面,信息的现实价值在网络时代会被放大,信息传播速度的加快、受众群体的扩大以及采集捕捉技术的推广更新均促使信息流动过程对言论表达产生变革性的作用,即信息在产生、收集、储存、加工、传播和分享的全过程可以迅速而同步地不断发生,因此言论表达内容和言论表达行为的信息很难完全区分,也很

---

① See Eugene Volokh, "Freedom of Speech and Information Privacy: The Troubling Implications of a Right to Stop People from Speaking About You", *Stanford Law Review*, Vol.52, No.5, 2000, p.1122.

② 最高法院曾在一项判决中推翻了佛蒙特州一项旨在限制医生对患者个人健康数据分享的法规。在该案中,佛蒙特州发现药店向数据挖掘者出售有关医生处方的信息,而数据挖掘者反过来向制药公司出售关于医生处方倾向的报告。该州担心若允许制药公司针对医生做广告会导致医生开出更昂贵的药物。因此,佛蒙特州规定药剂师为营销目的出售医生处方信息是非法的。原告索雷尔认为这项规定违宪,因为它是一项基于内容和说话人的限制,限制获取信息和用于营销目的的言论。最高法院的判决书中的多数意见指出,根据佛蒙特州的法律,药剂师可以出于科学、新闻或其他目的向其他方捐赠或出售相同的信息。因此以数据形式创建、出售和传播个人信息可以作为《宪法第一修正案》下的言论受到保护。对上述行为的限制违反了《宪法第一修正案》。See Sorrell v. IMS Health Inc. 131 S. Ct. 2653(2011).

③ See Michael Buckland, "Information as Thing", *Journal of the American Society for Information Science*, Vol.42, No.5, 1991, p.351.

难仅将言论自由限定在表达行为本身。①基于此,信息自由本身就构成了言论自由的核心基础。这也正是为何有学者提出不可以将个人信息权仅作为一项私法权利的主要原因。②因为如果将个人信息权界定为私法权利,势必会产生权利归属于某一私法主体的结果,会导致言论从表达到内容的垄断,造成知识创造源泉的枯竭,言论自由的传统价值也会崩塌。

(三)作为社会公共产品的资源功能

个人信息是现代数字经济得以迅猛发展的原料,数据服务和产品源于个人信息的收集和分析。如果从生产性的视角出发,信息是一种可以被整合和创制的资源,个人信息的生产和处理也要依赖于特定的市场基础设施和技术条件,由此可以形成促进社会公共利益实现的信息生产和处理活动。③上述对信息资源的社会公共产品功能性视角的解读在微观层面主要立基于以下两个方面:

(1)个人信息共享推动社会资源增益。当作为个人信息主体的自然人参与到信息共享圈后会形成共同的社会福利,因此人们乐意以放弃部分个人信息权的方式寻求数字时代的福利。这就是为什么人们虽然一方面声称想要获得个人信息权和隐私权保护,但是另一方面又不拒绝为自己和他人付出巨大的个人信息和隐私披露代价来换取一系列线上商品和服务的原因。在社会整体性福利面前,人们相信这是社会性的共同行为,他们没有除了披露个人信息和隐私之外的其他选择。

(2)个人信息侵害累积带来社会资源减损。某一条个人信息的财产价值太小,相应的预期损害也不高,不过个人信息侵害累积形成的社会性损害却是巨大的。因此,如果个人信息权仅着眼于个体的价值,那

① 参见黄锫:《信息中心主义的表达自由》,载《华东政法大学学报》2020年第5期,第61页。

② See Jane Bambauer, "Is Data Speech?", *Stanford Law Review*, Vol.66, No.1, 2014, p.96.

③ 参见胡凌:《功能视角下个人信息的公共性及其实现》,载《法制与社会发展》2021年第5期,第179页。

么每个个人信息主体只需考虑对自己的潜在损害，由于这些损害几乎可以忽略不计，因此没有人会担心损害超过信息处理带来的预期利益。①无论是人格利益还是财产利益赋予个人对其个人信息以私人利益，都不能纠正个人在信息关系中随时想要披露其信息的动机，个人也不会意识到其个人信息披露对与其存在社会交往关系的其他主体的不良影响。故而只有站在社会整体性的视角才足以发觉个人信息泄露对社会资源带来的实际减损。

二、个人信息权的私法属性与信息资源的社会价值可兼容

（一）国家保护个人信息权的宪法义务不同于私主体的私法义务

围绕宪法上的基本权利是否可以直接适用于私法主体之间的法律关系，德国法上产生了激烈的学说争论，形成了肯定说和否定说两大阵营，其中肯定说又可以细分为直接第三人效力学说和间接第三人效力学说。笔者无意对该学说争鸣进行全面梳理，这也不是此处的论述重点。这里只阐明一项立场，即个人信息保护具有宪法保护的历史渊源反映了个人信息之上确实体现了个体自由与尊严的基本权利的核心价值，不过这不等于宪法对个人信息保护作用的影响需要以直接第三人效力的方式展开。申言之，与基本权利相对的国家保护义务不等于个人信息权相对的私人主体的私法保护义务。下文详述之。

德国民法学者卡纳里斯曾经对直接第三人效力学说作出了公允的评价，由此也较明晰地阐明了公私法之间的相互关系。他指出直接第三人效力学说的贡献是它强化了私法深化保护弱势群体以及克服事实上的力量不对等格局的意识。不过，尝试以抑制社会权力的必要性论证私法主体受基本权利的直接约束性的方式也不足以使基本权利可以得到直接适用，毕竟权力差距本身尚不能导致事实上的合同协商自由遭受危害。法律为克服私法主体之间因权力势差造成的失衡的缔约关

---

① See Joshua A.T. Fairfield; Christoph Engel, "Privacy as a Public Good". *Duke Law Journal*, Vol.65, No.3, 2015, p.424.

系设置了有效的保护机制,而不必因权力势差的存在就推出基本权利需要具有直接效力。①基于此,基本权利只为国家而非私法主体设立义务,因此私法主体关系中不存在相对于基本权利的义务。在个人信息保护领域,国家承担保护个人信息权的宪法义务与私法主体(个人信息处理者)承担的义务的性质并不相同。

由前文论述可知,个人信息权利保护体现了一定的宪法价值源于人格权与宪法的联系,不等于人格权独立后仍然附属于基本权利,即人格权受到综合保护是宪法义务,但不排斥其民事权利的特点。有国内学者指出,在公法和私法互动、宪法基本权利对第三人的效力、国家保障宪法权利的积极义务深入讨论的理论背景下,国家应践履保护个人信息权的宪法义务。然而,这不等于否定个人信息权可以同时构成一项民事权利。②一项具有私权属性的权利在现实中可以存在多种不同的保护手段,相应地有多种义务主体,个人信息权就是例证。在个人信息保护领域,国家和个人信息处理者是不同关系维度内的义务主体,前者体现了国家对公民的个人信息受法律保护的基本权利的尊重,属于公法保护手段;后者体现了以数据企业为主的个人信息处理者对自然人作为民事权利的个人信息权的尊重,属于私法保护手段。特别地,在国家机关作为个人信息处理者出现时,其与自然人之间仍然是平等的民事法律关系,需要遵循民事权利保护的私法原则。③个人信息保护手段的综合性可以在我国《个人信息保护法》中有所体现:首先,个人信息权是在具体的个人信息处理活动中产生的相对于个人与个人信息处理者之间的民事权利,《个人信息保护法》第四章规定的个人在信息处理活动中的权利即为体现。其次,个人信息处理者的义务并非仅限于与

---

① 参见[德]卡纳里斯:《基本权利与私法》,曾韬、曹昱晨译,载《比较法研究》2015年第1期,第175页。

② 参见谢鸿飞:《个人信息泄露侵权责任构成中的"损害"——兼论风险社会中损害的观念化》,载《国家检察官学报》2021年第5期,第25页。

③ 参见程啸:《论我国民法典中个人信息权益的性质》,载《政治与法律》2020年第8期,第5—6页。

个人享有的个人信息权利相对的义务,还包括为了贯彻落实《个人信息保护法》的合法原则与责任原则而必须履行的其他义务。[①]最后,国家相关部门机构需要履行个人信息保护的职责,具体包括国家网信部门、国务院有关部门和县级以上地方人民政府有关部门。这些履行个人信息保护职责的部门承担了对公民的个人信息受保护的基本权利的国家保护义务。[②]

(二) 言论的表达价值与个人信息权不冲突

信息的言论自由理论混淆了信息作为言论的表达价值与信息之上多重主体享有的权利性质这两个不同的问题。易言之,个人对个人信息享有的私人利益不影响一般性的信息作为言论的表达价值的实现。信息的流通本质决定了在信息之上会附着两重价值:一是与主体关联后形成的主体利益,二是与言论关联后形成的沟通价值,二者是并行不悖的。具体体现为以下几个方面:

首先,个人信息与言论本身在范围上有所区分,即关于个人身份或行为特征的个人信息更多体现的是人格或财产价值,而非言论价值。[③]申言之,个人信息权的私法保护功能侧重于强调信息与个人之间关联后产生的主体尊严和自由价值,以及基于该主体价值产生的附加财产价值。言论价值仅仅是作为一般信息的初始功能,却无法涵盖附着主体价值形成的个人信息权的私法保护功能。其次,信息作为一项言论的流通功能的实现有赖于个人信息权的私法保护。一个让人们对其个人信息,特别是私密信息感到安全不会轻易泄露的社会才会促使人们更大胆地参与公共讨论。[④]最后,信息作为言论的流通价值对个体自主决策、知识创造的推动作用并不牢靠,因此以此为由反对在个人信息之

---

① 参见程啸:《个人信息保护法理解与适用》,中国法制出版社 2021 年版,第 390—391 页。

② 参见《个人信息保护法》第 60—65 条。

③ See Neil M. Richards, "Reconciling Data Privacy and the First Amendment", *UCLA Law Review*, Vol.52, No.4, 2005, pp.1149—1157.

④ See Paul Gewirtz, "Privacy and Speech", *The Supreme Court Review*, Vol.2001, 2011, p.165.

上设置私人利益的观点并不能完全站住脚。易言之,一个人并非获取的信息越多,就越容易作出正确的选择决策、越接近真理或真相。这源于人们根深蒂固的自我认知偏见,即当人们面对获取的信息时,自我认知偏见的存在导致人们首先想到的不是推翻先前的想法,而是从这些信息中找寻新的证据去佐证和加强先前的想法。①这意味着如果我们获取的信息越多,产生新的偏见的可能性就越大,越来越多新的认知偏见会阻止我们认识到这些偏见。上述认知偏见的存在意味着信息流通产生的正向作用需要在达到必要的信息量临界点时才会出现,只有当个体获取的信息足够多时,才可能扭转认知偏见的消极影响。而且,信息流通的正向作用建立在信息的真实性之上,然而关于个人身份或行为特征的个人信息,尤其是其中的私密信息或敏感信息极容易在传播和分享过程中被歪曲为对他人人格尊严产生消极影响的不实信息,因此无限制的信息流通会造成对个人的错误评判。②基于此,保护个人尊严价值的个人信息权就显得格外重要,因为它可以防范人们遭受这种信息流通带来的消极影响。

综上所述,信息的流通功能和基于此形成的对言论表达的价值与私法上的个人信息权并不冲突,二者在个人信息流通的场景下可以共存。

(三) 个人信息权不同于信息资源的群体性价值

个人信息是一项社会公共产品的理论着眼于信息资源的群体性价值,由此导致其首先与个人信息私法权利理论发生显著冲突。在将个人信息视为一项公共产品的学者看来,如果将个人信息权界定为一项属于个人的私法权利,那么会忽视保护个人信息所产生的整体社会效益。③

---

① See Raymond S. Nickerson, "Confirmation Bias: A Ubiquitous Phenomenon in Many Guises", *Review of General Psychology*, Vol.2, No.2, 1998, p.175.

② 参见丁晓东:《个人信息的双重属性与行为主义规制》,载《法学家》2020 年第 1 期,第 72 页。

③ See Jane B. Baron, "Property as Control: The Case of Information", *Michigan Telecommunications and Technology Law Review*, Vol.18, No.2, 2012, p.367.

个人信息权如果只是私法权利,那么会导致全社会对隐私保护投入不足,信息资源的群体性价值也无从发挥。[1]综上所述,个人信息的社会公共产品理论实际上聚焦于不同于一般的个人信息权的另一重价值维度。从现实出发,从群体视角出发的公共产品理论和从个体视角出发的私法权利理论二者不可偏废:一方面,从个人信息内含财产价值的表现来看,使个人信息主体保留必要的财产控制权能以获取信息利用的回报是必要的制度建构环节;另一方面,信息资源的群体性价值要求在特定的领域,需要监管机构制定法律以限制信息的自由交换,最显著的例证就是承载人类遗传资源的生物识别信息,这对于维持具有多样性、创造力的社会公民结构具有重要意义。[2]

因此,综合来看,首先,基于两大法系的历史考察,个人信息权与人格权的个体尊严和个体自由两重实质价值相吻合,同时人格权法的现代转向为个人信息权在属性上融入人格权提供了可能,因此个人信息权具有人格权利本质。其次,个人信息财产权理论因其财产可转让性受到过多限制、财产保护公示原则没有一贯坚持,故而强行将其用于阐释个人信息的权利属性,只能是削足适履,因此个人信息权只是内含财产价值而非纯粹的财产权。最后,个人信息作为整体信息资源的社会价值——包括作为基本权利客体的宪法价值、构成言论自由的核心基础和作为社会公共产品的资源功能——与个人信息主体享有的个人信息权的私法属性并不冲突,二者可兼容。基于此,个人信息的权利属性是内含财产价值的人格权利。

---

[1]　See Julie E. Cohen, "Examined Lives: Information Privacy and the Subject as Object", *Stanford Law Review*, Vol.52, No.5, 2000, p.1427.

[2]　See Julie E. Cohen, "What Privacy Is For", *Harvard Law Review*, Vol.126, No.7, 2013, p.1905.

第四章
个人信息内含财产价值的外化路径

数字化的信息构成数字经济不同于传统经济的微观基础,[①]围绕数字化信息开展的线上数字技术服务活动具有广阔的应用前景,推动一系列传统线下活动的质变,形成数字消费、数字医疗、数字城市等,带来广泛社会经济效益,因此个人参与数字经济进程中产生的个人信息天然内含财产价值。[②]不过,世界范围内的个人信息保护都与人格尊严和个性自由紧密关联,[③]这也决定了个人信息具有人格属性。不过,现实中围绕个人信息开展的众多商业运营模式表明,个人信息在数字经济中具有广阔的商业利用前景,因此个人信息权相对于传统的人格权又有不同,即在数字经济背景下是内含财产价值的人格权。[④]个人信息天然的财产性基因决定了个人信息保护需要关注其商业利用的路径,即其内含的财产价值如何与主体分离,外化为可以积极利用的财产,从而为个人信息主体获取数字经济发展的红利提供法律路径。对此,有

---

① 参见陈收等:《数字经济的新规律》,载《管理科学学报》2021 年第 8 期,第 36 页。
② 参见彭诚信:《论个人信息的双重法律属性》,载《清华法学》2021 年第 6 期,第 82 页。
③ 以欧盟和美国法为例:欧盟的个人数据保护立法受《欧盟基本权利宪章》影响深远。参见欧盟《一般数据保护条例》立法理由书第 1 条。美国的个人信息保护立法则脱胎于沃伦和布兰戴斯创设的隐私权,两位学者在论证这一概念时深受欧洲大陆人格权法传统的影响。See Samuel D. Warren & Louis D. Brandeis, "The Right to Privacy", Harvard Law Review, Vol.4, No.5, 1890, pp.193—195.
④ 参见彭诚信:《论个人信息的双重法律属性》,载《清华法学》2021 年第 6 期,第 85 页。

的学者提出所谓个人信息权说或新型权利说,其本质是径行创设一种新的权利,[1]导致的不良后果是打破了人格和财产不可通约的民法本旨。有的学者指明了个人信息权益具有"本权权益"和"外部约束力"的多重构造,提出个人信息保护首先要注意保护个人的人格尊严,其次要促进信息的流通利用,挖掘其潜在的财产价值,不过对具体的财产价值实现方式没有论证。[2]因此,在现有的理论研究中,对个人信息财产价值的外化路径研究尚存空白,而数字经济蓬勃发展的现状已经要求必须对个人信息商业利用中的财产价值保护有所回应。

个人信息财产价值外化需要遵循人格权益向财产权益转化的一般理论,对此比较法上有两条传统法路径可资考察。一是美国法上的公开权路径,二是德国法上的人格要素商品化路径。因此,本章将主要围绕对上述两种路径的批判性考察展开,以期论证传统理论在解决个人信息财产价值外化问题的力所不逮,进而寻求可能的新解。

第一节　人格标识商品化的
两种传统理论发展脉络

传统社会中的人格标识商品化,主要有两种理论上的解释路径:一是美国法上的"公开权"(The Right of Publicity)路径,二是德国法上的人格权保护路径。下面分别以历史考察的方法对以上两种传统理论的发展脉络进行系统性的梳理。

---

① 参见李伟民:《"个人信息权"性质之辨与立法模式研究——以互联网新型权利为视角》,载《上海师范大学学报(哲学社会科学版)》2018 年第 3 期,第 67—71 页。钱继磊:《个人信息权作为新兴权利之法理反思与证成》,载《北京行政学院学报》2020 年第 4 期,第 112—118 页。

② 参见张新宝:《论个人信息权益的构造》,载《中外法学》2021 年第 5 期,第 1148—1149 页。

一、公开权理论的起始与发展脉络

(一) 公开权的起始渊源

一般认为,公开权在判例法上被正式确立是出于 1953 年弗兰克法官主审的海兰诉托普斯案(Haelan Labs. v. Topps Chewing Gum.),"海兰案"确实是公开权在判例法中被承认的标志性案例,不过关于其起始,需要追溯至更早的历史时期,方能对其产生的原因和权利性质等问题进行更清晰、准确的判断。

1. 隐私权概念下的"公开"与规范意义上的"公开权"的区分

便携式摄像机的出现促使隐私权不仅限于对私密空间和私人生活不受他人干扰的保护,而且在公共空间中也需要防范对个人隐私的侵害,具体表现就是对肖像等身份标识基于商业目的的非法占有。因此,隐私权概念下一项重要的内容便是对个人身份是否可以用于宣传等商业广告需要的"公开"控制。[1]这一附属于隐私权概念下的"公开",早在人们当下所理解的由判例法确立的规范意义上的"公开权"产生之前就已经存在,其核心含义是一个人控制其姓名或肖像在公共场合被他人使用的方式和时间。[2]隐私权概念下的"公开"在 19 世纪末 20 世纪初的判例中有很多例证。最初的判例是帕维希奇诉新英格兰保险公司案(Pavesich v. New Eng. Life Ins. Co.)。在该案中,原告认为被告未经其许可在人寿保险广告中使用了自己的照片,构成对其个人声誉的诽谤,造成精神损害,因此向法院起诉,法院判决认为被告的行为构成对原告隐私权的侵犯。[3]之后类似的案件还有很多,均涉及个人肖像照片未经许可被用于商业广告领域时的法律救济。[4]在上述案件中,原告都

---

[1] See Jennifer E. Rothman, *The Right of Publicity*: *Privacy Reimagined for a Public World*, Harvard University Press, 2018, p.11.

[2] See Samantha Barbas, "From Privacy to Publicity: The Tort of Appropriation in the Age of Mass Consumption", 61 *Buffalo Law Review* 1119, 1120(2013).

[3] Pavesich v. New England Life Ins. Co., 122 Ga. 190(1905).

[4] Loftus v. Greenwich Lithographing Co., 182 N. Y. S. 428(N. Y. App. Div. 1920); O'Brien v. Pabst Sales Co., 124 F. 2d 167(5th Cir. 1942).

是基于隐私遭受侵犯,造成个人人格尊严或情感损害而提起诉讼,不涉及侵害财产权益的主张。在规范意义上的"公开权"产生之前,隐私权概念下的"公开"都只关注个人精神损害救济,以个人姓名或肖像的非法公开使用构成对权利人的侮辱、诽谤,引发精神痛苦为前提,而对当事人没有财产权益的保护。

2. 法律保护的漏洞导致公开权呼之欲出

判例法上创设权利的需要源于既有的权利保护存在法律漏洞。对此,可以从法院对系列案例裁判的变化中予以印证。

首先,在克里斯诉沃克案(Corliss v. E. W. Walker)中,一名已过世的发明家曾与一名摄影师签订合同约定由对方为其拍摄个人照片且不得将其肖像照片向任何第三人转让,原告是一名发明家的遗孀,她认为被告某出版商及其职员未经许可将其丈夫的照片用于公开出版物,因此向法院起诉要求禁止被告的该项行为。对此,法院认为被告并不是原告丈夫与摄影师之间关于肖像照片许可合同的一方,因此不受合同限制,判决驳回原告的诉讼请求。①该案一方面表明,法院认为对个人肖像标识的控制权不是一项财产权,因此不可以继承,故而如果涉诉行为未造成精神损害,其配偶无法基于隐私权获得保护;另一方面也表明如果被告不是合同关系中的另一方,就无法基于合同获得保护。

之后,部分法院判决除了继续坚持精神层面的救济外,开始出现关注点向财产层面转移的苗头。在罗伯森诉罗切斯特公司案(Roberson v. Rochester Folding Box Co.)中,被告未经原告同意便将原告照片用于宣传被告面粉厂的日历上,原告基于精神损害向法院起诉,法院判决认为原告并没有因其肖像照片的使用而面临诽谤等社会否定性评价,且其肖像的公开并不会造成个人情感和精神层面的损害,因此没有必要创设一种隐私权之外的新权利。但值得注意的是,法院判决本案的依据是原告主张的是精神损害而非财产损害,因此导致原告败诉,且少

———————

① Corliss v. E. W. Walker Co., 64 F. 280(1894).

数意见中明确指出在被告未经权利人许可而使用其肖像用于产品营销时,应当创设一种不同于隐私权的财产权以防止企业等主体为了商业利益而侵占他人的肖像。①在蒙登诉哈里斯案(Munden v. Harris)中,原告是一名五岁的幼儿,被告未经原告的许可而将其照片用于其珠宝产品的广告,原告以被告侵犯其隐私权,造成精神损害为由向法院起诉。法院裁判认为幼儿对其照片享有专属权利,这项权利是一项有价值的财产权。②对此,上诉法院予以认可,不过上诉法院认为涉诉行为不会造成对幼儿的侮辱等严重的精神损害,因此判决推翻原审判决。③从以上两项判例可以发现,虽然非知名人物即普通人在以其肖像等未经他人许可使用而主张隐私权保护时,仍须因造成侮辱、诽谤而产生情感等精神损害才能获得保护,但已有法院判决承认非知名人物的肖像未经其许可而用于产品营销时的财产权利值得保护,只是由于原告仅提起基于隐私权的诉讼而败诉,所以法院才没有进一步试图超越先例而创设隐私权之外的一项新型财产权。

由于大多数普通人的肖像等人格标识不具有显著的商业价值,其滥用主要是造成精神损害,因此在仅限于无名小卒之类的普通人物的肖像等人格标识被非法用于广告营销的案件中,隐私权保护模式没有什么困难。不过,一旦出现涉及公众人物或更广泛的人格标识商业应用场景的案件时,这种传统的裁判模式将面临严峻挑战。④比如,在爱迪生诉爱迪生公司案(Edison v. Edison Polyform Mfg. Co.)中,原告是知名的发明家,将其发明的药剂制作工艺授权转让给一家公司,后该公司为被告所吸收合并,原告认为被告未经其许可将其姓名和肖像用作企业名称和产品营销,便向法院起诉要求禁止被告继续使用其姓名和肖像。在本案中,一方面公众人物的隐私较之于普通人必须受到限制,

---

① Roberson v. Rochester Folding Box Co., 171 N. Y. 538, 556—557, 564(1902).

② Munden v. Harris, 134 S. W. 1076, 1078(1911).

③ Munden v. Harris, 153 Mo. App. 652, 665—666(1911).

④ See Harold R. Gordon, "Right of Property in Name, Likeness, Personality and History," 55 *Northwestern University Law Review* 553, 555(1960).

原告也没有受到严重的精神损害；另一方面原告与被告也不存在同行业竞争的关系，无论是基于隐私权保护还是反不正当竞争保护路径，都无法支持原告的诉讼请求。法院最终基于衡平法认为原告的财产权益遭受损害，判决支持原告的诉讼请求。不过，对公众人物是否可就其人格标识被非法商业利用而主张单独的财产权利，该案法官明确指出对这一问题不发表任何意见。①

通过以上案例的梳理可以发现，法院逐渐注意到在未经许可使用他人的姓名、肖像等人格标识的场景下，隐私权、合同法或反不正当竞争保护模式存在保护漏洞，特别是当涉诉的原告是知名人物时，其身份标识具有显著的财产价值，这一法律保护漏洞体现得更加明显。最初这种观点不被接受，在罗伯森诉罗切斯特公司案中成为少数意见，后上升为爱迪生诉爱迪生公司案中的多数意见。只是由于该类案件中原告均是基于精神侵害而非财产权侵害提起诉讼，法院因此尚未找到合适的契机在裁判中明确阐述一项不同于隐私权的财产权利存在。然而可以肯定的是，法律保护的漏洞导致公开权已经呼之欲出。

（二）公开权在判例法上的正式确认

1953 年海兰诉托普斯案正式确立了在判例法中规范意义上的"公开权"。在该案中，原告公司与一名知名的棒球运动员签订合同，约定其可以在口香糖产品销售的广告宣传中独家使用运动员的肖像，而被告公司诱使运动员签订了同样的授权合同，允许被告在产品宣传中使用其肖像。原告因此向法院起诉。法院判决中，弗兰克法官明确指出，除了基于纽约州制定法内的隐私权外，运动员还有权享有其肖像照片的形象宣传价值，即有权授予第三人使用其肖像的权利，这一权利可以直接转让，并且法院可以对侵犯该权利的行为要求财产损害赔偿。这实际上是直接创设了一种新的财产权利来控制名人姓名或肖像人格标识商业利用产生的经济价值。本案另一法官斯旺（Swan）虽然同意主审法官的结论，但是认为在裁判理由上没有必要专门设立一项新的权

---

① Edison v. Edison Polyform & Mfg. Co., 73 N. J. Eq. 136，144—145(1907).

利来追究被告责任,完全可依据被告诱使运动员违反与原告的合同而构成第三人侵害合同权利(The Interference of Contract),在既有的合同法和侵权法中得到相同的裁判结论。①

通过对"海兰案"的阐述可以发现,就"海兰案"单独一个案件而言,美国法确实不必一定通过创设新的财产权的方式解决,不过这并不意味着弗兰克法官创造一种新的不同于隐私权的公开权没有价值。正如尼莫所言,公开权确实填补了之前关于姓名、肖像等人格标识未经许可而被使用的案件中存在的法律保护漏洞。②在该案后,很多判例都援引并遵照了"海兰案",从而促使公开权进一步独立为一项不同于隐私权的财产权。比如,在埃托雷诉菲尔科电视广播公司案(Ettore v. Philco TV Broad. Corp.)中,原告认为被告未经其许可转播其参加的一场拳击比赛,构成对原告财产权的侵害为由向法院起诉,法院判决支持原告诉讼请求。③在因素公司诉创意卡公司案(Factors Etc., Inc. v. Creative Card Co.)中,原告认为知名歌星"猫王"普雷斯利生前的个人形象商业利用由其进行专业管理,这项公开权是可以继承和转让的财产权,不因普雷斯利的去世而灭失,因此向法院起诉要求禁止被告通过制造、销售印有"猫王"姓名或肖像的纪念品获利,对此一审和二审法院均予以认可。④

通过以上案例可以明确,"海兰案"为之后的许多判例提供了先例指引,公开权在判例法上被明确为是保护名人姓名、肖像、表演等形象标识的经济价值的财产权,其可以转让、继承。一项公开权主张在个案中被支持需要满足以下要件:第一,客体必须是名人的姓名、肖像或其表演作品,即因权利人自身的特殊社会地位和名望而使其身份标识具有

---

① Haelan Labs. v. Topps Chewing Gum., 202 F. 2d 866, 868—869(2d Cir. 1953).

② See Melville B. Nimmer, "The Right of Publicity," 19 *Law and Contemporary Problems* 203, 204—215(1954).

③ Ettore v. Philco TV Broad. Corp., 229 F. 2d 481(3d Cir. 1956).

④ Factors Etc., Inc. v. Creative Card Co., 444 F. Supp. 279(S. D. N. Y. 1977), aff'd, Factors Etc., Inc. v. Pro Arts, Inc., 579 F. 2d 215(2d Cir. 1978).

显著的商业价值,可以在市场上形成产品销售的优势;第二,涉诉行为必须是出于商业目的使用名人的身份标识;第三,未经权利人的许可。

(三)公开权的发展变迁

1.权利主体的扩张

公开权最初是为了保护名人对其姓名或肖像等身份标识的潜在经济价值而确立的财产权,而不扩及非名人。这主要有两方面的考虑,一是在美国的社会文化传统背景下,认为公众人物没有隐私,特别是演艺明星的职业生活就需要曝光,向社会公开,以接受公众的评头论足并维持足够的社会关注度。传统的隐私权因此只能保护名人的私密生活领域,而无法保护其面向公众的形象等身份标识的使用。二是普遍认为非名人的身份标识本身并不具有显著的经济价值,依据传统隐私权类型中的第四分支"对身份标识的商业性滥用"来防范侮辱、诽谤等精神损害足矣。①易言之,非名人姓名、肖像等身份标识的保护对应的是传统隐私权概念下的"公开"概念,而非规范意义上的"公开权"概念。

不过,之后的公开权判例出现了权利主体从名人向非名人扩张的趋势。在克里斯托弗诉美国雀巢咖啡公司案(Christoff v. Nestle USA, Inc.)中,原告是一名曾做过职业模特的幼儿园老师,主张未经本人同意被告在生产的速溶咖啡包装标签上使用了其肖像照片,便基于加州制定法中的公开权起诉,法院最终判决支持原告的诉讼请求。②如果说在这一案件中原告曾经从事的是面向公众的演艺行业,还不足以证实权利主体扩张的趋势,那么自 21 世纪以来出现的典型判例则完全证明了公开权已经不再是由演艺明星等社会名流独享的财产权。在弗雷利等诉脸书公司案(Fraley v. Facebook, Inc.)中,原告等人是脸书网

---

① 美国学者普罗瑟将隐私权的保护类型基于侵权行为的具体形式进行了四种类型化的区分,其中前三分支均指向私密空间内不为外人打扰的独处的权利,第四分支则是面向公共空间的对个人身份标识的控制。See William L. Prosser, "Privacy", 48 *California Law Review* 383, 389(1961).

② Christoff v. Nestle USA, Inc., 62 Cal. Rptr. 3d 122(Ct. App. 2007).

站的注册用户,被告公司在网络页面的付费广告中使用了原告的姓名和肖像,并注明原告喜欢这些广告所推广的品牌或产品,被告将这些广告向原告的朋友推送和播放。原告基于加州制定法中的公开权向法院提起集体诉讼,法院判决支持其诉讼请求。[①]再如,在帕金斯诉领英公司案(Perkins v. LinkedIn Corp.)中,原告等人是领英网站的用户,被告从原告的电子邮件联系人列表中获取了其他联系人的地址并向其发出加入领英的邮件邀请,且在邮件中使用了原告的姓名和肖像。原告基于加州制定法中的公开权向法院提起集体诉讼,法院判决支持其诉讼请求。[②]不过值得注意的是,本案法院支持原告诉讼请求并非基于加州制定法中的公开权,而是根据判例法中的公开权支持了原告的诉讼请求。在该法院看来,若按照制定法,原告必须同时证明其遭受精神损害,否则其诉讼请求不成立。

通过以上判例发现,公开权权利主体的扩张主要是由于传播媒介的变迁引发的结果。20世纪是电视、广播媒体时代,因此演艺明星、体育明星等名人姓名或肖像的商业价值要远高于普通人,而21世纪是网络媒体时代,特别是自媒体、视频、交友、直播等网上互动交流软件的兴起促使人人都可以成为网络社区中的"名人",个人在网络社区中的人脉影响力可以转化为企业投放广告、进行产品营销的经济价值。普通个人的姓名、肖像等身份标识的财产价值也逐渐受到公开权的保护,只不过名人与普通个人之间的主体差异在公开权领域仍然存在。第一,加州制定法中的法定公开权要求普通个人必须证明被诉行为造成其精神损害,且损害赔偿也并非基于财产损失,而是法定的最低损害赔偿。[③]第二,与名人个人的声望具有显著财产价值相比,普通个人的人格标识是在被企业统一收集后才具有整体的财产价值,一般只能通过集体诉讼的方式主张公开权。

---

① Fraley v. Facebook, Inc., 830 F. Supp. 2d 785(N. D. Cal. 2011).

② Perkins v. LinkedIn Corp., 53 F. Supp. 3d 1222(N. D. Cal. 2014).

③ Cal. Cir. Code § 3344(a)(West 2019).

2. 权利客体的扩张

公开权最初仅限于个人的姓名、肖像，随着判例的扩展，其客体范围也迅速扩张，可以涵盖姓名、肖像、声音、表演、行为等，甚至除了现实身份标识，还可以包括扮演形象中的虚拟身份标识，即一切足以使受众唤起与主体身份联系的人格标识。[①]比如，米德勒诉福特汽车公司案（Midler v. Ford Motor Company）支持了对声音的公开权保护[②]，卡森诉约翰尼便携式厕所公司案（Carson v. Here's Johnny Portable Toilets）支持了对特定语言表达的公开权保护[③]，怀特诉三星电子公司案（White v. Samsung Electronics America，Inc.）支持了对特定形象和动作的公开权保护[④]，卢戈西诉环球影业公司案（Lugosi v. Universal Pictures）支持了对特定扮演角色形象的保护等。[⑤]此外在制定法中，同样可以体现权利客体的扩张趋势，如印第安纳州的法案中规定姓名、肖像、声音、签名、独特外观、特定手势、行为习惯等都可纳入公开权的客体范围。[⑥]

（四）公开权理论的法理基础演变

"海兰案"的主审法官弗兰克将心理学层面上的精神分析应用到司法审判实践中。要想证成公开权的独立性，首先需要找到公开权与隐私权可以分离的理论基础，从深层次讲，需要考虑人格之上何以能分离出具有财产性质的权利，如果这点无法证成，就必然会面临学者们对人格商业化正当性的质疑。[⑦]对此，弗兰克法官首先基于弗洛伊德将人格

① See Sheldon W. Halpern, "The Right of Publicity: Maturation of an Independent Right Protecting the Associative Value of Personality", 46 *Hastings Law Journal* 853, 856(1995).

② Midler v. Ford Motor Company, 849 F. 2d 460(9th Cir. 1988).

③ Carson v. Here's Johnny Portable Toilets, 698 F. 2d 831(6th Cir.1983).

④ White v. Samsung Electronics America, Inc., 971 F. 2d 1395(9th Cir. 1992).

⑤ Lugosi v. Universal Pictures, 603 P. 2d 425(Cal. 1979).

⑥ Ind. Code § 32-36-1-6(2019).

⑦ 马多指出，弗兰克法官只是基于名人无法控制其姓名、肖像的潜在商业价值而创设一项财产权，这一论据并不充分，完全没有考虑到人格被商业化后与财产毫无差异造成的道德层面的巨大不良后果。See Michael Madow, "Private Ownership of Public Image: Popular Culture and Publicity Rights," 81 *California Law Review* 125, 173 (1993).

区分为本我、自我和超我的精神分析理论,得出人格并非不可分的结论,继而从荣格对人格的二元划分理论中找到公开权可以独立于隐私权存在的基础。荣格将人格区分为内在自我与外在人格,认为后者是为了获得社会认可或经济利益而在公众场合呈现的"虚假面具"①。因此,公众人物展示在媒体面前用于实现经济和商业价值的不是人格,而只是用于公共交流的社会角色,真实的自我一直隐藏在角色被曝光下的阴影里,故而也就不存在出卖人格的道德难题。基于此,公开权虽然出自人格层面的隐私权,但是其实质仍然为财产权。

1. 经济产权理论

弗兰克法官基于精神分析理论对公开权作为一项新权利的证成,导致的必然结论是公开权具有财产权利属性,其后的学者由此出发讨论公开权的正当性基础,大体上包括劳动产权理论、不当得利、经济激励和消费者权益保护四个不同的角度,以上论证理由都是从经济产权层面上为公开权提供法理基础。

第一,公开权的法理基础一般认为建立在约翰·洛克提出的劳动产权理论基础之上。尼莫最初就是从劳动产权理论的角度来证成公开权作为一项独立权利的正当性,他指出,"每个人都应当有权享有自己的劳动成果","在大多数情况下,一个人只有在花费了相当多的时间、精力、技能甚至金钱之后,才能获得相当可观的金钱价值"。②按照这一逻辑,公开权行使的正当性基础是相关的名人通过努力工作为自身身份带来的经济效益。

第二,赋予名人控制其身份名望所带来的经济价值有利于纠正不公平的财产价值分配,符合不当得利的要求。即使名人为保持其社会名望和声誉所付出的必要努力无法构成劳动,也可以通过纠正不公平的价值分配的方式为名人控制其身份的商业利用提供合法基础。公开

---

① C.G. Jung, "The Persona and the Collective Unconscious", in 7 *The Collected Works of C.G. Jung: Two Essays Analytical Psychology* 127, 192(1966).

② Melville B. Nimmer, "The Right of Publicity," 19 *Law and Contemporary Problems* 203, 216(1954).

权可以防止社会上出现不当的"搭便车"行为,即防止他人在没有播种的情况下收获。①公开权设立的缘由可以归结为防止不当得利,保证其他人必须通过付出相应代价的方式才能利用公众人物的名望获取经济利益。不过,不当得利的前提是公众人物的身份标识是个人独有,而现实情况是公众人物的形象和个性并不完全由个人独立塑造,相反需要汲取社会和文化才能形成,因此其正当性存疑。

第三,创设公开权有助于为创造社会财富提供经济激励。美国联邦最高法院至今唯一裁判过的公开权案例是扎齐尼诉斯克里普斯霍华德广播公司案(Zacchini v. Scripps-Howard Broadcasting Co.),其中体现了创设权利用于经济激励的说理思路,论证了表演者对其角色的商业利用享有控制权的正当性。该案确定的公开权与著作权的价值相当,是为了通过赋权的方式促使人们愿意花费必要的时间、精力和资源创造有益于社会的作品,从而实现经济激励。②赋予名人对其表演角色的控制权可以弥补聚光灯下的负面影响,从而鼓励具有社会价值的活动。如果没有这种保护,愿意冒险登上舞台并向社会公众展示作品的人就会减少。③不过,对此种理论观点也不乏批评的声音。首先,在特定公共领域取得成功的激励和发展社会公共角色的激励虽然有时相互重叠,但是通常并不相同。并非所有取得巨大成功的明星演员都可以具有巨大的商业价值,从而在公众中间形成广泛影响力,换言之,也并非所有具有公众号召力的名人在其职业领域内都可获得专业性的成功。④其次,公开权的经济激励价值并不总是呈现对社会的正向作用,有可能导致对名人活动的过度投资,有学者将其称为只是"产生了一些

---

① See Thomas McCarthy & Roger E. Schechter, *The Rights of Publicity and Privacy*, West Group, 2019, § 2, p.6.

② Zacchini v. Scripps-Howard Broad. Co., 433 U.S. 562, 576(1977).

③ See Michael Madow, "Private Ownership of Public Image: Popular Culture and Publicity Rights", 81 *California Law Review* 127, 206(1993).

④ See Mark P. McKenna, "The Right of Publicity and Autonomous Self-Definition", 67 *University of Pittsburgh Law Review* 225, 259(2005). 比较典型的情况就是在演艺圈存在所谓流量明星和实力派演员的区分。

为出名而出名的人"。①最后,着重保护创作动机这一焦点的偏离会导致公开权侧重于保护权利人的"作品"而非其本身作为"人"的存在,由此也导致公开权的保护范围仅限于具有商业价值的名人形象,而不能惠及公共领域中的普通个人,使公开权成为仅服务于少数上流名人的特权。②

第四,创设公开权有助于保护消费者的权益。在美国法上,有些学者主张公开权应当是一种商标权,其价值在于防止消费者被名人商品代言所混淆,区分产品的来源。③根据这一理由,当消费者面对由某一名人形象代言的产品广告时,会自然地将名人的声望与对该产品或品牌的赞助和支持联系在一起,此时创设公开权可以为名人提供诉讼的途径,防止他人未经许可将其身份形象用于对产品的背书,从而保护消费者权益。根据这一导向,公开权可以被限定在造成公众混淆的案件中,从而限制公开权的适用范围,避免该权利概念过于宽泛。不过,基于该种理由的公开权存在诸多缺陷。该观点最致命的弱点是,鉴于公开权和商标法关注的焦点并不一致,如果将二者完全融合,将会导致个人人格标识商业利用活动的规制重点由保护自然人对其身份经济价值的利益转向保护公众对免于欺骗的利益,偏离了未经授权盗用自然人人格标识所涉及的真正利益。④也就是说,虽然创设公开权有助于维护消费者的权益,但是其核心仍然是保护名人对其身份形象的控制,因此避免消费者对产品的混淆只是其附带价值。另外,在美国已经存在《兰厄姆法案》⑤(《联邦商标法》)的情况下,将公开权再理解为商标权便显得功能重复且多余。申言之,如果公开权的真正关注点是消费者保护,

---

① See Jennifer E. Rothman, *The Right of Publicity*: *Privacy Reimagined for a Public World*, Harvard University Press, 2018, p.101.

② See Joshua L. Simmons & Miranda D. Means, Split Personality: Constructing a Coherent Right of Publicity Statute, Landslide, Vol.10, No.5, May-June 2018, available at SSRN: https://ssrn.com/abstract=3187810, last visited on Feb. 20, 2022.

③ See Stacey L. Dogan & Mark A. Lemley, "What the Right of Publicity Can Learn from Trademark Law", 58 *Stanford Law Review* 1161, 1190(2006).

④ See Sheldon W. Halpern, "Right of Publicity: The Commercial Exploitation of the Associative Value of Personality", 39 *Vanderbilt Law Review* 1199, 1242(1986).

⑤ 15 U.S.C. § 1125(a)(2018).

那么就应通过修订《兰厄姆法案》以纳入该意图,而不是让公开权构成单独的诉讼理由。

2. 个人自治理论

经济产权理论下,公开权是一项财产权,可以自由转让和继承。[1]按照这一逻辑,公开权控制下的经济利益可以用于清偿债务,甚至作为破产财产或婚姻共同财产。但司法实践并没有坚持该观点,在高盛诉辛普森案(Goldman v. Simpson)中,法院直接指出公开权不能转让给债权人。[2]类似地,制定法层面也有明确禁止向债权人转让公开权的立法例。[3]在离婚案件中,将个人声望价值所产生的经济收入向配偶分享的前提是其配偶对其职业成功或发展有所贡献,言外之意就是当公开权所体现的声望价值纯粹属于夫妻双方的一方时,不能用于财产分割。[4]以上例证都表明现实中公开权的转让性和继承性受到限制,与财产权的一般理论逻辑出现矛盾。这是公开权可转让性必然产生的消极后果:一是公开权以权利人对其身份形象的控制为核心,不过这种控制在现实中可能因财产权的可转让性而无法实现,导致对权利人保护不足。具体表现为以下两个方面:一方面,合同谈判能力的差距造成权利人的控制力量薄弱。演员、歌手、模特、运动员等不一定具有广泛的社会影响力,在其职业生涯早期尚未成为公众人物前谈判能力有限。另一方面,公开权表面上看似是保护角色形象的有力途径,实际上很容易转化为经纪公司或品牌开发商买断其身份形象的法律工具。二是当权利人与相对方之间存在特定法律关系时,相对弱势的一方会面临身份剥夺的法律风险。比如未成年子女的身份形象公开权如果可以由其父母代为转让,那么会导致其在成年后丧失对其身份形象的控制。[5]债权

---

① 11 U.S.C. §541(a)(1).

② Goldman v. Simpson, 72 Cal. Rptr. 3d 729(Ct. App. 2008).

③ 例如,伊利诺伊州法中虽然认可公开权是一项可以转让的财产权,但是明确禁止将其作为破产财产用于清偿债务。

④ Elkus v. Elkus, 572 N. Y. S. 2d 901(App. Div. 1991), Piscopo v. Piscopo, 557 A. 2d 1040(N. J. Super. Ct. App. Div. 1989).

⑤ Shields v. Gross, 448 N. E. 2d 108(N. Y. 1983).

人和债务人之间、雇主与雇员之间如果双方存在债权债务纠纷,处于弱势的一方可能随时面临身份形象财产价值被剥夺的危险。

上述消极后果都源于公开权的经济产权理论对个人身份形象的理解出现偏差,个人身份形象从本质上讲立基于人格,关乎个人的尊严和自治,因此并不完全植根于获取经济价值的功利性理由。①由精神分析理论对内部自我与外部自我的区分而发展出的经济产权理论看似可以保护外部自我,实际上会造成内部自我人格的侵害。关于公开权的法理基础讨论,因此出现了以海默里为代表的另一派学者,他们主张立基于个人尊严与自治的法理基础,反对仅从功利性的角度出发将公开权作为一项完全的可转让、可继承的财产权。

与以洛克劳动财产理论为基础的经济产权理论不同,主张个人自治理论的学者首先试图明确公开权的正当性基础并非经济上的理由,而是关乎个人的尊严和自由。对一个人的姓名或肖像商业利用的行为即使在客观经济层面为个人创造了可观的经济价值,也仍然侵犯公开权,这是由于未经本人许可的商业利用行为首先损害的是个人的尊严,削弱了个人的自由。②由此,公开权的重点从严格的经济权利转移到了同样注重道德和人格的权利。海默里从康德哲学中寻找公开权的正当性理由。在康德看来,自由是一种与生俱来的权利,是因人性而属于每个人的唯一和原始的权利。康德哲学中自主性的核心概念,为公开权提供了哲学上的理由,即自主意味着个人有权控制对自己人格身份的使用,具体表现为免受他人强迫的自由。③海默里试图将个人自治的概念与康德的财产理论联系起来,财产源于自由,而自由对形成主体的自

---

① See Jennifer E. Rothman, *The Right of Publicity: Privacy Reimagined for a Public World*, Harvard University Press, 2018, p.155.

② See Roberta R. Kwall, "A Perspective on Human Dignity, the First Amendment, and the Right of Publicity", 50 *Boston College Law Review* 1345, 1346—1353 (2009). Edward J. Bloustein, "Privacy as an Aspect of Human Dignity: An Answer to Dean Prosser", 39 *New York University Law Review* 962, 971(1964).

③ See Alice Haemmerli, "Whose Who-the Case for a Kantian Right of Publicity", 49 *Duke Law Journal* 383, 416(1999).

我人格必不可少,因此人格天然来源的个人最应当有权利主张就其身份标识开展商业利用的财产权益。

3. 网络社区兴起后出现的第三种理论

经济产权理论与个人自治理论都采纳了弗兰克法官精神对个人自我人格两分的精神分析观点,不过近年来美国学者马尔兰提出了公开权法理基础的新理论,即不再以内外界分作为限定人格的方式,而是将人格理解为人与人之间表达性的交际行为。个人自我人格在现代网络社交媒介更新的背景下很难固守内外严格区分的传统,个人的自我人格不再是传统精神分析领域提出的所谓"孤立个体心灵的神话",而是"正在进行的动态交互主体系统"[1],个人自我人格的形成来源于其在人际关系和社会关系领域中交往的经验,与所处的环境密切相关。人们在日益频繁的交流互动中形成基于情境的身份,这种基于交流互动形成的对个人自我人格的界定可以归纳为"主体间性"[2](inter-subjectivity)。[3]类似地,科恩将网络空间中个人身份的概念化描述为"化身人类社会实践的纽带"。[4]马尔兰等人吸收借鉴哲学界提出的"主体间性"的观点,将其应用于对个人身份标识商业利用领域,可以理解为是网络媒介产生背景下对传统公开权理论的改造和发展,其目的是将传统现实世界中的公开权理论适用于网络虚拟空间,以防范虚拟空间中可能出现的对个人身份形象的滥用,其主要功能价值是为个人在网络社交中过滤过度的信息收集和由此出现的个性化广告推荐。

---

[1]　Robert D. Stolorow & George E. Atwood, *Contexts of Being：The Intersubjective Foundations of Psychological Life*, Analytic Press, 1992, p.7, p.30.

[2]　国内有学者将哲学上的"intersubjectivity"翻译为"主体间性",本书遵循该译法。参见童世骏:《没有"主体间性"就没有"规则"——论哈贝马斯的规则观》,载《复旦学报(社会科学版)》2002年第5期,第24页。

[3]　See Dustin Marlan, "Unmasking the Right of Publicity", 71 *Hastings Law Journal* 419, 459—460(2020).

[4]　Julie E. Cohen, "Cyberspace as/and Space", 107 *Columbia Law Review* 210, 236(2007).

二、德国法上人格权理论的起始与发展脉络

（一）人格权理论渊源出自康德哲学

德国法下的人格权理论深受康德哲学的影响，其核心价值是保护个人尊严和自由，维护个人作为主体的自治权利，且不能受到外在强制力量的干预和异化。具体来说，康德将个体视为一个自主的道德存在，因此自由是个人与生俱来的权利，即"因人性而属于每个人的唯一和原始的权利"，由此而产生的个人对其身份的控制和自决的权利是"个人作为自己主人的属性"。[①]据此，在康德的哲学体系下，个人的身份与其人格是不可分割的，即使是外在的形象，比如个人的姓名、肖像甚至角色表演形象等具有典型社会交往沟通价值的身份标识也可以被限定为具有主观的、个人的、内在的主体性价值。由于个人的身份形象是使其成为不同于其他社会成员的独特个体的原因，因此其与外在的客观事物有所不同，个人当然地应当享有自主决定的权利。[②]

因此，德国法上形成的人格权理论具有显著的道德特征，其以维护个人的尊严和自由、保障个人的自治作为其理论建构的出发点。与此不同，美国判例法上的公开权理论在法理基础上存在差异，美国最高法院裁判的扎齐尼诉斯克里普斯霍华德广播公司案（Zacchini v. Scripps-Howard Broadcasting Co.）所采纳的是洛克的劳动产权理论，即以维护个人对其社会声望形成所付出的金钱、精力作为其对个人形象享有控制权的正当性基础，并通过赋予其财产权的方式鼓励有创造能力的社会成员参与对个人形象的投资，创造社会财富。[③]

（二）法院判例对人格权理论发展的影响

1. 有名人格权扩及一般人格权的司法续造

20 世纪初的德国法上关于侵犯人格权的法院判决都是以制定法

---

① Immanuel Kant, *The Metaphysical Elements of Justice*: *Part 1 of The Metaphysics of Morals*(John Ladd trans.), Hackett Publishing Company, 1999, p.44.

② See Alice Haemmerli, "Whose Who-the Case for a Kantian Right of Publicity", 49 *Duke Law Journal* 383, 421—422(1999).

③ Zacchini v. Scripps-Howard Broad. Co., 433 U.S. 562, 576(1977).

上的有名人格权为依据的,不过有名人格权仅限于姓名和肖像。具体的法律依据包括 1900 年《德国民法典》第 12 条和 1907 年《德国视觉艺术作品版权法》第 22 条。①可见,德国法关于个人身份的保护范围最初相对狭窄,且当时的联邦宪法法院判决认为,只有在侵害行为的结果同时构成故意损害他人健康,被侵犯个人名誉的原告才能主张相应的金钱赔偿。②换言之,最初的德国司法裁判领域不承认侵害生命、身体、健康、自由之外其他人格权益的精神损害赔偿。

　　"二战"纳粹政权对人权的践踏给人们留下了巨大的心灵创伤和阴影,因此 1949 年的德国基本法明确规定个人的尊严和自由发展应受法律保障,具体内容包括个人的尊严不可侵犯,尊重和保护人的尊严是一切国家权力的义务(第 1 条第 1 款),人人享有个性自由发展的权利,但不得侵害他人权利,不得违反宪法秩序或道德规范(第 2 条第 1 款)。为了弥补立法中对人格权益保护的阙漏,德国联邦法院试图借助宪法中的上述基本权利条款来完成法律漏洞填补的工作。

　　1954 年的"读者来信案"中,联邦法院援引宪法第 1 条关于个人人格尊严应受尊重的规定,认为原告对其个人思想或意见是否需要发表享有决定权,被告未经原告同意擅自发布侵害其人格尊严。③自该案以后,德国在司法领域确认了一般人格权,其范围亦包括个人对其信息资料的自主决定和控制的权利。④据此,德国联邦法院通过宪法判例将基本法层面上关于人的尊严和自由发展的规定转介入民法,从而在民法上创设了"一般人格权"的概念,认为该权利属于《德国民法典》第 823条第 1 项所称的"其他权利",而通过侵权行为法来保护。该案后来引起的争议在于为何法院可以直接援引宪法上的基本权利条款而推导出

---

　　①　1900 年《德国民法典》第 12 条规定禁止未经本人授权使用其姓名,1907 年《德国视觉艺术作品版权法》第 22 条规定只有征得肖像权人同意,才能展出或传播其个人肖像。

　　②　RGZ 142,116,S. 122f.

　　③　BGHZ 13,334,S. 339.

　　④　参见[德]迪特尔·梅迪库斯:《德国民法总论》,邵建东译,法律出版社 2000 年版,第 805 页。

一项私权利,直到联邦宪法法院在"吕特案"中采纳了"基本权利第三人效力学说"才暂时解决了上述难题。①

"读者来信案"后,德国法上又通过一系列的判例明确了在民法层面一般人格权的具体保护范围。媒体报道中侵害他人名誉的言论、秘密录音对他人隐私和声音的窃取等都被纳入一般人格权的保护范围,原告可以相应地主张精神损害赔偿。②1973年的"索拉娅案"中,被告在其杂志首页刊载了对原告索拉娅公主的专访,其中披露了原告私生活的众多细节,原告向法院起诉认为其从未接受访问,被告刊载的内容属于凭空臆造,严重失实,因此以侵害一般人格权为由,要求被告进行精神损害赔偿。被告败诉后遂以新闻自由为由向联邦宪法法院提起宪法诉愿,法院最终以宪法和民法为基础,肯定了人格自由发展与人的尊严居于核心位置,对其予以保护构成国家基本的法律秩序,在私法中承认一般人格权有助于该目的实现,因此判决在该案中不存在可以恣意的新闻报道自由,将精神损害赔偿扩张适用于一般人格权领域并无不妥。③

通过以上对德国法院判例发展的梳理可以明确,从"读者来信案"到"索拉娅案",德国法上正式确立了一般人格权及相应的精神损害赔偿的合宪性基础。一般人格权这一在司法领域创设的法律概念只有在具体法律规定不适用时方才适用,一般人格权因此仅是一项框架性权利,或者说是有关人格权保护的一般原则,以防止隐私性人格信息未经权利人授权的公开、传播或曝光,保障个人人格尊严与个性自由发展。④据此,德国法院在个案中会优先适用法律中明确规定的人格权规则,仅在法律存有空白时才考虑适用一般人格权原则。

---

① BVerfGE 7, S. 198—230.

② 参见［德］提尔曼·雷普根:《德国联邦宪法法院"索拉娅案"——"创造性法律发现"的经典教案》,胡剑译,载《华东政法大学学报》2017年第5期,第136页。

③ BVerfG 14.2.1973—Soraya(wie Fn. 1), S. 281—285.

④ See Susanne Bergmann, "Publicity Rights in the United States and Germany: A Comparative Analysis", 19 *Loyola of Los Angeles Entertainment Law Journal* 479, 503 (1999).

2.一般人格权理论在个人信息保护领域的具体化

施泰姆勒应该是在学理上首次提出个人享有自主决定是否对外公开其个人信息之权利的学者,该权利被称为"个人信息自决权"。[1]不过,真正使得个人信息自决权在实践中得以具体化并获得广泛承认的主要是来自德国联邦宪法法院的贡献。德国宪法法院通过公民宪法诉愿制度在具体个案中开展违宪审查,来保障公民的基本权利不受国家公权力的侵害;而基于个案的违宪审查对一般人格权在个人信息保护领域的具体化,起到了实质意义上的法律续造作用,其中最著名的宪法判例是"人口普查案"。在该案中,德国1983年制定的人口普查法试图收集全国境内的人口数据信息,遭到了民众的反对,公民由此向联邦宪法法院提起了针对人口普查法案的违宪审查宪法诉愿。法院基于德国基本法第1条的一般人格权,创设了个人信息自决权。其具体内涵是面对自动化信息处理技术引发的信息收集行为,个人享有自主决定是否告知其个人信息并许可他人利用其个人信息的基本权利。[2]

(三) 人格标识商品化的理论与判例发展

1.人格要素商品化的立法与判例态度转变

由于姓名、肖像、声音等个人身份标识具有财产价值而在实践中可能为他人使用用于获取经济利益,因此德国法上的判例面临判断权利人是否可以主张财产损害以解决经济利益归属的问题。基于康德哲学的天然限制,德国司法领域最初反对完全基于个人意志的人格标识商品化。这从以下两个代表性判例的对比中可以发现:在"保罗·达尔克(Paul Dahlke)案"中,原告达尔克是一知名演员,被告公司未经其同意,将原告无偿允许被告拍摄的肖像照片用于推销公司商品的广告,因此原告向法院起诉要求被告返还其非法获利。法院判决支持了原告的诉讼请求,并以双方拟制的许可使用合同费用作为被告向原告承担财

---

[1]　Steinmüller/Lutterbeck/Mallmann/Harbort/Kob/Schneider: Grundfragen des Datenschutzes, Gutachten im Auftrag des Bundesministeriums des Inneren, 1972, BT-Drucksache VI 3826, 1 Aufl., S. 85—89.

[2]　BVerfG 65, 1, 41.

产损害赔偿的数额。①该案表明德国法院在判决中已经承认了个人姓名、肖像在现实中具有财产价值,对这部分财产价值的保护可以在他人强制商业化情境下为个人提供财产损害赔偿。与之相对比,在"赛马师"案中,被告公司将原告一盛装舞步骑手的照片用于宣传其生产的性药,法院判决认为原告绝对不可能允许其照片用于宣传性药,因为这会导致其有失体面,故而法院拒绝在该案中判决对其财产损害予以赔偿,而是继续关注精神损害赔偿。②从"赛马师"案可以发现,德国法院实际上又否认了个人可以依自由意志授权他人在商业活动中使用其人格标识。

不过,欧洲大陆的整体立法趋势已经开始有意凸显姓名、肖像、声音乃至其他个人信息与有形的身体要素之间在商品化领域可能存在的差异。《欧盟基本权利宪章》第3条明确禁止将人体及其部分作为经济利益的来源,而第8条对个人资料信息的保护则没有规定类似的限制。从以上立法条文的差异可以看出,适度承认人格要素的商品化在基本法层面的阻碍没有想象的那么大,其后德国相关立法和判例的出现也印证了对人格要素商品化的态度转变。

德国法上对人格要素商品化的立法与判例发展反映了其对人格要素商业使用态度从限制向松动的态度转变,个人对其身份标识的主动商业利用逐渐为法律所接受,甚至在个案中逐渐承认具有财产价值的人格权的有限转让性。

一是在姓名权领域,德国法律评注中明确记录了法律对姓名商业使用态度的转型。最初普遍认为,一方面,姓名权是非常私人的权利,因此不可剥夺、转让,出售姓名不符合个人人格尊严和自决权的要求;另一方面,姓名具有社会沟通交往的作用,该公法功能排除了其可被个人自由支配的可能性。③在此基础上,姓名权既包括保护权利人人格完

---

① BGH 8. 5. 1956—Paul Dahlke(wie Fn. 25).

② BGH 14. 2. 1958—Herrenreiter(wie Fn. 32),S. 353—354.

③ MüKoBGB/Säcker, 8. Aufl. 2018,BGB § 12 Rn. 76.

整性的非经济性面向,也包括旨在保护个人有权使用其姓名以获取商业价值的经济性面向,只不过上述经济性面向被限制为权利人仅可将其姓名权以许可的方式授予第三方使用但却禁止转让,具体的许可使用方式包括以广告或其他方式推广商品或用于标记公司等商业实体。

二是在肖像权领域,法院判例对个人肖像的商业使用日益关注,尤其是对肖像权保护的客体范围也日益拓宽。最初法律规定只有在被描绘人同意的情况下,其个人肖像照片才能出版或公之于众,但之后的司法判决使得1907年《德国视觉艺术作品版权法》第22条中规定的肖像范围不断扩大,从最初仅限于用于辨认或识别被描绘人身体特征的形象,扩张到只要能将权利主体明显区分于一般群体的相关联行为、动作、物品乃至服饰,便允许个人对一切可用于辨认或识别其主体特征的形象或行为享有控制权,以决定是否可用于商业利用。比如"足球守门员案"中,被告公司制作的推广广告中显示了一名著名足球守门员的背部,联邦最高法院认为,守门员的特殊身材、姿势和发型很容易辨认出来,因此只要某一特定群体的消费者能够确定守门员的身份,法院就足以认定被告在其广告中使用了原告的个人肖像。[1]在"蓝色天使案"中,法院又将被告以替身模仿知名演员迪特里希在著名电影《蓝色天使》中的经典穿搭和手势用于商业目的的行为认定为构成对该演员肖像权的侵犯。[2]不过,德国法上的人格要素商品化建立在以个人自治为核心的康德哲学之上,导致其商品化的客体范围比建构在经济产权理论之上的美国法上的公开权要狭窄。在美国法判例中,几乎一切可以唤起消费者能关联到被描述人的个人特征都被纳入公开权的保护范围,比如怀特诉三星电子公司案(White v. Samsung Electronics America, Inc.),涉诉的被告行为是以机器人来模仿原告在其影视作品中的角色形象和经典动作,法院同样判决未经原告同意而将其用作商用构成对

---

① NJW 1979—Fussballtor, S. 2205.

② BGH 3. 12. 2000—Der Blaue Engel(F. R. G.), in: GRUR 2000, S. 717.

原告公开权的侵犯。①

2. 人格要素商品化许可使用模式的司法确认

德国法上人格要素商品化是通过权利人许可的方式进行的,即获得权利人授权的商业实体可以根据合同将权利人的姓名、肖像、声音等人格标识委托给第三方使用。在"歌手尼娜案"中,法院确认了获得授权的被告公司可通过签订合同的方式将歌手尼娜的姓名委托给第三方使用。②关于许可的法律效力,德国法上主要从以下三个方面作出法律安排:

第一,承认许可产生排他性的法律效果,即许可人在向合同相对方提供排他性许可后,在许可生效的时间范围内不得再允许其他第三人使用其人格标识。③第二,明确排他性的许可仍然不同于完全的权利转让,即许可人仍然保有原始的姓名权等人格权。以上对许可的法律性质与权利转让的区分,源于立法逐渐承认了司法判例中将姓名、肖像这些人格要素切分为精神性面向和经济性面向的惯常做法,由此认为权利人只能针对人格要素经济性面向向他人授予许可,而精神性面向则与权利人不可分割。④第三,严格限制独家许可在人格要素商品化中的应用。这主要出于两方面的考虑,一是出于保护权利人精神性人格完整圆满而不受侵害的需要,独家许可下原始的权利持有人也被排除在对人格标识的使用范围之外,会导致个人丧失人格控制的风险。⑤二是防止人格要素与主体完全分离导致的其在社会沟通交往领域的标识功能丧失。⑥比如,姓名在人们日常社会文化生活领域具有区分不同主体的标识作用,如果完全剥夺姓名权人在必要生活领域使用其姓名的机会,而完全由他人使用,会导致社会沟通成本增加。上述法律安排在一

---

① White v. Samsung Electronics America, Inc., 971 F. 2d 1395(9th Cir. 1992).

② BGH 1987—Nena, in: GRUR 1987, S. 128.

③ § 31 Abs. 1 und 3 UrhG.

④ MüKoBGB/Säcker, 9. Aufl. 2021, BGB § 12 Rn. 2 ff.

⑤ MüKoBGB/Säcker, 8. Aufl. 2018, BGB § 12 Rn. 79.

⑥ Vgl. auch § 23 HGB.

些司法判例中也有所体现,比如一名足球运动员以独家许可的方式允许他人在产品商业营销广告中使用其姓名,只是阻碍了该运动员在相同产品营销领域自己使用或许可第三方使用其姓名,但并不妨碍其可在比赛中以任何方式继续使用其姓名。[①]

可见,德国法上人格要素商品化的许可使用模式虽然不产生权利转让的法律效果,但是仍然会达成许可人与被许可人之间双方合意的效果,只是在具体的许可使用范围上会存在排他许可或普通许可的差异。

第二节　两种传统理论的主要缺陷

美国法上的公开权路径的确契合了社会实践以及基本法律原理,因为在法律上能够交易和转让的权利只能是财产权益,而非人格权益。然而,公开权定性的难点在于,尽管有其实践合理性,但无法清晰证成人格权益是如何在法律上转化为财产权益的。具体而言,其中的具体转化程序及相关理论支撑尚未得以充分阐明,至少从民法基础理论的角度来看,两个不能通约的权利不可能实现相互转化,也正因此,现在美国法上也有学者重新开始研究、反思传统的公开权学说。[②]

德国法上的人格权保护路径。德国法主要是从消极视角出发,从责任路径实现对人格权益财产价值的救济,即对未经原告允许而使用其肖像等人格权益的被告,不但责令其承担侵害他人人格权的侵权责任,而且对原告受到的财产价值损害,通过责令被告承担精神损害物质赔偿的方式予以填补。这种解释路径的优势在于遵循既有的法律逻

① MüKoBGB/Säcker, 8. Aufl. 2018, BGB § 12 Rn. 81.
② 目前主流观点有变化,认为完全自由让与的公开权应受到合理限制。See Rothman Jennifer, *The Right of Publicity*：*Privacy Reimagined for a Public World*, Harvard University Press, 2018.

辑,不存在理论上的障碍①,财产填补没有超越既有的民法理论,既有的法律理论也有其自洽性,而其不足之处在于,不但没有从积极的视角承认人格权益中内含的财产价值,而且亦缺乏将人格权益内含的财产价值在法律上予以外化的制度设想。

一、对公开权理论的批判

(一)个人信息财产价值外化与公开权路径形似神异

公开权在保护客体上的扩张趋势意味着所有足以识别到个人信息主体的信息内容都可能被作为个人人格标识予以保护,具体来说,公开权的客体范围标准采用的是"关联结合"标准(Associative value)。所谓"关联结合"是指当姓名、肖像、声音等这些特定人物的身份标识被应用于产品或服务营销活动中,促使消费者产生联想,将该产品或服务与该人物关联结合在一起,从而起到商品促销的作用。按照这一标准,公开权的客体范围与个人信息存在相似性:一是二者的客体范围都涵盖了自然人的身份、行为标识;二是在客体范围的判断标准上都采纳了识别说,即对特定自然人身份或行为的识别。因此,个人信息的广泛多样性不再是其财产价值通过公开权进行保护的障碍。不过,个人信息财产价值的外化路径与公开权路径仍然是形似神异。个人信息财产价值的外化与传统的公开权保护模式相比存在诸多"质"的差异。

第一,公开权中的人格标识与主体之间的关联方式与个人信息不同。姓名、肖像等人格标识与主体之间的联系主要是以产品或服务营销活动的受众消费者认知作为识别依据,而个人信息对自然人的识别包括通过数字化技术手段的识别。因此,对于某一条个人信息,数字化技术手段应用具有一般性,不会因主体的不同而在识别方式和手段上有差别,而公开权中,社会公众识别和区分主体标识的前提就是主体本身的声誉、名望等个性,即只有在公众领域形成一定影响力的主体标识才可能

---

① 参见[日]五十岚清:《人格权法》,铃木贤、葛敏译,北京大学出版社 2009 年版,第 146 页。

构成公开权的保护客体,体现了其权利主体较之于一般群体的区分性。

第二,个人信息财产价值不是因为其中某一条个人信息有多高的价值,而是来自众多信息内容整合后的分析和挖掘价值。个人信息财产价值的外化可以反映在数据生产领域,数据生产涵盖了个人信息的收集和后续其他处理行为,从个人信息主体获取的原始个人信息通过汇集、推演、分析,会形成高质量的衍生数据和数据产品,从而凸显财产价值。[①]在数据生产环节中,无论是汇集性的数据处理还是分析性的数据处理,主要的贡献和参与者都是以数据企业为代表的数据生产者,个人信息主体处于被动参与的状态。与之相反,公开权保护模式下,某一姓名或肖像等人格标识的价值恰是基于主体个性或身份的与众不同,才唤起社会的关注,带来经济效益。公开权保护的人格标识的财产价值是从一开始就立基于个人对其人格标识的积极处分和利用,而不同于个人信息的财产价值主要通过后续数据生产者的参与而被实现。上述财产价值来源的差异反映了个人信息的财产价值是数据加工所形成的附加价值,而公开权模式下所保护的个人人格标识的财产价值是主体的声望价值,即个人人格标识的财产价值源于人们对权利主体的公众形象的身份认同,理解并寻求相应认同的公众为权利人提供了财产权益实现的路径。[②]

第三,个人信息财产价值外化路径与公开权模式所依据的法理基础存在差异。个人信息财产价值外化路径不能套用公开权模式所依赖的任何一项法理基础。

首先,经济产权理论下,个人对其姓名或肖像等人格标识可以主张财产权利的正当性基础是劳动,由于权利人为其公众形象在社会范围内的声望提升付出了个人努力,故而在道德上使其享有对公众形象利用产生的财产权益。如果将该理论适用于个人信息商业利用领域,会

---

① 参见高富平:《数据生产理论:数据资源权利配置的基础理论》,载《交大法学》2019年第4期,第9页。

② See Bi-Rite Enters., Inc. v. Button Master, 555 F. Supp. 1188, 1199(S. D. N. Y. 1983). Ali v. Playgirl, Inc., 447 F. Supp. 723, 728(S. D. N. Y. 1978).

出现诸多疑问。一是劳动赋权只是在最低限度证明个人信息经商业利用产生的财产价值被凝聚在生产的数据中,不过却无法回应究竟是谁在进行生产及不同的数据生产者之间该如何分配财产价值的问题。[①]二是劳动赋权意味着创造信息财产价值的数据生产者会独享个人信息的财产价值,而信息流动链条中的其他参与者将无法获取个人信息的任何财产价值。以上荒谬结果的产生原因在于经济产权理论本身与个人信息商业利用并不契合。经济产权理论认为当某一权益之上存在相反的主张时,劳动使其中一方获得排他性的所有权是可接受的结果,故而在上述理论下,权利人对人格标识享有绝对的控制和支配权,这在个人信息商业利用领域显然行不通。一方面,个人信息的信息本质决定了其无时无刻不在流动、复制,因此其不具有使用上的损耗性,而是可以不断再生,同时为多个主体所使用。[②]另一方面,赋予某一主体对个人信息绝对的控制、支配权与个人信息的社会公共价值不符,甚至会造成信息垄断。个人信息主要是在社会交往环境中产生的,具有刺激信息流通、鼓励科技创新、保障言论自由的公共价值。个人信息作为集合的整体资源性价值不容忽视,上述资源性价值的开发显然不是个人所能完成的,而需要全社会力量的加入。

其次,个人自治理论下,虽然其初衷是克服个人信息商业利用中可能存在的对个人人格尊严侵害的问题,但是其价值立基点仍然是控制和支配,与信息的流通共享本质存在冲突。而且,事实上因信息处理技术的复杂性和不可预知性,个人对其个人信息的全面支配也不可能完全实现,个人对其信息内容的控制无法覆盖个人信息流向的整个生命周期。[③]因此,这种基于控制和支配的主体自由很难实现。

---

① 参见韩旭至:《数据确权的困境及破解之道》,载《东方法学》2020 年第 1 期,第 102 页。

② 参见梅夏英:《在分享和控制之间——数据保护的私法局限和公共秩序构建》,载《中外法学》2019 年第 4 期,第 853、856 页。

③ 参见高富平:《个人信息保护:从个人控制到社会控制》,载《法学研究》2018 年第 3 期,第 99 页。

最后,马尔兰提出的以"主体间性"作为公开权的法理基础,在现实样态上也无法涵盖个人信息商业利用的交易结构。个人信息中的财产价值交易链条具有时空上的无限延展性,远非传统的有形资产所遵循的线性交易结构所能涵盖。[①]按照马尔兰的理论,普通线上用户与信息收集者达成的交易主要是一对多的格式合同,从而在发生争议纠纷时为线上个人信息主体提供集体诉讼的救济途径。然而,上述交易形态只能限于用户创制和生成内容的网络交流社区,最典型的情形是微信、微博等社交媒体平台和大众点评、豆瓣等生活内容评价、推荐和共享平台,而无法涵盖所有的个人信息商业利用场景。申言之,基于"主体间性"所产生的公开权保护的交易形态是熟人社会的线上虚拟形式(如微信、QQ)或陌生人社会的线上虚拟形式(如微博、大众点评、豆瓣等),其共同点是个人直接参与信息内容和价值的生产过程,因此其财产价值的来源仍然是人们在传统社会关系中所建立的交流信任。以上交易形态只是大规模信息处理活动的冰山一角,后续的数据生产者对信息数据的加工和分享则完全无力涵盖。

(二) 适用传统的公开权路径导致信息不平等关系加剧

在个人信息商业利用中存在信息主体与信息处理者之间的不平等的权力对比关系,国内有学者将其称为"持续的信息不平等关系"[②]。信息主体与信息处理者之间的不平等关系主要体现在以下几个方面:首先,自然人较之于大型数据企业等信息处理者在思维认知能力、信息掌握和获取能力等方面存在天然的差距,因此自然人面对在线服务供应商披露的信息隐私政策时,不足以评估被收集的信息潜在的使用方式,从而对其个人信息权益的风险难以作出有效的预判。[③]其次,以机

---

① 参见彭诚信:《论个人信息的双重法律属性》,载《清华法学》2021 年第 6 期,第 92 页。

② 参见丁晓东:《个人信息权利的反思与重塑》,载《中外法学》2020 年第 2 期,第 341—345 页。

③ See Daniel J. Solove, "Privacy Self-Management and the Consent Dilemma", 126 *Harvard Law Review* 1880, 1889(2013).

器算法为代表的自动化处理的广泛应用导致个人与信息处理者之间的鸿沟被进一步放大。海量的信息数据汇集后通过自动化处理而生成相应的决策,由此信息处理活动规则日益被各种技术代码和算法黑箱占据,容易诱发算法歧视和偏见。①最后,自然人交易磋商能力相对低下,难以在信息处理活动中获得真正的选择自由,人们很容易陷入算法主导的商业决策中,造成集体性的盲从而丧失个体的意志自由。②

上述信息主体与信息处理者之间的不平等关系导致个人信息主体无法通过有效行使控制权的方式实现个人的意志自由。传统公开权所遵循的控制、支配原则会出现失灵的问题,即导致赋权的同时又失权的悖论现象,加剧个人信息商业利用领域主体关系的不平等,造成个人信息权益侵害。③具体来说,传统公开权模式下所要求的财产可转让性会加剧现有市场中个人信息交易的弱化,引发颇为吊诡的矛盾:传统的财产自由转让模式下,个人对其财产有足够的控制力,而在网络数据交易领域,个人因在磋商协议能力上与数据处理企业的实质不对等而导致对其信息的控制力是实际削弱的,数据企业获取的个人信息在进行二次数据交易时可能会违背个人的意愿,或者超出个人授权的数据使用目的和范围,因此财产自由转让规则在个人信息市场上并不能适用。④寄希望于通过披露信息隐私政策、获取用户对每一次信息收集或后续处理行为的同意方式来强化个人对其信息的控制对减少网络新媒体和平台用户之间的不平等权力分布状态几乎没有作用。一方面,自动化的信息处理活动对普通的个人用户而言难以真正理解,即使披露和公

---

① 参见李成:《人工智能歧视的法律治理》,载《中国法学》2021年第2期,第136页。

② 参见〔英〕维克托·迈尔·舍恩伯格、〔英〕肯尼思·库克耶:《大数据时代》,盛杨燕、周涛译,浙江人民出版社2013年版,第207页。

③ 参见马长山:《数字时代的人权保护境遇及其应对》,载《求是学刊》2020年第4期,第107页。

④ See Pamela Samuelson, "Privacy as Intellectual Property", 52 *Stanford Law Review* 1125, 1138(2000).

开也毫无意义,相反会成为平台规避和摆脱侵权责任的工具。另一方面,用户对信息隐私政策的同意不能等同于传统公开权模式下对其身份可被用于商业营销活动的许可,大多数人都不会仔细阅读长篇累牍的信息隐私政策声明,这种同意不是医疗活动或姓名、肖像标识商业化利用中的肯定性许可,而只是一种被动的知晓和选择。①综上所述,将公开权保护模式适用于个人信息商业利用领域,会造成个人信息及其上的财产权益完全被转移,个人将丧失对抗个人信息被无限制收集、储存、加工、处理和传输的权利,对个人生活及其人格的自我发展产生持久的消极影响。

二、对人格要素商品化理论的批判

(一) 一般人格权规范本质不清

一般人格权是德国法上的宪法判例创设的法律概念,其主要是历史与现实共同催生的结果,即一方面"二战"带给人们巨大精神创伤的前车之鉴,另一方面不断涌现的新型人格利益保护案件在既有法律体系下无法解决,《德国民法典》第 823 条第 1 款规定的人格权益仅包括生命、身体、健康、自由,除此之外法律上规定的关于人格标识的两种有名人格权仅限于姓名权和肖像权。在此背景下,宪法法院被迫从基本法的一般性条款中径行解释出"一般人格权"的法律概念并转化为与生命、身体、健康、自由四种人格权并列的"其他权利"。一般人格权的创设并没有严格地遵循德国民法中严谨的法律解释传统,被认为是难登"大雅之堂"的"救急措施"。②迫于现实的催生导致了一般人格权概念的规范本质存在诸多含混不清之处:

第一,一般人格权与宪法之间特殊的历史渊源联系造成德国法上对其是私法上的权利还是宪法上的基本权利存在不同声音,没有形成

---

① See Robert H. Sloan & Richard Warner, "Beyond Notice and Choice: Privacy, Norms, and Consent", 14 *Journal of High Technology Law* 370(2013).

② 参见方金华:《一般人格权理论分析及我国的立法选择》,载《法律科学(西北政法大学学报)》2015 年第 4 期,第 36 页。

完全统一且有力的通说。理论与司法实践中主要存在三种观点:其一,"读者来信案"等宪法法院的司法判决承认一般人格权属于德国基本法中规定的个人人格尊严和个性自由发展的基本权利,且该基本权利可以辐射至民事关系,从而不仅适用于约束公权力和私权利之间的关系,还适用于私法主体之间的关系。其二,多数民法学者认为虽然宪法判例承认了一般人格权在基本法中的法律渊源,但是主张宪法规范仅提供了保障人格尊严和个性自由发展的基本原则,一般人格权本身仍需通过具体的私法规范来保障上述宪法原则在私法领域间接得到贯彻。其三,也有观点采取了回避观点争议的态度,从中抽取最低的共识而将一般人格权的性质简化为具有宪法上的基本权利和侵权法民事权利的双重属性。①

第二,一般人格权本质上并不是绝对权利,司法判例将其作为"其他权利"与所有权等绝对权利并列名不符实。回顾德国法上援引一般人格权的司法概念裁判的相关案例可以发现,无论是最早的"读者来信案",还是其后的"人口普查案""索拉娅案"都采用了基于个案对原告主张的人格权益与新闻自由、出版自由、社会管理等利益进行权衡的方法来判断涉诉行为是否构成侵犯原告的人格权益,因此一般人格权的内容和范围并非确定,而是动态变化的,甚至在"歌手尼娜案""贝肯鲍尔案"等涉及姓名、肖像等人格标识商业使用的案件中,同样存在不同法价值之间的个案裁量。可见,一般人格权不具有绝对权的确定性和稳定性,其在本质上应是保护人格利益的一般条款。

在德国法上,一般人格权是个人信息自决权的上位概念,后者在"人口普查案"中也反映了出自前者的历史渊源。不过,固守一般人格权含混不清的概念窠臼只会导致个人信息自决权同样性质不明而难获发展。实际上,基于个人信息自决开展的数据保护领域的相关立法已

① 参见贺栩栩:《比较法上的个人数据信息自决权》,载《比较法研究》2013 年第 2 期,第 73—74 页。

经跳出了一般人格权的范畴，而在欧盟立法中演变为个人数据受保护的实体性权利与程序性权利的综合体系。①

（二）人格权对应的人格标识与个人信息存在显著差异

虽然传统人格权也多表征为个人信息（如姓名、肖像、名誉等），但是人格权对应的人格标识与个人信息仍存在显著差异。人格权对应的人格标识在性质上可以包括个人姓名、肖像、声音、特征性的社会和生活形象等标表型人格标识、个人在社会沟通交往中形成的精神创造物及社会公众通过言论附加给个人的评价性信息和事实性信息。②以上人格标识虽然都可能以信息的形式存在，但是人格权并不能涵盖信息保护的所有维度。个人信息保护最关键的部分不是其关涉个人在传统线下社会维度的沟通交流、言论评价与行为自由，而是其关涉个人在线上网络空间的沟通交流、言论评价与行为自由。③在线上网络空间中信息自动化处理能力的提升，即信息收集能力、加工分析能力、储存固定能力等全方位提升，导致个人信息发生了本质性的改变：

第一，基于有限的人格标识而形成的人格权不足以为个人在网络空间中的人格尊严和行为自由提供周密的保护。姓名、肖像等个人信息之外的其他与个人人格紧密程度较弱的一般性信息在特定场景下也有了被保护的必要。比如，个人的生活运行轨迹与线上的网页浏览记录被收集整合后经由算法可以推测勾勒个人的数字画像，基于数字画像开展的商业营销或产品功能开发带来生活便利的同时也可能会侵扰

①　相关具体阐述可参见蔡培如：《欧盟法上的个人数据受保护权研究——兼议对我国个人信息权构建的启示》，载《法学家》2021 年第 5 期，第 18—27 页。

②　参见沈建峰：《一般人格权研究》，法律出版社 2012 年版，第 290—291、293 页。为着重阐述核心问题，人格权中对应的身体、生命、健康、身体活动自由等有形的物质性存在不在本书讨论之列，而集中于涉及信息保护的人格权内容。

③　如果没有互联网的出现，针对人格标表性信息、独创生产性信息这两种由个人衍生的信息类型，线下社会中的传统人格权（姓名权、肖像权、名誉权等）和知识产权足以提供保护，个人信息权益没有单独存在的必要。正是由于数字社会之新型社会形态的到来使得个人信息保护有了单独讨论的必要。相关观点的阐述，可参见彭诚信：《数字社会基本法律制度建构的思维转型》，载《探索与争鸣》2022 年第 5 期。

个人生活安宁,①干涉个人选择自由,②即侵害个人人格权益。

第二,个人信息的存在方式较之于传统的人格标识也发生变化。个人信息在网络环境中以数字化的方式被储存下来并可以在瞬间完成复制和传播,而传统的各类人格标识都是物理可见的,即使是隐私也主要被限定在特定物理场所空间内的私生活安宁或记载于特定主体之间的通信、契约③,故而传统人格权保护模式下,通过信息与主体之间的标记关联试图来确定权利人和侵权人的方式,在时刻复制、传播而具有流动性的数字化信息面前容易失灵。

第三,个人信息财产价值的生成方式发生变化。传统的姓名、肖像乃至角色形象等人格标识的财产价值是个人在特定职业领域内多年付出和努力的凝结,由此形成的社会声誉和名望是建立在广泛的社会承认基础之上的。④正是由于社会性的认可使得这些人格标识在传播过程中可以转化为促进商品销售的标签,形成实在的经济利益。换言之,如果没有本人的精力和付出,没以消费者为代表的广大社会成员的认可,这些人格标识便只是简单的标签而已。而网络空间中被收集的个人信息在经过后续处理后可以形成海量的数据集合和数据产品,可为数据企业带来巨大的财产价值。网络空间中的信息自动化处理技术以及相应资金的投入,使得个人信息内含财产价值的特征充分展现,也使得个人信息有了单独受法律保护的必要。

(三) 传统理论落后于个人信息财产价值外化

数字经济场景下个人信息财产价值的外化须依赖于数字经济发展的新架构。数字经济以数字化的知识和信息作为关键生产要素,以数

---

① 典型的例证是通过分析个人日常生活偏好而通过电子邮箱或手机开展的定向广告推送。

② See Jack M. Balkin, "Information Fiduciaries and the First Amendment", 49 *U.C. Davis Law Review* 1183, 1189(2016).

③ 参见杨芳:《德国一般人格权中的隐私保护——信息自由原则下对"自决"观念的限制》,载《东方法学》2016 年第 6 期,第 110—112 页。

④ See Michael Madow, "Private Ownership of Public Image: Popular Culture and Publicity Rights", 81 *California Law Review* 127, 196(1993).

字技术为核心驱动力,以现代信息网络为重要载体,是数字技术与实体经济深度融合的新型经济形态。[①]在数字经济中,数据贯穿了众多的个人信息主体、各类数据生产者和获取数据的第三方。数字平台企业基于数字技术展开的商业实践进一步吸纳和集聚了具有特定功能的数据,构成数字基础设施,从而提供了调配生产要素的组织架构。传统的人格标识商品化制度逻辑已难以满足数字经济新形态下个人信息财产价值外化的需求。

1. 保护财产价值的正当性基础不一致

人格标识商品化之所以赋予个人以主张其人格标识财产性权益的正当性基础,在于人格身份的完整性被视为个体存在的前提,在承认姓名、肖像、声音等人格标识具有财产性面向的情况下,法律基于维护个体自治的要求而将这部分商业使用进程中产生的财产价值归还给权利人或其他被授权使用该人格标识的使用人,符合不得使无权侵害他人权利者取得优于权利人或其他有权使用人地位的矫正正义要求。[②]循此逻辑,基于人格要素商品化理论而形成的财产价值保护效果是将金钱收益复归个人或其他带来人格标识商业价值增量的被许可人,即由某一主体独占。

上述基于获利返还的财产价值保护模式与数字经济中个人信息财产价值的外化不一致。在数字经济的组织架构下,个人信息以两种数字化的形式存在:其一是个人进入网络空间后直接参与数据的生产,如在各类平台发布文字评论或视频及相应数字平台汇聚该类数据后形成的数据集合;其二是未参与数据生产的个人在网络活动中留下活动痕迹以形成数据积累,便于开展身份认证、行为分析、信用评价等以完成对不同主体的动态追踪。[③]这两类数字化的个人信息财产价值实现方

---

① See OECD, *Measuring the Digital Economy: A New Perspective*, OECD Publishing, 2014.

② 参见王泽鉴:《人格权法》,北京大学出版社 2011 年版,第 282 页。

③ 关于该分类的详细阐述,可参见胡凌:《数字经济中的两种财产权:从要素到架构》,载《中外法学》2021 年第 6 期,第 158 页。

式不完全相同：前者本身即蕴含有财产价值并可以构成为之付出劳动的个人或数字平台所独占的财产权益，因此与人格要素商品化理论保护财产价值的正当性基础一致。后者起到辅助功能，用以保证数字经济的高效运转，维护交易安全，因此其财产价值体现在数据要素的流动进程中，构成了整个数字经济组织架构中以分配为导向的财产权益。与生产性的数据相比，该类数据涵盖范围广，所有个人信息主体在接入互联网后都会生成，且该类数据构成了数字经济有效运转的底层基础设施而不可或缺，其财产价值由参与数字经济的不同主体共享而非由某一方主体单独控制，这显然与要求将人格标识使用人的获利返还给个人的人格要素商品化理论不一致。

2. 消极的责任保护模式不足以实现个人信息财产价值。

德国法上人格权财产价值保护模式只能为个人信息主体保护信息财产价值提供事后的消极保护，而不足以为其提供实现个人信息财产价值的具体路径。主要体现在以下几个方面：

第一，人格权保护重精神而轻财产，限制了个人信息主体请求财产价值保护的可能性。德国法上的人格要素商品化理论是在一般人格权经由法院在相关司法判例中同时发展起来的，且其一直以来都是侧重精神性人格利益的保护而轻视物质性财产利益的保护，从"读者来信案"到"索拉娅案"等支持金钱赔偿的司法判例针对的对象都是精神损害。即使是在支持财产价值保护的"保罗·达尔克案"出现后，法院在"赛马师案"中仍秉持父爱主义精神强调财产价值保护的前提，是个人基于意志自由的人格标识商用不会造成其丧失体面。申言之，如果法律预判个人在正常情况下无论如何都不会做出人格要素商品化的许可，那么自然也不会产生经济利益，也就不存在财产保护的必要，而只需提供精神损害赔偿。诚然这种预先基于道德原则代替个人作出行为选择的理念有助于维护个人人格尊严，不过在个人信息财产价值外化场景下很难实现且无实际必要。一方面，一旦进入网络空间，个人信息往往便被复制、加工和分析，围绕个人信息展开的算法处理之复杂远超个人理性,因此个人很难提前作出是否有人格尊严贬损风险的预判。另一方面,网络空间中对个人信息的获取和加工并不总是以刺探个人隐私、干扰个人选择自由为目的,相反是搭建数字经济的必需途径,足以释放潜在的信息财产价值,一味强调精神损害而忽略财产价值实现容易以偏概全。

第二,人格要素商品化中的财产价值保护沿用传统的侵权责任消极保护,无力为个人信息主体提供积极主动的财产权益分享途径。德国法上的人格要素商品化制度对人格要素财产价值的保护主要存在于两种场景,其一是消极的侵权责任保护,即行为人未经权利人同意擅自将其人格标识用作商用时,法院判决行为人以承担财产损害的方式为权利人提供事后救济。其二是许可使用合同项下约定的合同报酬,即行为人获得权利人许可而将其人格标识用作商用时,需向权利人支付约定的合同报酬。二者都属于事后的消极责任保护,在司法判决中法院经常以拟制的许可使用合同费用作为未获许可的行为人向权利人承担具体财产支付数额的计算方式,从权利人受保护的实际效果来看,两种保护模式并无太大区别。但传统人格权财产价值消极保护模式在个人信息财产价值外化领域中难以适用:一是个人信息的财产价值主要来自信息的汇聚,故而单条个人信息本身的财产价值几乎可以忽略不计,因此从财产损失的角度很难量化具体的返还数额;二是现实中个人信息收集环节不存在类似许可使用合同的价格约定,况且信息收集成本较之于信息集聚释放的巨大经济效益差距明显,即使双方真的基于合同确定了具体报酬,较之于数字经济的巨大红利也是九牛一毛,不会给个人带来真正实益。基于此,沿用人格要素商品化中的财产保护模式既缺乏可操作性,也不能为个人提供真正参与数字经济财产收益分配的途径,无法达成数字分配正义。

3. 权利行使限制对个人信息财产价值外化无实益

德国法上的人格要素商品化理论是经由判例形成的,囿于传统康德哲学对权利主体不能受到外在力量异化的要求,其商品化进程更像是"戴着镣铐在跳舞",德国法院的很多判决实际上已经在某种程度受到了美国公开权的影响,越来越承认人格标识的财产性方面,从而可以经个人意志而对各类人格要素进行商业化的使用,不过其始终仍然没有放弃对人格要素商品化的行权限制。人格要素商品化中存在的各类权利行使限制对数字经济中的个人信息财产价值外化并不完全匹配,主要体现为某些行权限制非必要,某些行权限制对个人信息主体倾斜保护无显著效果。

第一,死者人格标识的商业使用中允许继承人主张相应的财产权益,这在个人信息领域非必要。一方面,姓名、肖像这些与个人身份联系紧密的人格标识凝结死者生前的声望而不会因物质生命的终结而消失,因此基于声望所形成的商业财产价值允许被继承人在原权利人死后仍然保有控制。不过这在个人信息财产价值外化的场景下不存在。信息自由和信息共享是人类社会的基本价值共识,对死者个人信息予以保护并不是比较法上惯常的做法,目前大多数国家或地区的个人信息保护法或数据保护法并不适用于死者个人信息,而仅适用于活着的自然人,甚至有立法例明确地将死者个人信息排除在个人信息的范围。①另外,规定了死者个人数据或个人信息保护的国家立法的主要目的也是围绕继承人因死者名誉贬损等人格权益损害而造成其本人精神损害时才可主张,而非关注财产权益继承。②也就是说,死者个人信息保护主要保护继承人的合法人格权益,死者个人信息财产价值实现不是其着力点。基于以上,个人信息财产价值外化没有必要设置个人信息财产价值具有可继承性的限制,这反而会限制数据生产领域对个人信息的正当需求,最终影响信息红利释放。

---

① 欧盟 GDPR 规定其不适用于个人数据,在其成员国内部,也只有六个国家对死者个人数据保护作出规定。日本《个人信息保护法》第 2 条第 1 款明确规定个人信息仅限于活着的自然人的信息而不包括死者的信息。美国加州《消费者隐私法案》也没有对死者个人数据保护作出任何规定。

② 参见程啸:《个人信息保护法理解与适用》,中国法制出版社 2021 年版,第 384—385 页。

第二,人格要素商品化中人格标识有限的可转让性对个人信息主体倾斜保护无显著效果。人格要素商品化要求采用许可使用的行权模式,禁止完全的权利转让,在许可使用中又严格限制独家许可,由此权利人依然可以保有其人格权,这可以为权利人提供倾斜性的保护,防止人格尊严贬损。不过该行权限制不足以为个人信息主体实现其信息财产价值提供充分的保护,无法真正扭转个人信息主体与数据生产者之间的利益失衡状态。单纯的许可使用合同保护在个人信息主体与数据生产者不对称的权力关系下已然不足,且网络空间中个人信息多样、多向的流动利用形成了网状结构的财产价值交易链,因此传统线性的合同保护模式对数字经济参与主体各方而言都成本过巨。[①]基于以上,个人信息财产价值外化需要国家力量的介入,设立相应的机构组织来扮演执行保障机构的积极角色,承担推动信息交易的市场职能、确定具体的个人信息财产状况的登记职能和确保对个人信息商业利用合同及法律条款遵守的监督职能,从而为个人信息财产价值外化提供程序性的法律保障。[②]

第三节　个人信息内含财产价值外化路径的探索

任何一项制度的设置都是某种利益平衡技术,该制度蕴含的核心价值影响着规则设计的方向和发展。[③]上述两种路径虽然是对传统社

---

① 参见彭诚信:《论个人信息的双重法律属性》,载《清华法学》2021 年第 6 期,第 92 页。

② See Paul M. Schwartz, "Property, Privacy and Personal Data", *Harvard Law Review*, Vol.117, No.7, 2004, p.2110.

③ 参见彭诚信:《论民法典中的道德思维与法律思维》,载《东方法学》2020 年第 4 期,第 55 页。

会中人格权益财产化的解读,但是均有局限,或是无法完成内在理论证成而有违制度逻辑,或是无法实现理论突破而自我封闭与限制。既有两种路径都难以回应数字社会中个人信息权益财产化问题,比如德国法上的人格权保护路径只能解释人格利益消极保护问题,解释力有限,无法实现人格权益内在财产价值的积极利用与共享(或转让);美国法尽管在结果上实现了人格权益的财产化,但在理论上并没有充分证成。更为重要的是,两种路径仅针对一次性人格权益的财产化,较难适应数字社会中对数据(含个人信息)经常为多个主体多次共享利用的现实要求。因为,个人信息在赛博空间可为多个主体共享的特性决定了个人信息内含财产权益的外化是普遍且持续的存在,而非单纯一次的交易(合同)行为或侵权行为。这就需要思考一条具有普遍性且契合数字社会本质要求的个人信息内含财产权益的外化路径。

个人信息与姓名、肖像等人格身份标识一样都体现着主体的人格尊严价值。在财产价值上的最大差异在于个人信息的财产价值并不是从一开始就可以显现,而是需要通过数据生产者的参与,才能创造附加的财产价值。个人信息财产价值外化路径一方面需要解决与人格相关的信息内容如何可以与主体分离,成为可以普遍实现自由转让的商品;另一方面也要兼顾数据生产者对信息财产价值有所贡献的事实,保障数据生产进程中的参与者获取财产价值的主体权益。

一、个人信息与主体分离成为商品的路径证成

(一) 人格标识商品化的一般判断基准

当用于商品化的客观存在与人或人的身体生命相关时会面临困难,主要是由于这些客观存在与人格紧密相关,如果允许在市场上作为商品进行交易会面临道德伦理上的非议,法律上人格与财产不可通约的理论难题造成人格被降为物格,贬损个人的主体尊严。对此,拉丁将这些与人或人的身体生命相关的内容称为"有争议的商品"(contested commodity)。①根据拉丁的理论,某一与人格相关的客观存在能否与主体分离从而成为法律上允许转让的商品需要经过筛选和评价,在满足相应的条件后,才可以用于商品化,从而实现其财产价值。具体来说,与人格相关内容的商品化需要保证不侵犯个人的基本权利和自由,同时要符合社会整体福利最大化的要求。拉丁认为如果商品化导致的后果是放弃或出卖个人的自由,那么这种对个体自由的践踏最终会造成广泛的社会损失,只有尊重并保护人们共同的意志自由,才能使得社会整体从商品化中获益。②

(二) 个人信息与主体分离基于意志自由

德国的人格要素商品化理论和司法实践虽然普遍认为康德哲学中坚持个人自治和反对将个人客体化的理论传统限制了人格要素商品化进程,但值得注意的是,上述康德哲学对主体性的坚守都是立基于主体视角而非客体视角。换言之,如果从客体而非主体的视角,将人格利益基于主体的自由意志质变、转化为财产利益,或许并不是对康德哲学的违背。③康德哲学仅是出于保护主体意志自由的需要而反对将主体人格客体化,如果基于主体的自由意志将人格利益外化为财产利益的过程并不干涉个人意志自由,该相应的财产利益外化就并非违背康德哲学。其实,当代基于意志自由所形成的关于个体权利和自治的法律、道德和政治思想理论都可以追溯至康德哲学。④在一般的抽象层面,康德哲学的意志自由包含两重含义,一是对自我完善和选择的权利,二是对他人自由和幸福的尊重。因此,一个道德高尚的康德主义者有权制定反映自己独特品位、观点、理想、目标、价值观和偏好的人生计划,同时又能积极

① Margaret Radin, *Contested Commodity*, Harvard University Press, 1996, at xi.

② See Margaret Jane Radin, "Market-Inalienability", 100 *Harvard Law Review* 1849, 1854(1987).

③ 在此意义上,学者对康德哲学的相关研究如果不是存在误读,至少也并非全面,把德国司法反对基于个人意志的人格要素商品化归因于受康德哲学限制,大有可能冤枉了康德。

④ 参见彭诚信:《现代权利理论研究:基于"意志理论"与"利益理论"的评析》,法律出版社 2017 年版,第 21 页。

履行自己的职责,在完善自己的基础上尊重和促进他人的幸福。①由此,个人意志自由在不干涉他人自由和幸福的领域内具有至高无上性。

美国学者拉丁曾指出,当试图实现商品化的物品对个人身份非常重要或本身即构成人格时,商品化本身对权利主体所造成的人格侵害风险固然存在,但是上述风险不能一概而论,甚至也不必然超过完全禁止此类商品化交易对权利主体所造成的侵害。②应对上述两种情况下侵害的模糊性和不确定性,最简单的方式是完全限制涉及个人身份的商品化交易,从而至少确保个人在消极层面的选择自由。③这种一刀切的做法固然是捍卫个人消极自由的不错选择,甚至是为了避免自由交易造成人格侵害而作出的无奈之举。虽然人格权益不可转让是不能突破的前提,但是绝对禁止涉及人格利益的交易却非最优选择,因为这也会限制甚或侵害个人的积极自由。此处涉及人格利益的交易并非人格利益的直接交易,而是需将人格利益基于主体自由意志转化为财产利益之后的财产交易,这也是本书讨论的核心问题与理论关键。如果在具体的财产价值实现场景中证明人格向财产的转化对人格有增益而非贬损,就表明个体的意志自由在消极和积极层面上都得到满足,此时基于意志自由而开展的人格利益向财产利益的转化就应受到法律的鼓励。个人信息作为一种人格利益向财产利益的转化便是个人自由意志的体现,或者意志自由是此种质变(转化)的法理与哲学基础。

二、意志自由实现在个人信息财产价值外化中的路径

以互联网、大数据、人工智能为代表的现代科技的发展带来了个

---

① See Joel Feinberg, "Autonomy", in John Christman eds., *The Inner Citadel*: *Essays on Individual Autonomy*, Oxford University Press, 1989, p.32.

② See Margaret Jane Radin, "Market-Inalienability", 100 *Harvard Law Review* 1849, 1910(1987).

③ See Margaret Jane Radin, "Risk-of-Error Rules and Non-Ideal Justification", in J. Pennock & J. Chapman eds. *Justification*: *Nomos XXVI*, New York University Press, 1986, p.33.

体权利保护的变化,其中最突出的特征是权利保护的多层次与多维度。数字时代背景下个人信息主体的权利包括宪法层面的基本权利和私法视阈下的具体权利,同时个人信息主体与信息处理者之间的关系又会受到来自国家政府层面的监管。①这种自上而下的权利保护阶层构造,使得意志自由在实现个人信息财产价值的外化中也伴有显著的分层化特征。

(一) 根基支撑:以知情权和决定权为核心的基本权利

数字时代个人信息主体对其信息财产价值实现的知情权和决定权体现了意志自由,这种知情权和决定权首先应体现为宪法层面的基本权利。第一,从风险类型考虑,个人信息处理活动引发的风险并不只是个体化风险,而是具有公共维度的社会性风险,威胁到群体范围内的自治价值,人们在算法自动化处理的进程中由原本的知情、自主、决定沦为被隐瞒、被操纵、被决定。②第二,从社会权力结构考虑,数字时代算法技术与资本、权力的结合导致社会权力结构出现了严重的失衡,基于平等关系开展的私法保护已经不足以遏制非对称权力关系下出现的群体自治危机,只有通过引入宪法基本权利的方式才能开启国家保护个人信息的义务,从而限制国家机关和巨头型企业开展的信息处理活动。③第三,从数字社会与线下社会价值话语的统一性考虑,虽然网络数字空间的出现,特别是人工智能技术的广泛应用使自然人对周遭世界的掌控力显著下降,但人永远是主体而非工具和客体的传统价值理念在网络数字空间仍应继续坚持。正是在此意义上,如果个人对其信息如何被商业化利用完全无法参与,那么个人在网络数字空间中的主体性地位就会遭遇危机,传统线下社会中自由、分

① 参见姚佳:《个人信息主体的权利体系——基于数字时代个体权利的多维观察》,载《华东政法大学学报》2022 年第 2 期,第 88—89 页。

② 参见王锡锌:《个人信息权益的三层构造及保护机制》,载《现代法学》2021 年第 5 期,第 112 页。

③ 参见蔡培如:《欧盟法上的个人数据受保护权研究——兼议对我国个人信息权利构建的启示》,载《法学家》2021 年第 5 期,第 28 页。

享、表达、参与的基本价值话语就化为泡影，将以知情权和决定权为核心的基本权利由线下社会拓展至网络数字空间是十分必要的。

实证法层面上，将个人数据受保护的权利作为一项宪法性的基本权利也确实存在。《欧盟基本权利宪章》（以下简称为《宪章》）第 8 条规定了个人就有关本人的个人数据有获得法律保护的权利。该条文被视为欧盟 GDPR 中规定的一系列个人数据保护制度的基础性权利，且欧盟和其各成员国的立法均不能与《宪章》相抵触，欧盟法院在审理个人数据保护案件时最终援引的法律依据，也往往是涉诉数据处理行为是否因违反《宪章》而构成对个人基本权利的侵犯。①《宪章》第 8 条规定的个人数据受法律保护的权利在性质上显然属于宪法层面的基本权利，其目的是确保数据处理过程的公正性、透明度，保护个人对数据处理过程的知情权，提高个人的参与度。②决定权是个人对其选择加入数字网络空间及其个人信息如何在网络空间中被商业利用的自主决定权，而并非对数据处理过程的主导和控制，相反个人仅是作为数据生产链条的一员参与社会性的数据处理活动。换言之，个人数据

① 最具代表性的判例是 Schrems I 和 Schrems II 两项欧盟法院的判决。在 Schrems I 案中，法院判决指出美国公司 Facebook 在爱尔兰的总部将原告 Schrems 的个人数据通过欧盟与美国之间的"安全港协议"跨境传输至美国境内的数据处理行为不符合欧盟 GDPR 法项下充分性决定的要求，没有确保其个人数据在美国也可以受到与欧盟内部同等的数据保护水平，干涉了个人的基本权利，因此"安全港协议"无效，判决被告败诉。类似的，在 Schrems II 案中，法院判决指出原告所属的美国公司 Facebook 基于国家安全目的开展的政府授权的监控项目所依据的美国《外国情报监控法》对被告 Schrems 个人数据收集行为的限制不足，故而通过欧盟与美国之间的"隐私盾协议"将上述个人数据跨境传输至美国的行为，不符合欧盟 GDPR 法项下数据跨境传输的要求，使欧盟居民无法在美国获得与欧盟境内同等的数据保护水平，违反了《宪章》所规定的个人基本权利，因此"隐私盾协议"无效，判决原告败诉。Schrems v. Data Protection Commissioner（joined by Digital Rights Ireland），ECJ2015. Data Protection Commissioner（joined by Digital Rights Ireland）v. Schrems，ECJ2020.

② 1980 年经济与社会合作组织《关于隐私保护和个人数据跨境流通指南》中指出了隐私保护和个人数据跨境流通的八项原则，具体包括数据收集限制原则、数据质量原则、目的特定原则、数据使用限制原则、数据安全保护原则、透明公开原则、个人参与原则和数据控制者问责原则。See the Organization for Economic Cooperation and Development（OECD）Guidelines on the Protection of Privacy and Transborder Flows of Personal Data.

受保护的宪法基本权利属性不影响其在具体行权方式上可以体现为程序上的参与而非主导控制,即个人决定的权利或意志范围可仅限于其人格范围内的信息权益,而不能控制社会性的数据处理活动。我国《个人信息保护法》第 1 条开宗明义地指出"根据宪法,制定本法",且第 44 条直接规定了个人对其个人信息的处理享有知情权、决定权,足以说明个人信息保护在我国也上升到了宪法层面的基本权利维度。[①]因此,以知情权、决定权为核心的宪法基本权利是个人在数字网络空间中实现其信息财产价值的根基支撑。

(二) 终端穿透:意志自由穿透民法形成的场景化行权模式

个人在网络数字空间中以知情权和决定权为核心的基本权利可以穿透民法而形成私法层面的具体权利,在民法中可以质变为基于民事主体自由意志的具体场景化行权模式。根据不同场景下主体之间法律关系的差异,具有不同的行权内涵、效果,体现了基于意志自由形成的权利所具有的多重且开放的结构形态。

1. 许可使用

如名人、明星对其姓名、肖像、声音等身份标识信息在网络数字空间中的商业化利用通过许可使用的方式实现。名人、明星因其特有的社会声望和职业成就而使与个人身份紧密相关的姓名、肖像、声音等标识被社会公众人为地赋予特殊的含义,这种社会性的认可可以转化为推广商家品牌和产品的实际金钱价值。[②]网络社区、虚拟空间中数据流量加持,信息传播广度和速度都呈指数增长,带来的是制造名人、明星

---

① "根据宪法"的用语在此前的"草案一审稿"和"草案二审稿"中都未提及,而在正式文本中首次加入,透过该立法过程,可以表明宪法作为最高位阶的国家基本法,各类立法依据宪法不言自明,因此若无其他含义本不必特地说明,而正式文本中特意增加"根据宪法"四个字,足见这四个字背后所蕴含的实质价值。类似的具体展开论述,可参见张翔:《个人信息权的宪法(学)证成——基于对区分保护论和支配权论的反思》,载《环球法律评论》2022 年第 1 期,第 54—55 页。

② See Sheldon W. Halpern, "Right of Publicity: The Commercial Exploitation of the Associative Value of Personality", 39 *Vanderbilt Law Review* 1199, 1242—1244 (1986).

的社会生产能力显著增强,网红、草根明星、人气主播、自媒体博主比比皆是,在特定范围的信息受众群体中取得类似于线下社会公众人物的认可度和辨识度,因此其身份标识的财产价值也可以基于社会性的认可实现,即网络影响力可以转化为企业投放广告、进行产品营销的经济价值。对该场景下身份标识信息的财产价值外化,可以沿用传统的许可使用模式。许可使用在法律效力上表现为被许可人基于许可人的授权获得许可人让与的权利,同时承担相应的义务。不过许可使用在权利结构样态上并不完全等同于"权利—义务"关系和"权力—责任"关系的叠加,因为在许可使用模式下,许可人对其姓名、肖像、声音等与个人身份紧密相关的标识仍保有人格权利,并不因财产权益的授权让与而随之消灭,即个人的人格权益并没有发生让渡。

2. 知情同意

对于特定个人或个人特定类型的个人信息处理活动,个人通过知情同意参与到具体的个人信息商业化利用进程。与许可使用不同,知情同意创设了单一的"权利—义务"关系的权利结构,由于不存在所谓的权力,因此不具有授权创设或转让利益的效果。不过,基于知情同意,个人信息主体仍然可以请求信息处理者采取必要的行为以履行相应的义务。关于知情同意的要件,实在法上要求同意必须基于主体的自由意志作出,同意的内容具体、同意基于知情、同意有明确而不模糊的声明或行动。[1]知情同意适用的场景主要基于两方面的考虑,一是被处理个人信息的特殊性,如涉及敏感信息或儿童信息,此类信息一旦被泄露或非法使用,对个人的人格尊严和人身财产安全造成的危害和风险极大,因此有必要对信息处理者施加更高的注意义务。二是信息处理活动的特殊性,首先,依托算法开展的自动化决策会诱发对个体隐私、决策自由的潜在风险,并产生算法歧视。[2]其次,引入第三方主体的

---

[1] See European Data Protection Board, Guidelines 05/2020 on consent under Regulation 2016/679, Version 1.1, adopted on 4 May 2020, p.5.

[2] 参见张新宝:《论个人信息权益的构造》,载《中外法学》2021年第5期,第1150—1151页。

信息处理活动,会因第三方主体数据保护能力的差异而造成信息泄漏风险加剧。最后,数据的跨境会导致个人信息流向其他主权国家,原有的数据保护承诺在不同法域内的立法和监管执法环境下可能面临失效的风险。①在上述特殊的信息处理活动场景下,需要在坚持信息流通自由的前提下通过设定合同法上请求权及对应义务的标准化安排来尽可能规避个人信息主体权益贬损的风险。

3. 告知选择

围绕个人信息开展的其他一般的信息处理活动,个人通过告知选择参与具体的个人信息商业化利用进程。现实中个人信息财产价值是以数据生产者开展的数据处理活动实现的,个人信息主体是通过网络而参与到信息流动的链条中。既然传统公开权或人格要素商品化所采用的赋予控制权的方式反而会加剧对个人信息权的损害,那么就应当重新理解个人在网络空间中作出的"同意"在法律上的效果,避免将其直接作为授权性的许可。在传统的公开权模式下,个人主要是通过签署许可合同的方式将其身份标识授予他人使用,在法律效果上体现为双方当事人就财产权益的划分达成真正的合意(real consent)②。而在网络环境下的信息收集和数据生产活动中,无论个人主观上是否积极地作出同意,在客观上都是被动的参与,体现为告知选择(notice and choice)。告知选择模式是个人信息财产价值外化路径中不同于传统

---

①　最典型的例证就是欧盟就其数据跨境的监管模式采取了依据数据流向地而区分对待的原则,即对欧盟认定为具备同等数据保护水平的国家和地区,向该国家和地区的数据传输无需特别授权;对其他国家或地区,则只有在提供适当保障,以确保充分的数据保护时,才能进行数据跨境传输,具体的机制包括公司集团内部经欧盟监管机构批准的具有约束力的公司规则、数据出口方和进口方签署的标准合同条款、经欧盟监管机构批准签订行为守则等。参见 GDPR 第 45 条、第 46 条,欧盟数据保护委员会关于《行为守则作为数据跨境转移工具的 04/2021 号指南》。这表明不同国家的数据保护水平确实存在差异,相应的现实监管执法口径也会不同,由此导致在一国之内信息处理者的数据保护承诺可能在数据跨境后无法抵御其他国家强制获取和披露的监管执法主张。

②　按照拉丁对"真正的合意"的理解,需要双方就合同中的核心条款经过深思熟虑和反复磋商后达成深入的共识,通常需要有专业的背景知识作为支撑。See Margaret Jane Radin, *Boilerplate*, *the Fine Print*, *Vanishing Rights*, *and the Rule of Law*, Princeton University Press, 2013, p.89.

的人格要素财产价值实现的最大区别之处,可以从以下几个方面印证:

第一,告知选择在性质上不同于一般的合意。首先,告知选择规则与合意规则设立的出发点有所差异。"选择"意味着是根据对方提供的内容和事项进行被动的接受或不接受,其默认的自然人思维方式是"常人"的启发式选择机制。①"合意"意味着是双方通过磋商等积极的互动达成一致,其默认的自然人思维方式是"理性人"的风险评估自负机制。选择意味着自然人在面对个人信息处理时,除了选择接受或不接受没有任何其他更有意义的方式,相应地很难说在自然人选择接受时其真正与个人信息处理者达成了合同法意义上的有效合意。②其次,选择的对象与一般合意的对象存在差异。个人信息处理领域,个人信息选择接受或不接受的是个人信息处理者提供的隐私或个人信息保护政策声明,其内容并非双方基于平等关系经磋商达成的一对一的合同关系,而是在信息不对称背景下由相对强势的个人信息处理者一方提供的一对多的格式条款,相应地在合意成立与生效规则上有所差异。最后,选择的客体与一般合意的客体存在差异。个人信息主体选择的客体是其个人信息权益,而一般合意则包括个人经济和生活事项中需要保护的人身和财产利益。个人基于一般的理解和预判对其个人信息权益保护所做的选择不见得比对其身体健康与完整性利益、常规生活与经济事项选择更容易。

第二,告知选择具有不同于一般合意的法律效果。以美国和欧盟为例,美国法上对告知选择的法律效果,出现了两种不同观点。其中一方以拉丁为代表,提出选择并非接受合同的承诺,双方并不存在真正的合意,此时根本没有合同的成立。③另一方以沙哈尔为代表,提出选择

---

① See Margaret Jane Radin, "Taking Notice Seriously: Information Delivery and Consumer Contract Formation", *Theoretical Inquiries in Law*, Vol. 17, No. 2, 2016, pp. 517—518.

② See Ari Ezra Waldman, "Privacy, Notice, and Design", *Stanford Technology Law Review*, Vol. 21, No. 1, 2018, p. 78.

③ See Margaret Jane Radin, *Boilerplate: The Fine Print, Vanishing Rights, and the Rule of Law*, Princeton University Press, 2013, pp. 30—33, p. 177.

虽然并非传统合同法上的合意,但是在个人信息处理活动场景下,除了采用隐私保护政策声明的格式条款来框定双方当事人的权利义务关系以外,没有更好选择,因此应当认为在个人信息主体和个人信息处理者之间合同成立,不过是否具有法律强制履行的效果(enforceability),则端赖格式条款内容的具体规定是否有对个人信息主体权利的不当剥夺,如果存在双方权利义务关系不对等的情况,个人信息主体可以随时主张合同撤销。①统观美国法上对选择的法律效果的两种观点,可以明确双方其实殊途同归,均实现了将告知选择规则与合同法上一般合意规则相区分的目的,只是合同成立说在双方权利义务关系的调整与保护上借鉴了合同法的有关规则,通过合同是否在法律上有强制履行的效果,实现了对个人信息主体的权益保护。而在欧盟法律语境下,根据GDPR 立法理由书第 32 条的规定,沉默、预先勾选的对话框或不作为,均不应构成同意。不过,该条同时指出数据主体的同意可以包括"在访问网站时勾选对话框,选择信息社会服务的技术设定"。②这意味着GDPR 将"选择"纳入个人同意的方式中,不过将预先选择行为排除在同意范围之外。结合 GDPR 规范指南中的规定,"只有向数据主体提供了控制权,并且在接受或拒绝所提供的条款或在不损害其利益的情况下拒绝这些条款方面提供了真正的选择,同意才能成为适当的法律依据"。③根据 GDPR 规范指南,如果个人信息处理者获取个人同意的过程存在瑕疵,"同意"会沦为无效的法律基础,这表明 GDPR 其实已经将个人信息处理活动中个人被动的选择与同意作了区分,被动的选择并不能产生同意的法律效果,相应的个人信息处理活动具有违法性。进一步说,欧盟 GDPR 所要求的"同意"与合同法上一般的"合意"也有实质区别。GDPR 规范指南中指出:"即使个人信息的处理是以当事人

① See Omri Ben-Shahar, "Regulation through Boilerplate: An Apologia", *Michigan Law Review*, Vol.112, No.6, 2014, p.886.

② Article 32 of GDPR Recitals.

③ See European Data Protection Board, Guidelines 05/2020 on consent under Regulation 2016/679, Version 1.1, adopted on 4 May 2020, p.5.

的同意为基础的,这也不会使收集个人信息的行为合法化,因为就特定的处理目的而言,收集个人信息是不必要的,从根本上讲是不公平的。"①因此,个人信息处理活动中的同意如果无法基于双方当事人之间的公平关系,也不应视为双方达成有效的合意。综合美国与欧盟法律对个人信息处理活动中存在的"选择"的处理方式,体现了殊途同归的特点。首先,在价值层面上,二者都反对将"选择"与一般的合意相混淆,认为个人基于信息不对称而对信息处理活动作出的接受"选择"并不是有效的合意。其次,在路径选择上,GDPR试图通过弱化同意的效果,即仅将其作为信息处理者个人信息处理行为的合法性基础之一,而将基于知情的主动"选择"也纳入经改造的知情同意规则体系中。美国法上则将"告知选择"与一般的合意区分,直接将其排除出合同法的调整范围。

在实践中,告知选择行权模式具有显著的优势。第一,由于告知选择弱于一般合意的法律效果,因此不会发生公开权模式下的权利转让,相应地,个人信息主体一直保有对信息流动进程中防止个人信息权益侵害的追及力,个人信息主体不需要承担无法预知的信息处理对人格尊严造成的风险。第二,告知选择并不要求个人信息主体对信息内容的绝对控制,可以与线上个人信息处理活动中的网状形交易结构相契合,便于信息处理者随时随地开展信息的收集、使用和加工,而不必付出较大的交易成本来开展合同的磋商议价,有助于信息的流通和共享。特别是,告知选择可以与第三方数据信托制度相衔接。具体来说,信息处理者不是与个人信息主体直接形成合同关系,而是从个人信息主体集体授权的第三方受托人获取许可,由此,个人不必承担与其自身能力不匹配的磋商议价和风险评估活动,个人信息处理者也只需要向个人履行基本的告知义务,个人则通过自主选择的方式加入或随时退出集体数据信托计划。数据受托人基于汇集起来的多个个人信息主体的权

---

① See European Data Protection Board, Guidelines 05/2020 on consent under Regulation 2016/679, Version 1.1, adopted on 4 May 2020, p.5.

利,代表个人信息主体来对抗信息处理者。

将其称为"告知选择"是为了与具有设权效果的"许可"行权模式和具有请求效果的"同意"行权模式进行区分,以表明其虽然也属于个体意志自由穿透民法的表现,但是在权利关系结构上与"权力—责任"关系和"权利—义务"关系不同,而只体现为"特权—无权利"关系,即个人信息主体与信息处理者均享有自由,信息处理者不会因个人信息主体的选择而额外地附加相应的责任或义务,只是个人信息主体基于特权拥有撤回其选择而干预信息处理者自由的权利。告知选择模式应成为网络数字空间中个人财产价值外化最普遍的一种行权模式,这主要基于以下几个方面的考虑:第一,网络空间的本质属性是民主、自治、开放、共享,因此有必要对参与者维持必要的自由。①以上网络空间的本质属性也符合信息数据的流动性和可同时为多个主体加工、分析的特点,即信息自由可以延伸为网络空间自由。在此背景下,"告知选择"内含的权利意志是双方选择自由,契合了网络空间保留适度自治的需要。第二,"告知选择"不会为网络空间中的参与者增加额外的负担,相应地也不会有超过自身能力范围的注意义务。"告知选择"不同于双方合意,在个人信息主体经告知作出选择行为时,这种意志不包括设立合同之债的权力及享有个人信息控制权利的含义,相关的参与者也不承担责任或义务,表现为一方面个人信息主体不必完全理解超出其理性思考能力范围的晦涩难懂的隐私或个人信息保护政策,其对信息处理活动的选择加入也不会产生合同法上的效果;②另一方面信息处理者在信息收集阶段没有因个人信息主体的选择行为而额外地被施加义务或责任,申言之,在此场景下信息处理者的责任或义务并不是来自信息收集阶段对信息的占有,而是整个信息流动周期中对信息安全性保护的

---

① See Lawrence Lessig, "The Zones of Cyberspace", *Stanford Law Review*, Vol.48, No.5, 1996, p.1407.

② 《信息安全技术　个人信息保护规范》(2020年版)第5.6条规定:"个人信息保护政策的主要功能为公开个人信息控制者收集、使用个人信息范围和规则,不宜将其视为合同。"

内在要求。第三,"告知选择"可以最大限度地活跃信息流动的需要,从而激发数据企业开展数据利用和挖掘数据产品的热情。当企业生怕信息收集不合规会触发责任时,就会将过多的精力和成本投入在如何获取信息主体的有效同意上,最重要的对业务模块创新的动力和胆量也会受到抑制,因此"告知选择"通过进一步弱化权利行使的效果,即仅保留个人信息主体必要特权的方式,解除了信息处理者的后顾之忧,从而释放了数据利用和开发的潜力。

4. 法定豁免

意志自由并不是唯一的个人信息商业利用活动的正当性基础,在意志自由之外,还存在其他法定事由作为信息处理者免除其责任或义务的条件,即法定豁免事由否定了个人基于意志自由所形成的法律上的权力,信息处理者得以免除与权力相对应的责任,双方形成"豁免—无权力"的权利结构关系。对此,欧盟 GDPR 对个人数据的处理规定有多元化的合法性事由,除了同意之外,还包括履行合同义务所必须、履行法定义务所必须、为保护数据主体或其他自然人的重大利益所必须、为履行涉及公共利益的职责所必须、为追求合法利益所必须。①同时,上述其他合法性事由仍然要受到最小必要原则的限制,即数据处理活动仅能涵盖必要的数据范围,且数据处理者为追求合法利益而进行必要的数据处理时,还需满足比例原则的要求②。我国《个人信息保护法》也效仿了 GDPR 的上述立法模式,在同意之外设立了其他合法性基础,从而可以使得信息处理者在法定情形下免除获取个人同意的责任。③

(三) 意志自由场景化行权模式与实践中个人信息财产价值外化的衔接

基于意志自由的场景化行权模式最终需要在实践中落地为具体的

---

① 参见 GDPR 第 6 条第 1 款。

② 即该合法权益不得与要求对个人数据进行保护的数据主体的利益或基本权利和自由相冲突。

③ 参见《个人信息保护法》第 13 条第 1 款第(二)至(七)项。此外该条文第 2 款后段明确指出处理个人信息,有前款第二项至第七项规定情形的,不需取得个人同意。

个人信息财产价值外化路径,即根据不同的信息处理场景,结合信息内容与个人人格权益的紧密程度、信息处理活动对个人人格权益侵害的风险等因素,妥善平衡财产价值外化与人格权益保护之间的关系,为个人配置场景化的实现其个人信息财产价值的法律路径。

第一,网络数字空间中公众人物的姓名、肖像、声音等身份标识信息因其个人声望而具有显著的财产价值,这部分个人信息的财产价值外化可以借助传统的许可使用合同实现。通过合同磋商的方式,双方可以就公众人物的信息财产价值实现与分配方式、保护人格权益的具体措施等关键事项进行个性化的安排。值得注意的是,由于网络红人往往受限于特定平台或群体,因此许可使用的效力范围应当结合实际需要而限定在不同平台或群体社区内。基于此,有必要结合不同平台业务特点、群体受众特点、职业活动特点推动格式合同起草的专业化进程。

第二,网络数字空间中的部分特定个人信息处理活动,在挖掘信息财产价值的过程中极容易造成个人人格权益侵害,甚至危及其主体性地位,故而属于具有高风险的个人信息处理活动,因此有必要在财产价值外化过程中将关注点主要着眼于人格权益保护,采取必要措施防范人格贬损。对此,可以采用设置标准化合规清单的方式为数据服务企业提供指引。首先,针对数据向第三方提供、敏感个人信息和儿童个人信息处理、公共场所内开展信息采集、数据跨境传输等场景,需要在信息处理活动开展前获取个人用户的同意,且该同意不能与其他信息处理活动中的同意或选择捆绑或混淆,而必须在每一次特定信息处理活动开启前事先重新获取个人用户的同意。其次,个人信息主体针对上述信息处理活动的同意应当基于明示,且内容独立、特定。对此最佳的实践落地方法就是将上述同意的合规要求融入数据服务企业最初的产品设计,如在操作页面中以单独的勾选框、用户主动输入、用户主动开启等方式实现。再次,针对委托第三方处理、与第三方共同处理等场景,需要对接收数据的第三方履行严格的管控义务,如以签订合同协议的方式要求第三方按照指示和要求进行数据处理并采取必要的数据安全保护措施,在数据处理活动开始前和过程中及时开展对数据处理活动合规性的审计,在数据处理活动结束或委托终止后及时删除个人信息。最后,针对数据跨境传输的场景,除了获取个人同意的要求外,还需要落实数据本地化存储的要求,同时接受网信部门组织的安全评估或第三方专业机构个人信息保护认证,并将相关的合规活动记录在案。

第三,除了以上高风险的个人信息处理活动,针对一般的个人信息处理活动应当采取更简便的个人信息财产价值外化流程,以加速信息数据的自由流动,即在信息处理活动开展前主要考虑信息收集和后续处理的便利性,提高个人信息向财产转化的效率。比如,可以由企业发布一般的符合推荐性国家标准要求的个人信息保护政策,由个人直接选择加入。同时,可以考虑在前端以用户勾选加入或退出经济激励计划来代替对是否参与信息处理活动的选择,降低个人选择的难度。在简化用户前端操作流程的基础上,仅在后端重点加强对数据维护的投入,足以确保个人人格权益在个人信息财产价值外化过程中的圆满性。

第五章
个人信息财产权益的归属

个人信息权内含的财产价值从其人格属性中外化实现后自然进入财产权益的归属问题。个人信息权体现了人格权利的本质，在在线网络环境下围绕信息展开的加工处理活动会挖掘和提升个人信息中的财产价值。因此，个人信息财产权归属分配一方面需要时刻注意个人信息权的人格权本质，从而确保个人人格权的圆满状态，另一方面则要明确在整个信息流动过程中可能存在的主体关系及彼此之间的权益分布状态，在此基础上，找寻财产权益归属分配的基本依据和考量因素，实现数字经济模式下数据流通共享的分配正义。

第一节 财产权益归属的理论证成

一、个人信息中的多方主体权益分布状态

关于个人信息财产价值外化后的权益归属，在制度设计上最难以处理的实际是个人信息内含的财产权益如何分配，并在制度上如何实现的问题。数字社会中个人信息的特性决定了个人信息的人格利益尽

管属于个人，但个人信息在物理上却由信息处理者控制并产生财产价值。个人信息财产权益在信息主体与信息处理者之间利益分配的难点是，以何种模式拥有、控制、分享个人信息中内含的财产价值。个人信息内在财产价值的归属、分配等制度设计，不是某个国家，而是所有国家皆面临的难题，甚至是整个数字社会所面临的最为棘手的实践与理论难题。

个人信息产生于人们彼此之间的社会交往活动，人们需要通过信息的收集和后续的信息处理活动来满足与他人沟通交流的需求，并形成对社会环境的认识和理解。正是在社会交往的意义上，"任何自然人都不可能对个人信息进行排他的与独占的支配。因此，民法对个人信息的保护不能也不应使自然人个体对个人信息享有绝对的排他的支配"。①如果从信息传播的视角来看待社会交往活动，那么在整体的信息社会语境下，信息呈现的方式为每个人识别一个具体的位置。虽然信息控制在整体性的信息语境下仍然很重要，并且确实个人信息主体对其信息具有一定的控制权能是主体性权益的一种体现，但是信息控制原则只是信息传播原则中的一项。因此，个人信息之上的权益归属不是简单的一方控制，而需要参酌信息传播规范下的众多因素。②

上述个人信息在传播与流动过程中形成的交往纽带作用促使个人信息中呈现多方主体权益分布的状态。个人信息权并非个人信息之上所附着的唯一利益类型，以基于个人信息处理形成个人用户画像为例，经合法收集形成的个人信息集合可以成为大数据开展算法应用，其一，存在操纵个人选择，造成歧视性待遇的风险，相应地损害个体人格尊严和行为自由；其二，聚合了个人信息集合的算法应用和数据产品本身凝结了信息处理者的劳动付出，有技术因素、资本影响下价值的加成，因

---

① 程啸：《民法典编纂视野下的个人信息保护》，载《中国法学》2019 年第 4 期，第 36 页。

② See Helen Nissenbaum, *Privacy in Context*: *A Technology*, *Policy*, *and the Integrity of Social Life*, Stanford University Press, 2010, p.129.

此包含了信息处理者的财产利益;其三,个人用户画像本身并不一定侵害个人信息权,相反围绕个体行为特征分析开展的数据挖掘和数据产品服务可以推动新的商业模式的形成,创造为公共事业服务的社会价值。因此研究个人信息之上的权益归属问题需要首先明晰个人信息之上存在的具体利益类型。

(一) 自然人的主体权益

1. 自然人的防御性人格权益

个人信息主体首先对个人信息有人格权益,这种人格权益主要呈现为对个人信息处理活动中潜在风险进行防御的状态。在现实中,个人信息主体在应对信息处理活动时需要防范的风险类型主要是人格权益侵害风险。比如,信息处理者开展基于算法的自动化决策时,容易引发对个人的歧视或偏见,是对个人人格尊严的一种侵害;信息处理者运用对个人行为特征形成的数据画像开展不当的精准营销或垃圾邮件推送时,首先对个人是一种私生活安宁的侵害;这些个性化的服务模式还会导致个人受困于信息茧房,使个人只能接受到有限的、定制化的信息,限制其对世界的认知,最终干扰个人生活行为的选择,干预个人行为自由。①以上现象最终都可以归结为对个人人格权益的侵害,造成个人精神困扰,其负面效应还有可能不断累积并导致连锁反应,对个人生活及其人格的自我发展产生持久的影响。②因此,自然人面对个人信息处理活动,需要有对抗个人信息被无限制收集、储存、加工、处理和传输的权利,以捍卫人格独立和自由。

2. 自然人的利用性财产权益

个人信息的财产价值意味着自然人对其同样享有利用性的财产权益。个人信息不同于生命、身体、健康等物质性人格权客体,其与主体的分离十分简单,而且本来就是人们在社会交往中所形成的,体现了个

---

① 参见丁晓东:《论算法的法律规制》,载《中国社会科学》2020 年第 12 期,第 139 页。

② 参见[荷]玛农·奥斯特芬:《数据的边界:隐私与个人数据保护》,曹博译,上海人民出版社 2020 年版,第 47 页。

人与外部世界交流沟通的内容价值,相应地其财产可利用性更加突出。在数字社会背景下,个人信息与个人信息主体分离后以数据为主要载体,并可以获得复制、流动的属性,所产生的经济价值也可以为个人信息主体所占有。[①]在以数据为基础的数字经济模式下,数据描述的对象或主题就是数据的源头[②],而数据主要是以承载具有实际价值的信息作为其在数字社会中的存在意义,相应地个人信息主体对个人信息之上负载的数据财产权益应当有积极主张利用的权利。不过,由于个人信息财产价值的实现主要是由信息处理者所开展的多种信息处理活动来实现的,因此,自然人所享有的财产权益会涉及与其他信息处理者的财产权益进行平衡的问题。

(二) 信息处理者的主体权益

按照我国《个人信息保护法》的规定,个人信息处理者是指在个人信息处理活动中自主决定处理目的、处理方式的组织、个人。由于信息处理活动一般都是在网络空间中借助算法等技术展开,因此,个人信息处理活动会涉及从个人信息主体收集原始的个人信息,并以数据的形式储存,并开展进一步的信息处理活动,从而源源不断地产生数据。同时无论是以数据形式储存的个人信息集合也好,还是经过加工产生的其他数据也好,信息数据的流动是永恒存在的,相应地会有不同信息处理者之间的信息分享与传输。由此,个人信息处理者实际上包含了众多不同的主体情形,分述如下:

1. 个人信息收集者

在以信息或数据为基础的数字经济链条中,信息收集者是整个个人信息财产价值被析出的开端。现实世界中的个人信息主体通过信息收集者的个人信息收集行为而转化为线上虚拟世界中的数字化的存在。这种信息收集行为几乎是无处不在的:首先,各类 App 在使用过

---

① 参见任丹丽:《民法典框架下个人数据财产法益的体系构建》,载《法学论坛》2021 年第 2 期,第 92 页。

② 参见孟勤国、牛彬彬:《论物质性人格权的性质与立法原则》,载《法学家》2020 年第 5 期,第 11 页。

程中都会伴随着个人信息的收集,人们也会随时通过记录的方式在这些 App 产品和彼此联系的互联网空间中留下个人信息的痕迹。其次,传统的诸如金融、医疗、教育、购买商品等各类线下服务许多都可以通过线上的方式完成,其中涉及的个人信息也开始可以通过电子数据的形式被收集。再次,在公共服务、政府管理乃至民商事和刑事诉讼活动中,也会时刻伴随着个人信息的收集。最后,现代社会是一个风险社会,为了保障社会秩序和公民个体安全,全方位的数据监控体系逐渐建立起来,各类监控摄像装置几乎遍布公共空间中的各个角落,只要人们走出私密空间,就会留下活动痕迹,各类个人信息也随时会被收集。在上述信息收集场景下,出现了国家机构、企业等不同信息收集者和为个人信息主体所知晓或未知晓的信息收集活动。

2. 数据生产者

数据时代是以数据为基础的时代,数据就是数据时代的能源。海量的个人信息被收集后是为了开展进一步的大数据分析(智能分析),从而形成海量的数据以保证数据能源在数据经济链条中无数参与者的供应。因此,数据生产者是数据时代中不可忽略的角色主体。

网络时代背景下数据与信息在内容、形式上已经同质化,这意味着通过网联结后被收集的个人信息成为最重要也最具价值的数据,即元数据。网络互联的时代背景下几乎所有的智能电子终端都可以同时进行信息的收集和数据生产的过程,只要存在数据描述的对象或主题(主要是个人信息主体),就可以在信息收集的基础上同步开展对该信息的数字化记录,以实现数据与所描述对象的分离,从而实现数据的生产。[①]因此,在数据生产的维度下,个人信息的收集实际上被吸纳到了数据生产行为中,信息收集者可能同时也是数据的生产者。数据生产者虽然也包括个人,不过用户创制的内容仍是少数,更多是机器,其背后的支撑就是技术和算法,这些机器、技术和算法的掌控者(一般是各

---

① 参见高富平:《数据生产理论:数据资源权利配置的基础理论》,载《交大法学》2019 年第 4 期,第 9 页。

类数据企业)就构成了数据时代中的数据生产者。

考虑到个人信息主体参与的程度,数据生产行为包括个人数据的生产和数据的加工处理,前者有个人信息主体的参与,形成数据产业链条中的原始数据;后者没有个人信息主体的参与,不过因算法算力的日益强化,可能会发生对个人信息主体权益的侵害。个人数据生产其实涵盖了个人信息的收集行为,用户通过智能服务终端可以主动提供个人信息,这些个人信息如果是由用户上传的具有独创性的作品(如知乎、豆瓣等论坛上发布的帖子等)还可能受到著作权法的保护。在用户被动参与数据生产的情形下,个人信息不是由用户主动提供的,而是在日常生活中被记录下来的,不过这些个人信息数据化后仍然属于来源于个人的数据。

在数据的加工处理环节,原始数据会被进一步汇集、推演、分析,从而增加数据本身的功能价值,尤其是财产价值。这种加工处理可以包括汇集性的数据处理和分析性的数据处理。通过数据的加工处理,可以从原有的数据中获取新的知识,形成新的数据产品,从而提升数据的财产价值,相应地在被加工处理的数据之上会产生数据生产者的财产权益。

3. 获取数据的第三方主体

个人数据或经加工处理的其他数据在被生产出来后,需要通过数据流通来向整个数据经济链条中的其他参与者分享和传输,这也是数据经济发展的常态。数据向外传输既是开展数据交易、换取财产价值的重要途径,也是数据产业发展必不可少的环节,换句话说,虽然每一个数据生产者都试图建立属于自己的数据王国以维持必要的竞争优势,但是数据孤岛的存在势必危及整个数据产业的生态。在数据向外传输时,就会引入获取数据的第三方主体。该第三方没有与个人信息主体直接产生联系,通过交易行为获取的只是前端数据生产者分享的数据财产权益。

(三) 社会公共利益

庞德将社会利益定义为"文明社会中以社会生活的名义所提出的

主张、要求和愿望"。①社会公共利益能给公众带来好处,是人们认可并接受的共同善。如果一个利益在概念上、事实上或法律上不可能被拆分为各个部分,并将它们作为应得份额归于个人,那么这个利益就是一个人群的集体利益。此时该利益就具有不可分配的性质,体现为集体利益。②

　　社会公共利益是抽象的整体利益,任何个人都可以从中受益。这意味着一方面社会公共利益不以人数的多少为判断标准,另一方面不以具体利益实用或社会价值的大小为判断标准。③以抽象化的整体利益作为社会公共利益的内涵可以有效防范以社会公共利益之名,行多数人暴政之实而侵害个人的具体利益。个人信息作为数字时代的阳光、氧气、土壤、原材料,其收集和加工所形成的价值对社会而言同样是整体性的社会公共福利,不过这并不意味着信息的收集和加工完全不考虑作为个人信息之源头的个人信息主体的利益或提升个人信息的财产价值的信息处理者的利益,不能以社会公共利益为由在个人信息的利用活动中侵害这些私人主体的利益。相反,在社会公共利益与私人主体利益之间权衡时,私人主体利益对于社会利益具有初显优先性,即施加了一种有利于个人权利却增加集体利益负荷的论证负担,即只有在理由足够充分时,才能依据社会公共利益以排除私人主体利益的优先性。④

　　以上关于社会公共利益和私人主体利益之间关系的阐述表明,个人的私权利主张与社会整体利益的主张并不总是发生冲突,而且在权利行使目标和范围上二者应是一致的。

---

　　① 〔美〕罗斯科·庞德:《法理学》(第4卷),王保民、王玉译,法律出版社2007年版,第268页。

　　② 〔德〕罗伯特·阿列克西:《个人权利与集体利益》,载《法理性商谈:法哲学研究》,朱光、雷磊译,中国法制出版社2011年版,第234页。

　　③ 参见彭诚信:《现代权利理论研究:基于"意志理论"与"利益理论"的评析》,法律出版社2017年版,第289—290页。

　　④ 〔德〕罗伯特·阿列克西:《个人权利与集体利益》,载《法理性商谈:法哲学研究》,朱光、雷磊译,中国法制出版社2011年版,第254—255页。

二、个人信息商业利用中的主体关系和利益冲突

(一) 自然人与信息处理者之间

1. 不平等的权力对比关系

自然人与信息处理者之间的不平等信息关系主要体现为一种"信息不对称关系"。以线上网络服务供应商与自然人用户为例,双方之间存在严重的信息不对称。诚如前文所述,信息处理者之间将收集到的信息和后续处理形成的整体性数据资源作为重要的竞争性利益,为了防止竞争对手"搭便车"和线上黑客袭击,在线服务提供商的信息处理活动、数据算法大多是保密的。同时,自然人与信息处理者相比,在思维认知能力和信息掌握能力上存在明显差距,因此,在线服务提供商对其信息隐私政策的公开披露并不足以使用户很好地评估被收集的信息潜在的使用方式,对其个人信息权的风险难以作出有效的预判,由此形成了二者之间显著的信息权力势差。[①]这种信息权力势差导致自然人较之于信息处理者在以下几个方面都处于不平等的劣势地位:一是自然人交易磋商能力的相对低下,难以在信息处理活动中获得真正的选择自由;二是信息处理活动规则日益被各种技术代码和算法黑箱占据,传统法律赋予自然人对其信息财产利益的控制权逐渐被技术和资本的双向强化所吞噬。

2. 利益冲突的样态

在上述持续性的不平等信息关系背景下,自然人与信息处理者之间存在利益冲突。一方面个人信息的人格属性决定了自然人希望尽最大的努力控制个人信息数据的用途,决定信息的收集、收集后的处理方式、能否向第三方提供,并有权要求随时对被收集的信息数据查询、更正、删除;另一方面信息处理者基于个人信息的财产价值希望可以尽可能地收集并处理个人信息,开发新型的数据产品和服务,以扩展数据经

---

① Jack M. Balkin, "Information Fiduciaries and the First Amendment", *U.C. Davis Law Review*, Vol.49, No.4, 2016, p.1227.

济的规模,并将基于个人信息处理活动形成的数据资源作为企业重要的战略资源。虽然个人只是数据的来源者,具体来说就是个人在利用各种接入互联网的智能电子设备及相关 App 从事各种活动过程中,会被机器记录并形成相应的行为数据以反映个人的身份或行为特征的信息内容,但是上述活动必须有人的参与才能开启后续的信息收集、数据生产。因此,整个信息处理及数据处理进程中都需要考虑来源者即个人信息主体的利益,相应地在这一进程中都会产生个人信息主体与信息处理者之间的利益冲突问题。

(1)个人信息主体与个人信息收集者之间的利益冲突。个人信息主体与个人信息收集者之间的利益冲突主要反映为并非所有的信息收集行为都可以获取个人有效且真实的同意,现实中有很多信息收集行为与个人之间缺乏提前告知的连接点。其中最典型的情形就是数据监控,其实围绕个人的监控行为一直存在,特别是在恐怖疑云密布的战争年代。不过在进入智能互联的时代后,出于军事战争需要的监听、监视等在普通个人之间越来越少,相反出于商业运营目的或社会安全保障需求的数据监控正在变得日益普遍,人们实际上正在进入一个由智能互联设备笼罩的数字化"全景式监狱"中。[1]在商业运营过程中,产品或服务提供者可能会出于商品营销的角度而试图收集个人信息,比如实践中有的餐厅经营者会出于提高服务质量和顾客满意度的需要而考虑使用基于人脸和图像识别技术的监控系统,实时掌握顾客在餐厅内外的驻足停留时间、服务员对客人的服务情况及服务员人力的空间分布等信息。[2]再如,公共电梯空间中投放的智能广告可以同时捕捉人们的眼球等人脸识别信息以判断个人对特定广告内容及推销的产品服务的感兴趣程度,以便指导商家制定针对性的商业策略。智能化时代中全

---

[1]　参见单勇:《跨越"数字鸿沟":技术治理的非均衡性社会参与应对》,载《中国特色社会主义研究》2019 年第 5 期,第 69 页。

[2]　At an Outback Steakhouse Franchise, Surveillance Blooms, Wired, Oct. 18, 2019, available at: https://www.wired.com/story/outback-steakhouse-presto-vision-surveillance/, last visited on Oct. 12, 2021.

社会公共空间都布满了监控摄像头和具有信息收集功能的感应器,其主要目的是为了社会公共安全,不过这些信息收集行为确实是在未获得个人知情同意的情形下进行的。以上情形均反映了个人信息主体权益与信息收集者之间的利益冲突。

(2) 个人信息主体与数据生产者之间的利益冲突。由于数据生产者的数据处理行为的对象是经过去识别化或匿名化处理的个人信息集合或数据,在理论上不应与个人信息主体产生关联,也不必受到个人信息主体权益的控制。然而,现实是上述数据处理行为可能随时造成个人信息主体权益的侵害。第一,数据生产者的数据处理行为可能侵害个人信息主体的人格权益。比如,汇集了特定群体的癌症疾病情况的个人健康信息在擦除了与群体内各个个人信息主体之间的身份关联后形成了个人数据集合,这种汇集性的数据处理本身并不侵犯个人信息主体权益,不过当围绕这些数据集合开展分析处理即数据挖掘活动时,就可能推测出群体之外其他个人信息主体的癌症疾病状况,也就是可以通过算法推测出本不在信息收集范围内的其他个人信息主体的生活、身体和行为状况,从而侵犯其知情权、隐私权和个人信息权。[①]第二,个人信息主体是数据经济模式兴起的源头,数据生产者是挖掘个人信息财产价值的主要贡献者,数据生产者所获得的数据财产权益需要在数据生产环节与个人信息主体进行初次分配,如此方能尊重和保护个人信息主体对其个人信息的利用性财产权益。以上都说明在数据生产环节,同样需要注意信息处理者权益与个人信息主体权益冲突之间的平衡。

(3) 个人信息主体与获取数据的第三方主体之间的利益冲突。数据生产链条中的第三方主体获取的数据可能是个人数据集合或经过分析、加工形成的其他数据,其主要是通过从数据生产者处以签订协议的

---

① See Khaled El Emam & Cecilia Alvarez, A critical appraisal of the Article 29 Working Party Opinion 05/2014 on data anonymization techniques, *International Data Privacy Law*, Vol.5, No.1, 2015, pp.77—78.

方式获取或是通过数据爬虫进行抓取。第三方主体与个人信息主体没有发生直接的关联,不过第三方主体的数据获取行为及对数据的进一步处理行为可能会与个人信息主体权益产生冲突。个人信息主体权益特别是人格利益并不随着个人信息被收集及开展后续处理而消失,而是一直附着在个人信息之上,因此即使是信息整合后又经过数据挖掘等形成的数据产品之上也仍然附着个人信息主体的人格权益,体现为消极的防御权能。①因此获取数据的第三方主体开展的后续数据处理行为不能侵害个人信息主体的个人信息权。

(二) 信息处理者之间

信息处理者之间同样存在利益的冲突。信息处理者所拥有的技术和资本大小存在差异,相应地信息整合和数据处理能力也存在差异,在数据产业链条中所扮演的角色和定位也有所不同。有些信息处理者属于大型的网络服务平台,有些则是附属于平台之上提供产品和服务的小型个人信息处理者。需要明确的是,大型网络平台型的信息处理者维持自身数据资源竞争性优势的同时,需要承担中立性的责任,这源于将网络平台界定为公共基础设施的理论。②我国《个人信息保护法》效仿欧盟的《数字市场法草案》规定了对平台型的信息处理者的特殊义务,要求其对通过平台提供产品和服务的其他个人信息处理者承担监督和管理义务。③不过,作为数据经济链条中的市场参与主体,利益冲突几乎是必然的,在现实中,平台与平台、平台与小型个人信息处理者之间容易产生利益的冲突。网络平台型的信息处理者主要包括以亚马

---

① 参见彭诚信:《论个人信息的双重属性》,载《清华法学》2021年第6期,第88页。
② 参见丁晓东:《网络中立与平台中立——中立性视野下的网络架构与平台责任》,载《法制与社会发展》2021年第4期,第123页。
③ 《个人信息保护法》第58条规定:"提供重要互联网平台服务、用户数量巨大、业务类型复杂的个人信息处理者,应当履行下列义务:(一)按照国家规定建立健全个人信息保护合规制度体系,成立主要由外部成员组成的独立机构对个人信息保护情况进行监督;(二)遵循公开、公平、公正的原则,制定平台规则,明确平台内产品或者服务提供者处理个人信息的规范和保护个人信息的义务;(三)对严重违反法律、行政法规处理个人信息的平台内的产品或者服务提供者,停止提供服务;(四)定期发布个人信息保护社会责任报告,接受社会监督。"

逊、阿里、京东为代表的电商服务类企业，以脸书、腾讯为代表的社交媒介服务类企业，以谷歌、必应、百度为代表的搜索引擎服务类企业。其他通过线上网络平台提供在线服务和商品的经营者在开展业务的过程中也会面临对信息的处理，不同平台之间因业务上的联系而试图通过数据资源实现互相的控制与反控制，平台对接入其平台的小型信息处理者也时常存在数据封锁和防止数据爬取的行为。

关于平台与平台之间的利益冲突，可以"微博诉头条案"为例，该案中的争议焦点是被告字节跳动公司旗下产品今日头条实施的数据移植行为是否构成不正当竞争。其具体的数据移植方式是通过技术手段或由其公司员工通过人工复制的方式获取源自新浪微博内的内容，并发布展示在今日头条中。法院裁判认为被告的数据移植行为针对的信息内容已经不限于用户提供发布的原始内容，而包括原告对用户提供信息的整合和添附内容，因此超出了用户可以授权的范围，侵害了原告所享有的合法权益，实际上是对被告享有的竞争资源的非法掠取，扰乱了市场竞争秩序。①

关于平台与其他小型信息处理者之间的利益冲突，可以"微信群控案"为例，在该案中的争议焦点是两被告的数据抓取行为是否构成不正当竞争。其具体的数据抓取方式是通过用户手机内置的群控软件监测、抓取原告腾讯公司所开发的社交软件"微信"中的聊天记录、转账记录等数据至自己的后台服务器，并通过"微信管理系统"群控软件，实现在集合操控多个账号、集中查看微信数据的效果。法院裁判认为就数据资源整体概念而言，原告和被告均依法享有竞争性权益，且只享有有限的使用权，而两被告破坏性地使用该数据资源，构成不正当竞争，原告有权要求获得赔偿。②

类似的案件在国内外还有很多，均反映了随着数据利用市场的日益扩大，平台与平台、平台与平台之上的其他信息处理者之间的利益冲

---

① 参见北京市海淀区人民法院民事判决书(2017)京 0108 民初 24530 号民事判决书。

② 参见杭州铁路运输法院(2019)浙 8601 民初 1987 号民事判决书。

突愈发激烈。①如何有效维持正常的竞争秩序,激发相关数据利用方开展技术研发和业务创新的热情,并保护数据之上附着的个人信息主体的人格权益与财产权益,成为划分个人信息之上财产权益归属需要解决的重要问题。

三、财产权益归属的理论依据和学说互动

(一) 既有的物权归属判定依据

从确权的角度明晰个人信息在数据生产流通中形成的财产权益归属是构建具体的数据交易准则的前提,有助于数据要素市场的良性发展。②关于物权归属的判断,法哲学层面上有很多观点。③个人数据生产和流通中形成的财产权益确权学说基本沿用了物权归属判定的一般依据,形成了以下几种观点:

第一,基于劳动产权的自然权利理论,即认为付出劳动的人通过将

---

① 如"Facebook 诉动力案",涉诉行为是被告未经原告授权欺骗个人用户转移原告平台内的个人数据, See Facebook, Inc. v. Power Ventures, Inc. et al., 844 F.3d 1058 (9th Cir.2016);"HiQ 诉领英案",涉诉行为是被告关闭其平台内用户数据的分享端口, See HiQ Labs Inc. v. Linkedin Corporation, No.17-cv03301-EMC;"微博诉脉脉案",涉诉行为是被告未经个人用户和原告授权爬取个人用户在原告平台内的个人社交数据内容,参见北京知识产权法院(2016)京 73 民终 588 号民事判决书;"大众点评诉百度案",涉诉行为是被告未经个人用户和原告授权爬取个人用户在原告平台上发布的评价内容,参见上海知识产权法院(2016)沪 73 民终 242 号民事判决书;"微信诉抖音案",涉诉行为是被告未经个人用户和原告授权将其微信头像、昵称等数据内容转移给第三方,参见天津市滨海新区人民法院(2019)津 0116 民初 2091 号民事裁定书;"淘宝诉美景案",涉诉行为是被告未经个人用户和原告的授权抓取个人用户在原告平台内的数据,参见浙江省杭州市中级人民法院(2018)浙 01 民终 7312 号民事判决书;"奋韩网诉 58 同城案",涉诉行为是未经个人用户和原告的授权爬取个人用户在原告平台内发布的生活、学习、社交、职业类等数据,参见北京知识产权法院(2017)京 73 民终 2102 号民事判决书;"谷米诉元光案",涉诉行为是被告未经原告授权爬取其平台内的公交实时数据,参见广东省深圳市中级人民法院(2017)粤 03 民初 822 号民事判决书;"微博诉饭友案",涉诉行为是被告未经原告授权移植其平台内明星发布的微博内容,参见北京知识产权法院(2019)京 73 民终 2799 号民事判决书。

② 参见[德]塞巴斯蒂安·洛塞等编:《数据交易:法律·政策·工具》,曹博译,上海人民出版社 2021 年版,第 25—30 页。

③ 比较典型的理论学说有并入理论、投射理论、劳动理论、公约理论。关于法哲学层面上的物权归属判断标准理论学说的梳理,可参见杨翱宇:《数据财产权益的归属判定》,载《重庆大学学报(社会科学版)》(网络首发)。

劳动施加于原材料和其他尚无归属的东西之上，其可以使这些东西成为他个人的私有财产。[①]循此逻辑，以数据企业为代表的数据生产者投入了主要的技术和资金用于开发和挖掘海量的个人信息的内在财产价值，应当享有相应的财产权益。

第二，基于经济激励的功利主义考量，即从后果主义的角度出发，认为赋予数据生产者以财产权益意味着企业的付出得到法律的认可，可以激励企业优化经营机制，继续开展信息分析和数据生产，创造信息资源的财产价值，实现整体数据经济的发展。[②]

第三，基于法律经济学上的交易成本理论和财产规则证成，在财产规则下，私主体之间基于意志自由而自主交易，且交易价格也由双方确定，如果双方之间的交易成本足够低廉，则无论将权益的初始归属主体设定为买方或卖方都无差别，因为双方都会通过自愿交易，将该项权益最终转移到最能有效利用的一方。不过在现实中，交易成本的客观存在及其非对称性是常态，因此，权益归属的初始界定就显得格外重要。[③]据此，有学者认为虽然数据企业是最有能力开展信息财产价值挖掘的市场主体，但是不宜将个人信息之上的财产权益初始归属完全配置给数据企业，这会导致个人信息定价过低，无法有效遏制个人信息侵权行为，因此应将个人信息之上的财产权益部分交还个人，继而通过市场交易的方式实现信息财产权益在个人与数据生产者之间的流转。[④]

上述基于物权归属判定理论形成的学说观点也存在诸多不足：

第一，基于劳动产权理论的证成，一方面，其前提是劳动者就无主

---

① 参见[美]格瑞特·汤姆森：《洛克》，袁银传、蔡红艳译，中华书局2002年版，第104页。

② 参见龙卫球：《数据新型财产权构建及其体系研究》，载《政法论坛》2017年第4期，第75页；龙卫球：《再论企业数据保护的财产权化路径》，载《东方法学》2018年第3期，第52页。

③ See Guido Calabresi and Douglas Melamed, "Property Rules, Liability Rules, and Inalienability: One View of the Cathedral", *Harvard Law Review*, Vol.85, No.6, 1972, p.1106.

④ 参见邢会强：《大数据交易背景下个人信息财产权的分配与实现机制》，载《法学评论》2019年第6期，第104页。

物的劳动方能使其获得完全所有权的正当性,而在数据生产领域,作为原材料的个人信息不但不是无主物,甚至与物都有区别,具有显著的人格属性,与个人人格尊严和行为自由紧密关联,直接套用劳动产权理论将财产权益配置给数据生产者难谓公平正义。另一方面,劳动产权理论包含有自然法的价值预设,即每个人占有的财产,不应超过他能够享用的范围。①据此将信息财产权益完全归属于数据生产者,其背后引发的数据垄断和数据寡头思维并不符合劳动产权理论的价值追求。

第二,基于经济激励理论的证成,对数据生产者给予必要的激励以保护数据企业的积极性固然是数字经济发展的必要之举,但这并不意味着必须要给予数据生产者以完全的产权激励。一是,给予数据企业以完全的产权激励与企业积极开展数据生产之间并无直接关联,围绕个人信息开展的数据挖掘和分析是互联网企业商业模式的核心,因此不需要额外的产权激励措施,企业也有动力继续开展数据挖掘和分析业务,②即现有的商业实践表明即使没有产权激励,数据企业继续开展数据挖掘和分析的热情和动机也不会有减损。二是,直接赋予数据生产者以完全的财产权未必行得通。一方面,信息和数据的流动性决定了对其进行处理并不具有排他性,过度的产权激励反而容易引发资源错配造成市场竞争秩序的混乱;另一方面,在既有的法律实践中,对基于个人信息处理而形成的财产权益保护也不全然是通过物权,而是采取类型化和场景化保护,根据数据生产者所控制数据的具体来源及是否公开等分别提供商业秘密保护或反不正当竞争保护,并优先保护个人数据。③

---

① 参见王楠:《劳动与财产——约翰·洛克思想研究》,上海三联书店 2014 年版,第 157—158 页。

② See Josef Drexl, Designing Competitive Markets for Industrial Data-Between Propertisation and Access, available at: https://ssrn.com/abstract=2862975, last visited on Mar. 22nd, 2022.

③ 相关法律实践和观点的具体阐述可参见丁晓东:《论企业数据权益的法律保护——基于数据法律性质的分析》,载《法律科学(西北政法大学学报)》2020 年第 2 期,第 97—99 页。

第三,基于交易成本理论和财产规则的证成,法律经济学上的财产规则理论主要是从法益保护的效果出发而形成的法律规则类型化理论,因此其主要理论价值是从后果层面为合理配置法律救济规则提供分析框架,将其逆推地前置适用于财产权益归属判断的合理性存疑;另外,财产规则也并不符合个人信息主体与数据生产者或控制者之间非对称的信息不平等关系,即使将财产权益分属双方,按照双方商定价格自由交易的模式,也不能给个人信息主体提供周密有效的保护。

除了以上各学说观点的具体不足外,既有的学说观点所采用的物权归属判定理论与信息数据流通共享的数字经济发展模式在价值基础上并不适配,造成相应学说天然地具有难以消弭的共同固有缺陷。具体来说,个人信息财产权益从性质上讲并不是所有权,信息流动进程中的参与主体,不论是作为信息之源的个人,还是作为信息财产价值的主要贡献者的信息处理者,都不对个人信息享有全面的支配,因此并没有对个人信息享有占有、使用、收益、处分的完整权能。换言之,不存在个人信息财产所有权的概念,为任何主体创设这一权利与个人信息的信息本质都相违背,也与数据经济发展的理念背道而驰。数据经济的主要理念是市场参与主体对财产价值的共享,这也是个人信息社会公共属性的内在要求。在利益共享理念下,个人信息财产权益的初始归属配置不影响其他参与者通过一定的方式分享财产价值。利益分享机制的建立主要考虑的是分配正义,按照亚里士多德对分配正义的描述,其价值追求是实现可析分的共同财富分配上的公正。①根据分配正义所产生的权益归属判断基准,主要包括社会整体功效及个人尊严权利实现的统一,按照社群主义的要求,个人信息的财产权益可以由多方主体共享。

(二) 数据使用权对财产权益归属理论的学说改良

为了克服既有的财产权益确权和归属理论与数据流通共享的数

---

① 参见[古希腊]亚里士多德:《尼各马可伦理学》,廖申白译,商务印书馆 2013 年版,第 134 页。

字经济模式的不适配性,出现了所谓的数据使用权理论。根据该理论,由于信息数据的流通性,其不可能构成"物",相应地无法根据特定的信息或数据来设立具有确定权利边界的所有权。不过,数据生产者或获取数据的第三方主体可以在特定的时间和范围内对信息或数据保有事实的占有或控制,由此即可以形成基于事实控制的数据使用权。①

基于此,数据使用权的正当性基础是对数据事实控制的合法性,国内有学者将数据事实控制的合法性判断细分为数据来源合法和数据具有可流通性。其中,主要通过保护数据之上负载的相关利益主体的合法权益(主要包括个人信息权和其他数据使用方的合法权益)和对数据进行分类两种方式来判断数据来源是否合法以及数据是否具有可流通性。具体来说,在判断数据来源是否合法及数据是否具有可流通性时,需要考虑在该时点下的数据控制行为是否会侵害个人信息权或其他数据使用方的合法权益;然后将数据来源区分为个人数据和非个人数据,针对个人数据的控制行为需要在合法性判断之外满足额外的要求,即个人数据需要满足必要的去识别化技术措施要求才能具有可流通性,非个人数据则只要满足数据来源的合法性,即获取这些数据时不侵犯个人信息权或数据之上其他数据使用方的权益即可。②

跳出个人信息主体与数据生产者之间的关系,在数据生产者之间或数据生产者与获取数据的第三方主体之间,其数据使用权行使的主要方式是通过许可使用合同开展③,即通过企业之间关于数据访问与使用的合同安排来确定纳入合同范围的需要流转的目标数据及相应的使用权限等,对此可以采用由官方政策制定者结合最佳商业实践发布

---

① 国内有学者将此权益归属界定规则归纳为"捕获规则",即只有实际占有并控制的主体才能合法地获得确定的权利。参见许可:《数据权属:经济学与法学的双重视角》,载《电子知识产权》2018 年第 11 期,第 27—28 页。

② 相关论述参见高富平:《数据流通理论:数据资源权利配置的基础》,载《中外法学》2019 年第 6 期,第 1415—1419、1421—1422 页。

③ 参见付新华:《企业数据财产权保护论批判——从数据财产权到数据使用权》,载《东方法学》2022 年第 2 期,第 141—142 页。

的数据使用许可的合同范本,以推动数据企业间商业实践的高效运行。[①]

(三) 确权视角之外其他学说观点的补充

以上各理论学说都是从确权的视角对个人信息的内在财产价值的权益归属进行研究,只是数据使用权理论较之于完全的数据财产权理论更符合数据流通要求,其具体实现方式也更契合数据企业的商业实践。跳出对信息或数据生产要素进行确权的研究视角,还有一些学者提出了补充性的观点,认为在要素财产权之外,还存在架构财产权,其形成来源于互联网行业的长期实践,即平台企业在技术与商业实践中整合相关数据形成的数字基础设施。[②]该观点将不再关注对数字经济中的信息或数据生产要素进行确权,因为要素确权不一定能收到预期效果,即满足互联网经济发展的要求(推动信息财产价值的生产和数据要素的流通、实现财产权益在不同主体之间的公平分配),故而将着力点转移至如何构建数字经济中的基础架构性规则,来促进以数据为核心的数字基础设施在不同平台之间的架构整合,推动数据生产要素的跨平台流通,进而实现财产价值公平分配的社会公共利益。[③]

透过围绕个人信息利用产生的财产权益归属所形成的学说发展和互动,可以明晰数字经济背景下信息或数据要素的财产权益归属判断的核心价值追求一以贯之。也就是说,无论是确权视角的理论,还是设定互联网平台基础架构规则的理论;无论是完全的数据财产权理论,还是有限的数据使用权理论,都试图实现数据企业商业实践高效运转、信息价值流通共享、财产权益公平分配及在数据流通中遵守保护个人信息主体人格尊严和行为自由的底线。因此,基于以上具有一般性的价

---

① See METI, Contract Guidelines on Data Utilization Rights ver. 1.0 Formulated, May 30, 2017.

② 参见胡凌:《数字经济中的两种财产权:从要素到架构》,载《中外法学》2021 年第 6 期,第 1582 页。

③ 参见[美]卡尔·夏皮罗、哈尔·瓦里安:《信息规则:网络经济的策略指导》,张帆译,中国人民大学出版社 2000 年版,第 1—10 页。

值追求,可以明确财产权益归属需要遵循的基本依据,进而提炼相应的考量因素,以形成具体的财产权益分配方案。

第二节 财产权益归属的场景化设计

一、财产权益归属分配的方案设计

(一) 场景性考量因素

具体个人信息权益归属的配置需要结合信息流动进程中场景的变化,因为在信息流动规范中,对信息的控制是否适当主要取决于上下文情境的变化。具体的考量因素又可分为主体关系、信息类型和信息处理行为。上述具体因素变化引起的上下文情境变化都会影响在特定的场景下个人信息之上权益的归属判断的结果。下面结合三项考量因素分而述之:

1. 主体关系的限制

在信息流动过程中最简单的关系状态下,有三个参与者:个人信息主体、信息的收集者和信息的接收者。信息的收集者一般是与个人信息主体直接建立联系,信息的接收者则主要是信息流动链条中接收信息集合内容的第三方主体。在不同的主体之间需要配有不同的信息处理规范,以适应不同主体信息行为能力存在差异的需求。关于这种行为能力,尼森鲍姆教授将其解读为是信息活动参与者在上下文情景中所占有的角色。[①]据此,个人信息主体虽然是整个信息流动过程的开端,甚至在多数情形下是信息的初次发送者,但是一旦开启信息流动进程后,其参与后续信息处理过程的角色量很低,信息控制能力不断被削

---

① See Helen Nissenbaum, *Privacy in Context: A Technology, Policy, and the Integrity of Social Life*, Stanford University Press, 2010, pp.141—142.

弱,与之相对的是个人信息主体又永恒享有个人信息之上的人格权益。信息收集者作为信息流动进程中的"中转站",承担了信息收集和初次加工等多重信息处理的角色,相应地受到更多信息规范的限制。信息接收者获取的是经处理后形成的信息集合或信息挖掘产品,与个人信息主体的联系大为降低,因此主要受信息分享和传输规范的限制。鉴于上述主体关系影响,需要在不同主体之间设立不同的权属界定规则。

信息主体关系的差异还会导致当同一个人信息处理活动被置于不同的主体关系时需要受到不同的法律评价。比如,对个人工资、福利等财务信息的收集,即使是亲密的朋友也不太合适,然而工作单位的老板、主管财务的职员对这些信息内容却可以了如指掌而不认为有不当之处。以上主体关系导致的情景差异表明个人信息财产权益都是在相对的主体关系中才具有保护的效力。

2. 信息类型的限制

信息类型的差异直接影响信息的性质,表现为信息反映了信息主体的何种特征,并在何种程度上反映,是判断信息重要程度的主要因素。基于前文对个人信息的客体内涵的研究,信息类型的划分可以从两个方面进一步切分,一是形式层面,具体包括可识别的信息集合和经匿名化的数据。①从形式上而言,信息集合或匿名化的数据都是以数据的形式在网络空间中存在,二者并无差异,仅是在内容上是否与个人信息主体存在识别关联的可能有所不同。二是内容层面,具体包括三种有意义的分类,即私密信息和非私密信息,敏感信息和一般信息,个人直接提供的个人信息、被记录形成的个人信息、分析后形成的个人信息、预测个人信息。

形式层面上信息集合与经匿名化的数据的二分会直接影响财产权益的初始归属。信息集合的财产权益归属于个人信息主体,经匿名化

---

① 因单独的一条个人信息并不具有显著的经济价值,信息收集和后续处理一般都以集合的方式展开,故而这里对形式层面的信息类型区分不包含单一的信息。

的数据财产权益归属于信息处理者。同时,这些匿名化的数据所反映的信息内容必须是经过分析或预测形成的个人信息,而不能是个人直接提供的个人信息或被记录的个人信息。换句话说,即使是被有效的去识别化技术处理的个人直接提供的个人信息或被记录的个人信息集合,其财产权益也不归属于信息处理者,而只能是个人信息主体。在信息处理者享有数据财产权益的场景下,其并不享有具有排他性的完全的类似于所有权的财产权益,而只是有限的数据使用权,这种数据使用权可能是基于合法的对数据的事实控制产生,也可能是从其他数据生产者处通过许可使用合同的方式移转取得。

内容层面上信息类型的区分会在形式之上进一步影响权益归属和移转规则的选择。目前,对可交易的数据范围基于数据来源即信息内容进行限定已经是理论和实践中的共识,主要手段就是对信息内容进行分级分类。比如,对可以跨平台流通或转移的数据,要求个人直接提供的个人信息必须基于知情同意,用户活动信息等被记录或观察形成的个人信息、涉及第三方隐私的个人信息必须通过风险评估,在采取适当的安全保障措施的基础上才能流通或转移。[①]再如,基于敏感信息与一般信息的区分,敏感信息因其传播受控性而导致在权益归属和其后的利用环节必然需要有所管制。我国《个人信息保护法》第 28 条第 2 款规定:"只有在具有特定的目的和充分的必要性,并采取严格保护措施的情形下,个人信息处理者方可处理敏感个人信息。"第 32 条规定:"法律、行政法规对处理敏感个人信息规定应当取得相关行政许可或者作出其他限制的,从其规定。"这些条文体现了行政部门对敏感个人信息处理活动的提前介入,对相应的个人信息处理活动设置了法定条件。据此,在敏感个人信息的利用过程中应当满足一定的监管要求才能进入数据交易或流通市场。我国金融行业实践中相关的行业规范已经出现了依据敏感性对个人金融信息进行分级分类,将其中的个人鉴别类

---

① 参见王锡锌:《个人信息可携权与数据治理的分配正义》,载《环球法律评论》2021 年第 6 期,第 18 页。

信息划为敏感程度最高级的信息类型而禁止共享,其他级别的个人信息也需要满足一定的监管要求才能流通或转移。[①]

除此之外,私密信息与非私密信息的信息类型区分也会影响相应的数据是否可以用于交易或流通。私密信息与人格具有密切的关联,其属于个人私生活(包括个人生活与家庭生活)的内容,故而私密信息财产权益不光绝对地归属于个人,且完全禁止个人主动将其用于市场交易,信息处理者也不得对其开展信息处理活动。这主要是从其社会经济效用的功利角度考量的结果,意味着即使很多私生活领域中产生的私密信息,如私生活圈子中的手机聊天记录、家庭日常生活开销账单等,并不一定关涉个体人格尊严或行为自由等宪法价值,也依然应当禁止信息的流通和利用。在个人私生活领域,特别是基于婚姻关系产生的夫妻生活领域,由于婚姻关系内信任与忠诚基础的存在,导致围绕家庭内部私密信息开展的信息处理活动需要首先尊重双方作为统一的婚姻共同体的主体地位,故而其中的一方不能将这些信息以违反婚姻共同体意志的方式进行交易或发送,从而开启后续信息处理活动。[②]

3. 具体行为的限制

在信息流动的进程中,会牵涉收集、加工、储存、传输、删除等多个具体的信息处理行为,并伴随对信息内容不同程度的技术处理,相应地也会形成个人直接提供的个人信息、被记录的个人信息、经分析形成的个人信息和预测个人信息及这些信息内容的集合或加工产品。对于信息处理者而言,特别是其中的数据企业,仅拥有个人直接提供或被记录形成的个人信息集合已然不足以形成数字经济中的竞争优势,数字战略

[①] 关于实践中对个人金融信息的敏感程度分级及不同级别信息流通共享的法定条件的具体阐述可参见管洪博:《数字经济下个人信息共享制度的构建》,载《法学论坛》2021年第6期,第112页。

[②] See Susan Hoffman Williams, "The Adverse Testimony Privilege, Inalienable Entitlements, and the Internal Stance: A Response to Professor Regan", *Virginia Law Review*, Vol.81, No.8, 1995, pp.2167—2180.

的重点应当放在数字分析和深度挖掘信息价值后形成的数字产品。①这意味着对信息处理者而言,真正有价值的在于数据的挖掘和分析。

数据的挖掘和分析的结果是形成新的不同于识别个人信息主体的原始数据内容的衍生数据和推断数据。如果按照洛克经典的劳动权利理论解读,当人们改变某物所处的自然状态时就意味着在该物之中掺入了劳动,此时该物因添加了某人的劳动而成为付出劳动之人的财产。②在自然状态下,个人信息经过收集整合的数据化后仍然只是数据集合,唯有经过分析、加工、推断等数据挖掘技术,才可以发现新的知识并推动自动化决策。③此时的客体内容经过这些数据处理行为已经形成了完全不同于自然状态的新的存在。

如果从数据财产价值的贡献度来分析具体的数据处理行为,也可以为数据财产权益的归属分配提供相应的依据。具体来说,因为信息的全生命周期内有多方主体的共同参与,因此数据实际上是多方利益共享的集合,不同的主体都会参与该类生产资料的生产过程中,因此应当根据财产权益归属分配的效率和公平原则,结合数据生产过程中各方的贡献比例判断财产权益的归属。④

如果把无形的数据处理与有形物的加工(加工、附合、混合)进行对比,可以发现二者有差异,主要体现在加工物一旦形成,分离便无法实现或分离成本耗费甚巨,而数据处理中,经过汇总形成的数据集合或分析形成的衍生数据,通过技术化手段,仍然可以还原个人信息内容。不过,无形的数据处理与有形物的加工也存在相通之处。第一,数据处理行为与有形物的加工行为相似,表现在过程和结果两个方面:在过程

---

① See Anja Lambrecht, Catherine E. Tucker, Can Big Data Protect a Firm from Competition? (December 18, 2015), available at: https://ssrn.com/abstract=2705530, last visited on Nov.4th, 2021.

② 参见洛克:《政府论(下篇)》,叶启芳、瞿菊农译,商务印书馆1964年版,第18页。

③ OECD Data-Driven Innovation Big Data for Growth and Well-Being, Interim Synthesis Report (Oct. 4, 2014), available at: http://www.oecd.org/sti/inno/data-driven-innovation-interim-synthesis.pdf., last visited on Nov.13, 2021.

④ 参见包晓丽:《二阶序列式数据确权规则》,载《清华法学》2022年第3期,第71页。

上,二者都可以理解为是原材料与工作力的结合,前者是收集的个人信息与数据企业投入的数据处理技术、资金等的结合,后者是他人提供的动产与加工者投入的劳力、时间、技术等的结合;在结果上,数据处理使得个人信息的财产价值显著增值,形成了丰富的数据产品,有形物的加工同样可以形成新物且较之于原有的动产价值发生巨额增加。①第二,数据处理导致的权益归属效果可以借鉴有形物的加工的物权归属效果。应当明确的是,数据处理并非基于合同关系的行为,故而在权益归属判断上不应借鉴基于承揽合同关系的加工行为导致的物权归属效果。准确地说,数据处理导致的权益归属效果只能借鉴非依法律行为所为的有形物加工的物权归属规则。对此,在有形物的加工的物权归属效果上存在不同的学说:其一认为应使各物的所有权人形成共有关系②,其二认为应使添附物专归某人取得。③上述两种学说的共同之处是都主张应维持现状,即维持加工行为的经济价值,一旦加工导致的物之添附效果发生,当事人不得请求回复或加以分割。④只是在具体的物权归属上分别采用了单一化或共有的规定,由此当采用添附物归由一人取得的单一化学说时,一方面需要根据原材料与加工行为对新物价值的贡献来判断最终的物权归属⑤,另一方面需要着眼于维护与调和因添附而丧失所有权权利或利益的当事人的考量,允许丧失权利的人依债法上的救济方法,根据不当得利的规定请求偿还价额。上述有形物的添附在物权归属上的效果表明有形物的添附规则内蕴有维系添附物的经济

---

① 国内有学者主张不应以价值的显著增加作为加工的构成要件,而仅将其作为是否使得新物所有权归属于加工人的参考因素。参见房绍坤:《论加工的物权法规制》,载《清华法学》2017年第2期,第66页。

② 比如,当加工人提供部分材料在原物之上进行加工时,《法国民法典》第572条规定,新物归原物所有人与加工人共有。再如,《巴西民法典》规定当加工物不能恢复原状的,其所有权归由当事人共有。

③ 比如《德国民法典》第950条规定,加工形成的新物归加工人所有。

④ 参见吴光明:《新物权法论》,台湾三民书局2009年版,第182页。

⑤ 比如部分国外立法例采用了加工物原则上归材料所有人所有,但如果加工的价值明显超过材料的价值时,由加工人取得加工物的所有权。参见《瑞士民法典》第726条、《日本民法典》第246条。

效用大于个人财产权保护的意涵。[1]基于此，数据处理过程中数据生产者可以同样基于原始取得主张对数据集合或衍生数据的财产权益。

（二）总体思路：财产权益分属个人与信息处理者

个人信息财产权益归属分配首先应当明确具体的主体和客体范围。诚如前文所述，当信息处理者以数据生产者的角色出现在信息流动进程中时，其从事的行为是数据处理行为，可以类比有形物的加工规则而原始取得数据集合（汇总性处理）和数据产品（分析性处理）的财产权益。由于是在个人信息之上形成的新物，因此相对于个人信息主体，数据生产者对其享有完全的财产权益，个人信息主体对其不在权属上分配，而只能通过数据生产者提供服务等间接方式实行再分配，完成反哺。不过，数据生产者围绕数据集合和数据产品开展的商业实践仍然需要遵守保护个人人格权益的底线要求。此外，相对于其他数据生产者或获取数据的第三方主体，数据生产者享有的是有限的数据使用权，可以通过许可使用合同的方式实现数据流通和共享。这主要出于两方面的原因，一是个人信息的特性决定了很难完全将个人信息财产权益归由一方主体支配。个人信息的信息本质决定了其无时无刻不在流动、复制，因此其不具有使用上的损耗性，而是可以不断再生，同时为多个主体所使用。[2]二是如果将个人信息财产权益绝对私权化而归属于单一的某个私主体，势必形成垄断，不利于数据的流通共享。

除了上述情形外，个人在向数据生产者首次提供个人信息时，财产权益分属于个人与信息处理者。不过个人不能通过像数据企业之间采用许可使用合同的方式来获取信息的财产价值。究其原因，一方面，如果采用自由协商定价的方式开展交易，个人信息主体难以获得有效的权益保护。自由协商定价意味着双方需要有平等的谈判磋商能力，需要有基于自由的意思表示达成一致的可能性。上述情况在个人信息主体与

---

① 参见郑冠宇：《民法物权》，新学林出版股份有限公司 2018 年版，第 143 页。

② 参见［英］维克托·迈尔·舍恩伯格、［英］肯尼思·库克耶：《大数据时代》，盛杨燕、周涛译，浙江人民出版社 2013 年版，第 132 页。

信息处理者之间"持续性不平等信息关系"①的背景下并不存在：个人信息主体的同意更像是掩耳盗铃的存在，为了获取信息服务而不得不同意，因此就不能算作是有效的同意②，故而双方欠缺意思自由的基础。

　　信息的财产权益不能完全归属于个人或信息处理者一方是因为绝对的私权化倾向与个人信息的社会公共价值不符。个人信息主要是在社会交往环境中产生的，具有刺激信息流通、鼓励科技创新、保障言论自由的公共价值。当然有学者指出相貌、指纹、血型、基因等与生俱来且无法轻易改变的身体属性类的个人信息并不是社会生活交往的产物，而是与生俱来的自然性个人信息，与个人人格关系紧密，因此应当将这部分个人信息财产权益完全归属于个人。③对此，有必要澄清的是，指纹、血型、基因等生物识别信息虽然出于个人身体，但也只是识别关联的准确度高、很多具有唯一性，却不等于生物识别信息的财产权益就可以完全归属于个人。首先个人信息作为集合的整体资源性价值不容忽视，人类生物遗传资源对人类生存发展的重要意义不言而喻，而上述资源价值的开发显然不是个人所能完成的，而需要全社会力量的加入。其次如果将这些生物识别信息财产权益归于个人所有，表面上好像保护了个人权利，其实不然。因为基于协商定价的自由交易对个人信息主体的难题依旧存在，轻则个人无法从财产交易中获取对等的价值，重则导致个人身体信息的主体性价值面临被物化的危险，造成人格贬损④。此外，无论

---

　　① 丁晓东：《个人信息权利的反思与重塑——论个人信息保护的适用前提与法益基础》，载《中外法学》2020 年第 2 期，第 341 页。

　　② 参见彭诚信、杨思益：《论数据、信息与隐私的权利层次与体系建构》，载《西北工业大学学报（社会科学版）》2020 年第 2 期，第 87 页。

　　③ 参见曹博：《论个人信息保护中责任规则与财产规则的竞争及协调》，载《环球法律评论》2018 年第 5 期，第 92、95 页。

　　④ 德国学者温弗里德（Winfried）归纳的信息处理风险类型中有一项为人格物化风险，即把人仅仅当作物体来对待，特别是通过完全自动化的个人决定将产生把人降格为物体的危险。See Veil & Winfried, The GDPR: The Emperor's New Clothes-On the Structural Shortcomings of Both the Old and the New Data Protection Law（December 21, 2018）, available at: https://papers.ssrn.com/sol3/papers.cfm?abstract_id=3305056, last visited on Oct.27, 2021.

个人信息财产权益归于何者,都难谓公平合理。如果将个人信息财产权益归于个人,那么为个人信息创造最大的财产价值增值的信息处理者无法获得足够的产权激励,也不符合财产归属于最能体现其使用效率的主体的权属分配规则。如果将个人信息财产权益归于信息处理者,那么信息处理者可以自由地使用个人信息集合及其衍生品(处理个人信息或与第三方主体进行交易)而无需向个人提供任何回报。个人信息主体此时只享有个人信息人格权益,只能以防御的方式预防个人信息人格权益侵害或请求损害赔偿,而且还会面临人格权益与信息处理者财产权益之间的冲突。此时个人信息主体在数字经济模式下是孤独的存在,彻底无缘信息红利,也不符合个人为数字经济模式提供底层信息原料的"源头"作用。综上所述,个人信息财产权益归属单一主体的思路不可取。

(三) 结合处理行为及主体差异的具体划分

1. 基于处理行为差异的第一次划分

个人直接提供的信息内容的初始财产权益属于个人信息主体,由于信息处理者未参与对这些信息内容的进一步加工,因此不存在个人以外的其他主体对信息财产价值增量的情形。个人直接提供的信息内容本身财产价值相对有限,不过这不妨碍财产权益的归属。而且在网络自媒体时代,个人信息的财产价值明显提升:首先,对于名人、明星,其姓名、肖像等个人信息本身就是极其富有商业营销价值的符号,通过人格权许可使用合同来获取其形象的经济利益自不待言。其次,网络自媒体形成后,成为名人的门槛明显降低,人人都可以通过网络营销、自我包装的方式彰显个性、展示自我,即使是曾经线下社会中身份普通的路人甲也可以在线上社会中收获大量粉丝,成为网络红人。最后,网络环境下的个人信息交易或流动是以数据等电子形式的集合方式进行的,每个个人在网络空间中自主提供或留下记录的个人信息会形成海量信息集合的效果,由此在信息市场上会出现收集个人信息后将海量信息集合直接打包加价转卖而不进行个人信息深度处理的中间商,如果个人信息主体不能对市场中这些流通行为中产生的财产价值有所控制,就会造成个人信息财产权益的丧失。

经过观察、分析形成的信息及推测个人信息的初始财产权益归属于信息处理者。一方面,这些个人信息并非直接来源于个人信息主体,而是由信息处理者经过信息收集后的后续处理行为产生并自然地落入其控制,从而附加到原有的信息流动链条中;另一方面,对观察收集的个人信息展开的分析性处理和推测挖掘本身就是一种数据生产行为,会带来信息财产价值的提升。因此无论是从占有控制的角度,还是劳动生产的角度,将这些信息财产权益配置给信息处理者都具备正当性基础。

2. 基于信息处理者内主体差异的第二次划分

在网络数字环境下的信息流动链条中,信息处理者是相对于个人信息主体的相对方,不过在其内部还有彼此利益相对的多种主体,即对信息集合展开深度处理的数据生产者及从数据生产者处获取数据的第三方主体。数据生产者有时也是直接从个人信息主体处收集个人信息的初始信息收集者,有时则是从单纯的信息收集者处获取个人信息集合。可以确定的是获取数据的第三方主体并没有与个人信息主体有直接的联系,因此其不参与和个人信息主体就个人信息财产权益的第一次划分。对于数据生产者而言,无论其是否直接从个人信息主体处收集个人信息,其都可以基于占有控制或劳动生产原始取得个人信息财产权益。不过,数据生产者和第三方主体之间就数据生产者享有的个人信息财产权益该如何进行权益分配则是第二次权益归属划分的核心。

根据前文论述,在数据生产者之间或数据生产者与获取数据的第三方主体之间,享有的是有限的数据使用权,因此这些数据企业无论以何种角色出现在数据流通链条中,都不能排他性地享有完全的财产权益,而是以许可使用合同的方式经交易取得数据使用权。据此,获取数据的第三方主体可以依自由协商交易获取数据生产者的财产权益,由于相对于个人信息而言,数据集合或产品实际上是其财产价值的凝结,因此个人信息内含的财产价值实际上转移至第三方主体。

虽然作为数据接收方的第三方主体出现在信息流动进程中,不与个人信息主体产生权属关系上的直接关联,但是由于个人信息人格权益由个人独享且永恒附加在信息数据之上,因此第三方主体仍然需要遵守必要的信息传输或分享限制义务,防止对个人信息权的侵害,以确保个人信息人格权益的圆满状态。

二、个人信息财产权益归属划分后的状态

(一) 个人信息财产权益主要由数据生产者控制

个人信息财产权益主要由数据生产者控制不等于财产权益完全归属于数据生产者,相反个人信息财产权益应由个人与数据生产者共享。如何在两者之间分配财产权益,则要从个人信息的客体属性以及市场规则出发,使财产价值的分配既要符合产权配置的效用目标,也要符合公平正义的要求。从行权效果看,数据生产者控制个人信息财产价值,更有利于激励个人信息类数据生产,提升数据利用效率。由此决定了数据生产者所享有的个人信息财产控制权有其特殊的内涵。

数据生产者在数据采集中投入成本、创造价值,无论从劳动报偿角度还是从激励产出、提升社会福利角度出发,赋予数据生产企业对个人信息财产价值的控制权,更符合个人信息财产权配置的原则和目标,否则会造成市场失灵,如公地悲剧、抑制后期投资等。作为资源的数据是被生产出来的,组成数据资源之个人信息的财产价值也是由生产而来,因此数据生产者对于信息财产价值应享有控制权。[①]

赋予数据生产者个人信息财产利益控制权,利于市场机制发挥财产分配作用的机能。企业间的数据流转,本应以市场为最优的财产流转机制,通过市场使数据资源流向最优利用者手中。最优利用由利用

---

① 参见高富平:《数据生产理论——数据资源权利配置的基础理论》,载《交大法学》2019 年第 4 期,第 16、18 页。

意愿、技术和能力共同决定，从这三方面看，数据生产者均是最优利用者，而非个人。当法律赋予数据生产者对个人信息财产利益控制权时，可以避免个人控制信息财产价值，避免非最优利用人控制个人信息的市场流向。个人仅控制个人信息中的人格权益，却不及于财产权益，由此个人便不能生成干预数据市场流通的私人管制力，数据财产价值便可依市场规律自由流通。

赋予数据生产者对个人信息财产利益控制权，利于避免数据企业对个人信息的恶意争夺。在我国互联网企业个人信息争夺案中，已发生多起以个人的信息控制权为由的不当争夺数据生产方数据的案件。①若不赋予数据生产企业个人信息财产权，放任数据争夺者以个人控制信息为名恶意争夺数据，短期看会危及数据生产企业的竞争优势和竞争资源，长期看则会抑制数据生产，最终也会损害个人及整个社会利益。

数据生产者对个人信息财产权益享有一定的控制权，但该控制权并不是绝对排他的独占性支配权。(1)人格权优位于财产权，数据生产者对信息财产权益的控制首先不能对抗个人基于信息人格权益生发出的知情、查阅、复制、更正、删除等具体权利。并且，因具有人身专属性的人格权不可转让、不可放弃，无论数据生产者如何处分由其控制的个人信息财产权益，如何与数据第三方利用者共享个人信息，均不得且不能排除个人所享有的个人信息人格权益。在个人、数据生产者与数据第三方利用者之间，虽然个人信息权益初次分配发生在个人与数据生产者之间，但当数据生产者的个人信息财产权益"分享"给其他数据利用者时，无论这种"分享"是否有正当合法理由，无论是基于意定或法定原因，个人所享有的个人信息人格权益不因财产权益归属的转移或利用形式的改变而丧失，我们可以形象地称之为个人信息人格权的"追及力"。(2)个人虽不是或主要不是个人信息财产价值生产者，而仅是或

---

① 参见杭州铁路运输法院(2017)浙 8601 民初 4034 号民事判决书，浙江省杭州市中级人民法院(2018)浙 01 终 7312 号民事判决书；杭州铁路运输法院(2019)浙 8601 民初 1987 号民事判决书。

主要是信息资源供给者,但为了激励个人信息的持续供给,个人亦应共享个人信息财产利益。事实上,对于个人信息中的财产权益,较为便捷的权益分配形式是将其赋予个人,希望利用个人信息的处理者可依自愿交易的形式从个人处获得财产权益。但个人信息作为客体具有特殊性,它往往存在于他人平台之上;且个人信息产生、发挥财产价值同样较为特殊,若没有数据生产者的收集、处理等行为,个人信息的财产价值便无从或难以充分发挥,从而决定了个人信息的财产价值难以甚至不能由个人独享,而应与数据生产者分享。(3)数据本身具有社会共享性,这是与企业(数据生产者)商业秘密的区别。生产个人信息财产价值,是数据生产者得以控制个人信息财产利益的理由,但控制不等于独占,对数据生产者开放的个人信息,他人使用并不一定违法,如搜索引擎爬虫爬取数据是行业认可的惯例,是否承担责任要看结果是否侵害了法律保护的利益和秩序,而对数据生产者不愿公开的非共享信息,可以选择商业秘密形式获取保护。(4)企业(数据生产者)数据上负载多重利益,与市场经济秩序和消费者权益密切相关。"企业数据不仅是产生企业自身的数据经济利益,本身在其享有、应用、交易的语境下也会因为数据化活动本身而影响特定经济和社会秩序"[1],若赋予绝对排他的财产权,易造成数据垄断、危害竞争秩序、侵害消费者权益等后果。也就是说,数据生产者可以控制个人信息财产权益,但不能以此方式绝对排斥他人使用、限制数据共享,企业对个人信息财产权益的控制,要受法定的数据开放、数据竞争秩序、消费者权益保护等多方面要求限制。(5)互联网作为公共、开放、共享空间的本质属性决定了数据生产者不能对互联网上的开放数据享有支配性、排他性权利。理由在于,"如果赋予互联网平台排他性的数据权利,可能会彻底扼杀互联网的公共性与开放性,从而扼杀互联网的蓬勃发展"[2]。

---

[1]　龙卫球:《再论企业数据保护的财产权化路径》,载《东方法学》2018 年第 3 期,第 58 页。

[2]　丁晓东:《论企业数据权益的法律保护:基于数据法律性质的分析》,载《法律科学(西北政法大学学报)》2020 年第 2 期,第 93 页。

完整的个人信息财产权益由数据生产者与个人共享,数据生产者的控制权有特定的权利内涵。(1)从抽象意义上看,完整的财产权包括占有、使用、处分、收益四项权利内容,数据生产者与个人共享信息财产利益意味着该四项内容由两方主体共同享有。就目前的法律实践而言,其中占有或至少说直接占有归属于数据生产者,这归因于生产者采集个人信息并实质控制信息这一事实。至于使用,因为数据生产者是数据经济中最主要、最普遍以及最优利用者,个人信息财产价值实际由数据生产者开发、使用,个人信息财产使用权益同样归属于数据生产者。处分是个人信息市场化流通的基础,为实现赋予数据生产者财产控制权所能发挥的制度优势,在法律权益配置上,处分权益最好由数据生产者享有。当下数据生产者的个人信息财产控制权应包括占有、使用、处分、收益四项内容,所谓的个人信息财产权益共享,主要指的是个人信息财产收益权的共享。(2)个人信息财产权益在数据生产者与个人之间的共享可以看作是完整财产权权能的分解和重置。需要说明的是:第一,权能不是某一项具体的权利,而是对权利内容的抽象,权利人基于权能实际享有各种具体权利,实际享有的具体权利是权能在法律实践中的展现,因此数据生产者与个人不是共享某项具体权利,而是实现这种具体权利的可能。进一步说,数据生产者与个人共享个人信息财产收益权能,意味着法律保护收益共享的可能性,而并非要确定保护某一种具体、特定的信息财产收益共享方式;第二,权能共享没有法律上的顺位和优先等次,数据生产者的个人信息财产控制权与个人所享有的信息财产权益不是派生关系,二者是平行、平等、同时而生的,均基于法律规定而原始取得个人信息财产权益,因此,在权能分解重置视角下,数据生产者与个人对信息财产权益的共享实际是法律上的共有关系。[①]

[①] 就目前实践看,个人信息财产权益共享的法律实践及可行模式仍在摸索和试验过程中,数据生产者与个人共享财产权益究竟选取何种理论模型,取决于实践的选择。由于数据信托能否作为一种可行的数据治理方式在国际上仍处于热烈讨论阶段,本书仅在自身的法律逻辑框架内探讨个人信息财产权益共享模式,并不否认未来通过数据信托分配个人信息财产权益的可能。关于数据信托参见翟志勇:《论数据信托:一种数据治理的新方案》,载《东方法学》2021年第4期,第62—76页。

(3)数据生产者享有个人信息财产控制权是对个人信息财产权益的初次分配,主要发生在个人和数据生产者之间。至于数据生产者对其享有权益的二次分配,因数据生产者享有信息财产处分权,数据生产者与其他数据第三方利用者之间的个人信息财产权益如何共享,可以由合同制度调整,即数据生产者可以与数据第三方利用者签订数据共享协议,利用方违反协议规定承担违约责任。目前我国司法上已经肯定了数据共享协议效力,如"新浪微博与脉脉案"[①],法院便认可了《开发者协议》的效力,认为被告应按协议要求通过 OpenAPI 接口获取约定范围内的数据,并将《开发者协议》法律效果界定为授权,这是对数据生产者个人信息财产处分权的承认和保护。

以上对个人信息财产权益分配针对的是一般情况,即信息主体是普通的个人,而不具有特殊的地位和身份,如名人明星等。原因是,一方面,名人、明星个人信息财产价值主要由自己创造,在流量经济下,名人的行为轨迹、生活状态甚至明星的在线动态等信息,自身便能产生巨大商业利润,这些价值是名人、明星个人累积产生的,而非由个人信息处理者生产而生,这就决定了同样从产权配置的报偿理论或功利主义理论出发,在个人信息财产权益分配上,名人、明星信息与普通个人信息具有不同的法律逻辑,名人明星享有其个人信息财产价值控制权,可以依合同与处理者约定财产权益归属。另一方面,与普通个人相比,名人明星在市场地位与议价能力上具有较强优势,能够与处理者平等协商,在个人信息财产权益处置上,不会产生普通个人的市场失灵问题,产权配置也不同于普通的个人。因此,名人明星等特殊主体对其个人信息进行商业利用的场景具有特殊性。

(二) 个人借助消极方式实现有限的个人信息财产权益

个人与数据生产者依自由意志积极共享个人信息财产权益,是理想的财产权分配模式。而残酷的生活现实却是,积极共享很难实现,请

---

① 参见北京市海淀区人民法院(2015)海民(知)初字第 12602 号民事判决书,北京市高级人民法院(2016)京 73 民终 588 号民事判决书。

读者审视一下自身的现实情况便一目了然。只要大家使用过网络,尤其是使用过各种 App 服务软件时,由于网上留痕,各种信息可能已被数据平台收集、处理,甚至已被包含在各种数据产品中被交易、流通、利用等,试问有多少网络用户得到过其个人信息中财产利益的回馈。在人们尚未设计出符合数字社会现实要求的个人信息财产权益积极共享制度前,当下以消极方式即通过责任方式保护个人对其信息的财产收益权,也就成为一种无奈的次优选择。当然,个人信息财产权益的消极实现方式也在一定程度上补充了财产权益积极实现方式的缺憾。具体作用表现为以下几个方面:

第一,克服市场定价失灵,使个人信息权益侵害能够获得经济赔偿。财产权益的积极实现方式在保护个人信息中的失灵已受到广泛关注,主要体现为知情同意所面临的诸多困境。财产权益的积极实现方式保护选择(如合同),消极实现方式保护转移(如侵权责任)。责任保护的本质是通过支付法定金额方式使财产利益的转移能够获得相应赔偿。我国《民法典》第 1182 条规定侵害人身权益造成财产损失的可以请求财产损害赔偿,当个人不享有信息财产利益时,非法使用个人信息便不能认定为造成财产损失,个人没有请求财产救济的请求权基础。承认个人享有信息财产利益后,责任保护的优点在于,当其人格权益损害不足以支持精神损害赔偿时,责任规则可以起到补足救济的作用。责任规则解决了合同规则下个人信息较难通过市场定价以及交易成本过高的问题,个人损失难以计算时,可以依据侵害人获益情况、当事人事后协商甚至法院酌定赔偿等方式来确定具体赔偿数额。

第二,使个人信息财产权益保护可对抗任意处理者。个人信息是能够客观地识别自然人并表征个人特征的信息,这就决定了其作为财产权益客体具有特定性和可识别性。客体特定的意义在于可以明确客体及其上利益的归属,这是个人信息财产权益能获得对世保护的条件之一。若客体不特定,则其上权益无法具体归属于某一人,因此也无法获得一般性的责任保护。不仅如此，客体（个人信息）可识别性能够使法益产生社会典型公开性。社会典型公开性使加害人能够对行为后果产生预见，避免了加害人一律承担责任的过度严苛。若权益不具有这一特性，受害人所受侵害仅能视作社会风险，不能获得赔偿。[①]个人信息的可识别性使个人所享有的信息财产权益产生了可对抗其他任意第三方使用者的消极权能。也就是说，个人享有其信息财产权益是权利初次分配的结果，发生在个人与数据生产者之间，但此种利益因特定且可识别性而具有普遍对抗性，无论处理者是数据生产者还是第三方利用者，无合法基础处理个人信息的，均造成对个人信息财产权益的侵害，均应给个人以损害赔偿。

第三，与个人信息保护上的义务规范形成链接，为开展经济补偿或经济激励计划创造条件。责任是违反义务规定的法律后果，目前我国信息处理者的义务规范多以保护个人信息人格利益为出发点，当采责任方式保护个人信息财产利益时，法律得以在个人信息人格保护义务外规定法定的财产性义务，如经济补偿义务，或为信息处理者开展经济激励计划设定义务规范，为处理者向个人提供经济报偿而换取高质量的个人信息供给创设行为框架。CCPA在告知—同意模式中明确规定了经济激励条款，允许信息处理者在公正、合理、自愿且非高利贷情况下给个人以经济激励，这是改变告知—同意强制准入模式的有益尝试。[②]"奥巴马政府在2011年就推出了'绿色按钮'计划，要求必须使得顾客能够以一种可下载的、标准的容易被使用的电子形式查询自己的能源使用信息。"[③]经济补偿或经济激励既有助于避免财产规则下个

[①] 参见于飞：《侵权法中权利与利益的区分》，载《法学研究》2011年第4期，第110—111页。

[②] See California Consumer Privacy Act of 2018（Senate Bill No.1121），Section 6.1798.125（b），（1）A business may offer financial incentives … （4）A business shall not use financial incentive practices that are unjust, unreasonable, coercive, or usurious in nature.

[③] 龙卫球：《数据新型财产权构建及其体系研究》，载《政法论坛》2017年第4期，第72页。

人信息以市场方式由个人流转到信息处理者手中的种种困境,又有利于克服因单条个人信息价值有限而使个人较难享受其信息红利的弊端。

第四,可以降低个人信息交易成本,契合个人信息交易结构。个人信息中的财产价值交易链不同于传统的有形资产,有形资产以线性交易结构为主,交易主体明确、流向清晰;个人信息交易则是网状结构,理论上交易链条具有时空上的无限延展性。数据提供方可以多种方式,与任意第三方交易个人信息;数据采集方可以出于多种目的,处理从多个渠道采集的个人信息;个人信息处于多样、多向的流动利用中。如若要求网状交易的各节点都取得个人授权、签订合同,不仅成本巨大,并且对个人来说侵扰过重。

第五,与个人信息财产权益分配上普通个人与特殊主体区分相对应,以责任方式实现个人信息财产权益的规则仅适用于普通个人,而在名人、明星等特殊主体对其个人信息进行商业利用的场景,因特殊主体享有其个人信息财产权益控制权,则多依合同规则实现财产利益。

第三节　数据利用的人格权益保护底线

一、个人信息人格权益由个人控制且专属个人

(一) 个人控制和专属的含义

一般认为,关于个人信息权的权利内核大致有信息自决权与信息控制权两种学说:信息自决权说滥觞于德国的"人口普查案",而美国多将个人信息权(信息隐私)解释为个人信息控制。但二者并非毫无关联,所谓的信息自决权在德国法的语境中包含控制个人信息的思想,而

信息控制也含有信息决定的内容,它们的目标一致,都是保护人的自主独立或自治。①或者说,这两个概念主要是从个人信息的人格属性出发,而较少兼顾人格权益中内含的财产权益。由于信息自决权主要是一种对抗国家的宪法上理念,难以适用于具体的民事权利,而且也易引起个人信息权是绝对支配权的误解,②故本书使用个人信息控制权的概念。

个人信息控制与个人信息人格权益性质相契合。"个人信息控制权是人格权,源自个人信息与自然人生命、身体、健康的密切联系性,它们是生命、身体、健康的表征或符号。"③个人信息控制赋予个人两种能力:第一,创造个人身份特点的能力,这些身份特点用来定义自身;第二,个人事物的决策能力,尤其是与自我界定相关的事务。这两种能力事关个人对自我的认知和评价,且通过形塑他人掌握自身信息的方式以影响他人对自我的认知。个人信息控制体现了个人的自由和尊严,与个人信息人格权权益性质相契合。④具体表现如下:

第一,个人信息控制是个人对其信息享有自由意志的法律表达。欧盟 GDPR 规定自然人在数据处理中获得保护是一项基本权利,自然人应能控制其个人数据。⑤个人信息控制的核心是数据处理自治,即自然人同意并全面控制数据处理。正因为数据保护法的目的是保护人的基本权利,所以个人数据控制才尤为重要。意思自治是主体控制其个

---

① 参见王利明:《论个人信息权的法律保护:以个人信息权与隐私权的界分为中心》,载《现代法学》2013 年第 4 期,第 63—64 页;刘艳红:《民法编纂背景下侵犯公民个人信息罪的保护法益:信息自决权——以刑民一体化及〈民法总则〉第 111 条为视角》,载《浙江工商大学学报》2019 年第 6 期,第 24—30 页。

② 参见杨芳:《个人信息自决权理论及其检讨:兼论个人信息保护之保护客体》,载《比较法研究》2015 年第 6 期,第 25—29 页。

③ 刘士国:《信息控制权法理与我国个人信息保护立法》,载《政法论丛》2021 年第 3 期,第 83 页。

④ See Edward J. Janger, Paul M. Schwartz, "The Gramm-Leach-Bliley Act, Information Privacy, and the Limits of Default Rules", *Minnesota Law Review*, Vol. 86, No. 6, 2002, p.1248.

⑤ See General Data Protection Regulation(EU) 2016/679, Whereas (1), (7).

人信息及信息处理的重要保障。[1]

第二，个人信息控制并非对个人信息的绝对支配。个人可以自由决定其信息被何人使用或如何使用，但这并不意味着他人使用其信息必然构成对信息权益的侵犯。在德国，这样一种权利被视为是基本法人格权的具体化，并被称为信息自决权。没有绝对不受限制的个人信息自决权，它不是绝对的支配权，必须遵循基本权利的要求，受法律保留、授权明确以及比例原则的拘束。[2]欧盟 GDPR 将个人信息权界定为个人数据保护权，并指出该权不是绝对的权利，需要与其他基本权利相互权衡。[3]更为清晰的理解是，个人信息控制主要针对个人信息中的人格权益，在此意义上，个人信息需要他人的绝对尊重，个人通过控制权来防御他人的侵害；而对于个人信息中所内含的财产价值并不享有绝对支配的权利，在人格利益得到充分尊重的前提下，则可与信息处理者共享。

第三，个人信息控制所针对的人格权益在法律上主要体现为防御权。赋予个人对其信息的控制性权能，目的是实现对个人信息在特定场合的控制与支配，进而防止个人信息被侵害。[4]此处的特定场合，应理解为主要针对人格利益而言。个人信息控制权是"事前""自力性""制衡性"的防御权。(1)个人信息控制使个人得依自己意思管理信息处理风险，有权在事前了解风险的基础上自主决策、自主判断、评估风险，决定是否将自己置于风险之中。(2)承认个人信息控制，也即承认个人较信息处理者意志具有优先性；与追责不同，个人信息控制不需要请求他人配合，不需要经过司法确认，它是自力性风险管理，个人处于积极、主动地位。(3)在个人信息数据化利用中，信息处理者对他人信

---

[1] See Article 29 Working Party, Guidelines on consent under Regulation 2016/679.

[2] 参见王泽鉴：《人格权法》，北京大学出版社 2013 年版，第 200 页。

[3] See General Data Protection Regulation(EU) 2016/679，Whereas (1)，(4).

[4] 参见程啸：《民法典编纂视野下的个人信息保护》，载《中国法学》2019 年第 4 期，第 39 页。

息有事实上的控制力,对作为风险承受者的个人而言,若其不能控制风险而由他人任意支配其个人信息,则是法律制度上的巨大不公。授予个人法律上的信息控制力,将有利于实现风险控制上的制衡。

第四,个人信息控制使得个人能够参与信息处理决策。个人信息控制通常是由隐私的最坚强捍卫者所使用的,被认为是个人控制关于其信息流的权力。①个人信息控制与隐私不同,隐私是保持独处的权利,而个人信息被认为是参与性的权利。其理念是将个人置于有关个人信息使用决策的中心地位,通过个人管理信息,包括个人对信息利用的选择及与信息使用者谈判而实现信息自治。②

第五,个人信息控制权的人格权特性决定了其不得与个人分离。人格权具有人身专属性,不得放弃和转让。在有合法基础的前提下,个人信息可由他人利用和处理,但这并不影响个人信息控制权的圆满性,也不妨害个人在信息上的人格利益。个人信息控制权不因信息的合理使用而丧失,即便有合法基础,处理者也要保障个人的同意、退出、删除、限制、更正、复制等权利。该权也不因其辗转到第三方手里而消灭,无论个人信息以何种途径转移到何人手里,个人信息控制权均有追及力,第三方处理个人信息仍要保障个人的知情权和选择权。

(二) 个人独享个人信息人格权益的表现

个人信息的人格权利本质决定了其人格权益只能由个人专属,且不能让渡。③个人信息控制虽然并非对个人信息的绝对支配,但是不妨碍其人格利益由个人信息主体独享。个人独享个人信息的人格权益主要体现在以下几个方面:

---

① [美]阿丽塔·L.艾伦、理查德·C.托克音顿:《美国隐私法——学说、判例与立法》,冯建妹、石宏等译,中国民主法制出版社 2019 年版,第 169 页。

② See Paul M. Schwartz, "Privacy and Participation: Personal Information and Public Sector Regulation in the United States", *Iowa Law Review*, Vol.80, No.3, 1995, p.555.

③ 参见彭诚信:《论个人信息的双重法律属性》,载《清华法学》2021 年第 6 期,第 87 页。

第一，个人信息人格权益归属具有绝对性，其他任何不特定的信息处理者及其他个人信息主体都应当尊重特定个人信息主体对其个人信息的人格权益。个人信息人格权益归属的绝对性从两大法系对个人信息主体权益的理论阐述也可以得到验证。在德国法框架下，个人数据权受到《德国民法典》第 823 条第 1 款的保护。[①]因此，不特定的任意第三人都属于尊重个人信息主体的义务主体。[②]在美国法下，关于信息隐私的重要学术分支就是信息隐私个人控制论，其核心主张是个人可以自主选择是否披露或允许他人知晓其个人信息的内容及范围。[③]通过对个人信息控制理论的发展，美国有学者将个人信息权演绎成为一项具有转让性的财产权，不过其人格权益的专属性不会因信息的流动而消失，可以覆盖信息处理及数据生产和传播的全过程。[④]

第二，个人独享个人信息人格权益仅包括对其人格权益的控制，即个人信息人格权益所具有的控制权能不等于个人对其个人信息的全面支配。首先在理论上无论是美国法上的个人信息控制论还是德国法上的信息自决论，都反对个人信息权益的全面支配性。美国宪法第一修正案中言论自由作为宪法根基规则的价值意味着个人信息权益不能阻碍信息作为言论内核的流通价值。[⑤]德国法上的个人信息自决权也不属于支配权，受到法律保留及比例原则的拘束[⑥]，甚至在"一般人格权"理论分支下还被顶着利益而非权利的批评，被认为是"权利的宽大外衣

---

① ［德］本德·吕斯特、［德］阿斯特丽德·施塔德勒：《德国民法总论》，于鑫淼、张姝译，法律出版社 2017 年版，第 55 页。

② 参见叶名怡：《论个人信息权的基本范畴》，载《清华法学》2018 年第 5 期，第 147 页。

③ See Charles Fried, "Privacy", *Yale Law Journal*, Vol. 77, No. 3, 1968, pp.483—486.

④ Paul M. Schwartz, "Property, Privacy, and Personal Data", *Harvard Law Review*, Vol.117, No.7, 2004, p.2059.

⑤ 相关的判例中当言论内容涉及公众人物的个人信息，或涉及非公众人物的个人信息，且议题具有公共性时，第一修正案中的言论自由原则都可以得到适用而优先于个人信息权。See New York Times Co. v. Sullivan, 376 U.S. 254, 279(1964)；Curtis Publ'g Co. v. Butts, 388 U.S. 130, 155(1967).

⑥ 参见王泽鉴：《人格权法》，北京大学出版社 2013 年版，第 200 页。

之下包裹的仍然是利益瘦小的躯干"①。其次,信息的流动性、易复制性、非排他性、即时处理性决定了其可以同时被多人使用而互不排斥。②最后,在实践中,事实也证明了因信息处理技术的复杂性和不可预知性,个人对其个人信息的全面支配不可能完全实现,基于知情同意的个人信息控制无法覆盖个人信息流向的整个生命周期。③因此,个人独享个人信息人格权益并不影响信息的正常流动和后续的数据处理行为,也不排斥信息流动进程中的其他信息处理者分享个人信息处理产生的财产价值。

第三,个人独享个人信息人格权益主要体现为对一切侵害个人信息权的行为具有防御和控制权能,且具有追及力。④也就是说,无论是信息收集者,还是数据生产者或是获取数据的第三方主体;无论其处于信息流动进程中的哪一环节,个人都可以通过自主决策和判断来决定是否需要相应的个人信息处理者配合,履行查阅、复制、更正、删除、个人信息可携带权,甚至可以要求退出个人信息处理活动,以防止个人信息人格权益被侵害。

二、人格权益保护的具体路径

(一) 个人信息底层法益的对世性

个人信息人格权益是个人信息之上的底层法益,体现的是个体人格尊严和行为自由。个人信息底层法益保护具有对世性,即人格尊严和行为自由这两项人格权的传统价值基础在数字社会背景下也不应被放弃,任何第三方都应当尊重个人信息主体的人格尊严和行为自由。

---

① 于飞:《侵权法中权利与利益的区分方法》,载《法学研究》2011 年第 4 期,第116 页。

② 参见梅夏英:《在分享和控制之间——数据保护的私法局限和公共秩序构建》,载《中外法学》2019 年第 4 期,第 853 页。

③ 参见高富平:《个人信息保护:从个人控制到社会控制》,载《法学研究》2018 年第 3 期,第 99 页。

④ 参见彭诚信:《论个人信息的双重法律属性》,载《清华法学》2021 年第 6 期,第88 页。

我国《个人信息保护法》第2条规定"自然人的个人信息受法律保护,任何组织、个人不得侵害自然人的个人信息权益",这一条文足以凸显个人信息人格权益的对世性。

人格权益处于个人信息权益的底层表明了人格尊严和行为自由价值是个人信息权利属性的本质。在网络尚未普及、信息处理技术尚未发展的数字经济时代到来之前,个人信息已然存在,存在于人们口中、纸张之上、电报代码之中等有形物理介质上的关于人们身份或生活习惯的描述同样具有信息价值。当时信息传播力不强,个人信息的人格属性更为浓厚,进入数字社会后,信息的财产价值被进一步挖掘,释放出巨大的经济效益,才使得人们在巨大的利益诱惑面前忘却了其底层的人格权益。

个人信息底层人格法益保护具有对世性有助于个人对抗数字社会中可能出现的对人格利益的贬损。在网络空间中,算法技术、资本力量、多重信息处理参与主体等因素的结合造成个人人格利益受损的现象几乎随时随地都在发生且日益深化。个人信息随时随地被收集、储存不当造成信息泄露,引发个人私生活被窥探、公开,侵害个人隐私自不待言,以个人用户画像为基础开展的个性化服务还会干预个人的自主选择。除此之外,信息处理引发的数字歧视更令人毛骨悚然,"大数据杀熟"已经不是什么新鲜事,显性歧视之外还存在隐性歧视登堂入室的风险,即社会层面的结构性不平等会不断诱导算法输出否定个人尊严、错配社会资源的歧视性结果,缓慢但持续地侵蚀社会关于平等的基本共识。[①]以上数字社会引发的危机表明个人信息人格权益必须具有对世性才可能维持个人信息的传统人格价值基础,否则个人的主体地位就有被物化而倾覆的危险。

(二)具体人格权益保护的相对性

个人信息底层人格法益需要通过具体的人格权益保护手段来实

---

① 参见李成:《人工智能歧视的法律治理》,载《中国法学》2021年第2期,第146—147页。

现,这是由于当法律规定权益主体享有某项权益时,则必然表明该权益需要通过法律提供的某种方式进行保护。①关于个人信息人格权益保护的具体方式,需要澄清以下两点:

第一,从"权利—权能"关系角度考量,个人信息人格权益是通过法律赋予其在相对关系中的权能来实现的。虽然个人信息底层人格权益具有对世性,但在具体的保护方式上却受限于具体的信息关系,即具体的个人信息处理活动。如果不存在个人信息处理活动背景下自然人与个人信息处理者之间的信息不对称关系,那么个人信息人格权益也无法被主张。②个人信息人格权益是通过具体的信息关系下个人享有的查阅权、复制权、更正权、删除权和可携带权来实现的。以上具体权利应当视为个人信息权的具体权能。关于"权利"与"权能"的区别,拉伦茨曾指出"我们不是把法律关系所包含的每一种实施某种行为的权能都作为'权利',而是把某种具有相对独立意义的权能称为权利……权能若没有从权利中分离出来,还不能独立地被转让时,它们本身就还不能被作为'权利'。"权利的具体权能"可以在个别情况下根本就不存在,而权利并不会因此而失去其特点"。③由于个人信息主体请求查阅、复制、更正、删除和转移个人信息的权利不能脱离个人信息人格权益而独立存在,且只能针对信息处理者在相对的信息关系中才能主张。④因此应理解为个人信息权的具体权能。

第二,从私权利的层次理论角度考量,个人信息人格权益属于基础性权利,而在具体的信息关系中向信息处理者提出的查阅、复制、更正、删除和转移个人信息的权利属于辅助性权利,在性质上是请求权。⑤如果说作为基础性权利的个人信息人格权益主要体现了个人信息主体就

---

① 参见王利明:《民法总则研究》,中国人民大学出版社 2018 年版,第 401 页。

② 参见张新宝:《论个人信息权益的构造》,载《中外法学》2021 年第 5 期,第 1154 页。

③ [德]卡尔·拉伦茨:《德国民法通论》,王晓晔等译,法律出版社 2013 年版,第 263—264 页。

④ 参见周汉华:《个人信息保护的法律定位》,载《法商研究》2020 年第 3 期,第 51 页。

⑤ 关于私权利层次及体系结构的阐述可参见彭诚信:《私权的层次划分与体系建构》,载《法制与社会发展》2009 年第 1 期,第 86—103 页。

人格法益的绝对支配,那么辅助性权利则主要体现了个人信息主体与其他信息处理者之间的关系,即只有在某一信息处理者造成个人信息人格权益受到侵害或有侵害之虞时,辅助性权利才会发生作用。易言之,个人信息人格权益作为底层法益的对世性是一种抽象存在,只有在具体的与相对人的法律关系中才会转化为实际存在的请求权,以保护个人信息人格权益不受侵害。

第四节　数据红利的全民共享

一、全民共享的应有之义

中共中央和国务院出台的"数据二十条"在数据权益分配和数据产权交易问题上提出了重要的框架性意见。

在数据产权方面,"数据二十条"构建了四个制度:一是建立保障权益、合规使用的数据产权制度,探索数据产权结构性分置制度,建立数据资源持有权、数据加工使用权、数据产品经营权"三权分置"的数据产权制度框架。二是建立合规高效、场内外结合的数据要素流通和交易制度,从规则、市场、生态、跨境等四个方面构建适应中国制度优势的数据要素市场体系。三是建立体现效率、促进公平的数据要素收益分配制度,在初次分配阶段,按照"谁投入、谁贡献、谁受益"原则,推动数据要素收益向数据价值和使用价值创造者合理倾斜,在二次分配、三次分配阶段,重点关注公共利益和相对弱势群体,防止和依法规制资本在数据领域无序扩张形成市场垄断等各类风险挑战。四是建立安全可控、弹性包容的数据要素治理制度,构建政府、企业、社会多方协同的治理模式。同时,"数据二十条"构建了多层次的数据交易市场体系,提出从流通规则、交易市场、服务生态等方面加强数据流通交易顶层设计,建立数据流通准入标准规则,探索开展数据质量标准化体系建设;统筹优化全国数据交易场所规划布局,出台数据交易场所管理办法,构建多层次市场交易体系;培育数据商和第三方专业服务机构两类主体。

这一基本政策文件所体现的数据权益分配和流通交易规则实际上是将数据作为一种公共资源进行多方综合治理,因此个人信息内含的财产价值外化后形成的巨大数据红利从根源上讲应当由全民共享,即全民共同享受数字社会中围绕信息和数据产生的福祉,这也体现了社会的共同利益。这里需要注意的是全民共享并不一定等于国家所有,虽然确实有学者提出了数据资源归国家所有的制度框架,①但数据红利的全民共享是否一定通过数据资源由国家所有才能实现,则不一定是必然或唯一的选择。数据红利全民共享是关于个人信息内含财产价值实现后财产权益归属理论所欲达成的最终效果,而在具体进行资源权属的配置时采用的手段则不完全拘泥于某种限制。同时,信息和数据特有的流动性和场景性特征也决定了某一权属配置模式并非完全将数据归属于某一方主体。比如,敏感个人信息(如生物识别信息)或者其他个人不愿公开的个人信息在一般情况下由个人控制,但是这些信息集合可能存储于各类公共服务平台,并且在集聚后形成医疗数据资源等,因此同一信息可能在不同的视角下呈现不同的权属状态。因此,信息整合形成的数据红利是由全民共享的,但是这不妨碍具体的信息可能归属于个人、平台企业、公共服务机构或国家(政府),故而数据红利全民共享的重点不是探讨具体的财产权属,而是设计全民享受数据红利的具体路径。

二、数据全民共享的实现路径设想

目前关于个人信息财产利益归属的学说主要有共有、信托等,②但

---

① 相关论述可参见张玉洁:《国家所有:数据资源权属的中国方案与制度展开》,载《政治与法律》2020年第8期,第18—26页。

② 参见翟志勇:《论数据信托:一种数据治理的新方案》,载《东方法学》2021年第4期,第67—70页。

无论哪个理论，其目标都是力图实现数据企业与个人之间的利益平衡，即一方面要鼓励数据企业持续推动数字经济发展，另一方面又要兼顾个人的信息财产利益不受剥夺。探讨个人信息中财产权益的归属，在终极意义上是要使个人能够共享个人信息商业利用的红利，否则讨论其财产利益的归属便毫无价值。但实践却揭示出，个人获得信息财产利益至少在当下难以符合社会生活现状。除了个人与数据企业有明确的合同安排外，要求数据企业与个人通过同意规则给个人信息定价并不符合数字社会的运行逻辑。尽管确定使用某条个人信息的主体或某数据产品包含何种具体个人信息等，通过技术手段或可知悉并锁定，但是如何给某一条信息定价却并非易事，因为同一条信息在不同的数据产品中所起的作用与价值并不相同，对不同信息的相互组合与结合予以定价更是困难。传统民法模式下点对点的议价模式并不适合个人信息的定价，数字社会中的法律思维因此必须转换，以找到契合数字社会本质要求的个人信息财产价值分配方式。

对于个人信息的财产价值，未必是将利润直接给到个人才是真正的利益分配，让所有信息主体间接享受到数字经济带来的红利也是一种可供选择的分配方式。正如我国属于全民的土地出让金未必分配落实到每个公民，但并不能否认土地出让金给每个公民间接带来的利益。因为国家经济发展、公共设施建设已惠及每个中国公民，每个个体均因全民共享而实现个体福利的提升。与此类似，通过征收数字（个人信息）税、创设数字基金等宏观调控方式来造福全民，也未必不是一种可接受的分配方式。此种利益共享模式，对个人信息内在财产价值的分配与具体制度设计或许都会带来新的启示。

第六章

数字法学价值的未来展望

不可否认，数字社会引起了法学研究的全局性变化，数字法学需要结合各学科知识结构形成研究合力，方能构建起系统的知识体系。此种融合，势必会碰撞出新的理论逻辑和研究范式，引起方法论、认识论、本体论的变革。①然而，无论社会形态如何变化，权利、义务作为法学基本范畴的地位不会改变，法律的核心追求不变，始终是为了保护正当权益、惩戒不法行为。

数字法律是调整数字社会的法律规范，数字法学是研究数字社会中可数字化之客体（数据、个人信息等）、行为（数据处理行为、智能合约等）及权利义务法律关系的总和。以我国现有的各种法律为例，无论是《民法典》中的相关规定，还是《数据安全法》《个人信息保护法》中的相关内容，以及与数据、个人信息相关的其他行政规章、司法解释、地方性规章等，均不宜将其简单定性并归入社会的某一传统部门法中。尤其是，在数字社会中数据（含个人信息）跨境在客观上是常态，我国的《数据安全法》《个人信息保护法》等便规定了数据跨境问题，由此决定了数字法学所关注的不仅是一国之内的法律问题，而且包含与他国、国际区域组织、国际性组织之间的法律合作以及相关的国际法规则。虽然建

---

① 彭诚信：《数字法学的前提性命题与核心范式》，载《中国法学》2023 年第 1 期，第 103 页。

构区域性乃至世界性数据(含个人信息)法律规则是大势所趋,但是当下的法律考量主要还是限于一国范围内。这也是每个国家法律不仅规制本国内的数据和个人信息,而且乐于利用长臂管辖规则规制境外数据与个人信息的原因。[①]相信在不久的将来,不同国家、国际组织之间会更为频繁地开展地域性、局部性、双边及多边的有关数据法律的合作,如不久前美国、欧盟便签署了《美国、欧盟关于跨大西洋数据隐私框架的联合声明》。[②]

就我国数字法律制度看,其调整对象涉及数据、个人信息、网络安全、电子商务、人工智能等多方面;其调整的法律关系,既包括国内数据的保护利用,也包括国际数据的跨境传输,且涉及个人、数据企业、国家乃至国际组织等多元法律主体;其涉及的法律规范,几乎涵盖了传统社会的民商法、知识产权法、行政法、反不正当竞争法、反垄断法、消费者权益保护法、刑法、国际法等几乎所有部门法。因此,作为研究数字法律知识和规律的数字法学,不能再用传统部门法思维确立其学科归属,而是应综合考虑其学科性质。数字法学既不完全属于传统公法,也不完全属于传统私法;既非单纯的国内法,亦非单纯的国际法。数字法学是纵(公法、私法)横(国内法、国际法)兼具、横跨多个法部门的综合性、交叉性、融合性法学学科。数字法学既有各传统部门法的因子,但又具有数字化特色,唯有贯彻其自身的学科特点与思维逻辑,方能契合数字社会的本质性要求。这一界定亦契合党的二十大报告中加强"新兴学科、交叉学科建设"[③]的要求。

在这一社会转型和学术研究转型的背景下,未来数字法学的价值和研究重点将至少集中围绕在以下几个方面:一是数字技术加持下,人

---

① 参见马长山:《数字法学的理论表达》,载《中国法学》2022年第3期,第143页;叶开儒:《数据跨境流动规制中的"长臂管辖"——对欧盟GDPR的原旨主义考察》,载《法学评论》2020年第1期,第106页。

② European Commission and United States Joint Statement on Trans-Atlantic Data Privacy Framework(25 March 2022).

③ 参见何邦武:《数字法学视野下的网络空间治理》,载《中国法学》2022年第4期,第91页。

类社会的客观诚信获得实现的可能;二是主体性价值在未来数字法学研究中必须被坚守而非摒弃;三是对人工智能技术应当进行必要的伦理规制。由于数字社会背景下的新兴数字法学研究涵摄多学科知识,远非本书主题"个人信息内含财产价值外化研究"所能完全涵盖,但是这些重点议题又代表着数字法学的未来而不得不提,因此本书拟对这些重点问题结合笔者的观察和研究做简要梳理和展望,以期更多有志有识之士深入探索。

第一节 客观诚信的实现可能

一、主观诚信与客观诚信

(一) 传统理论中的主观诚信与客观诚信

关于主观诚信与客观诚信的区分,主要见于罗马法部分学者的论战,国内学者徐国栋教授对该诚信概念的二分法进行了系统的阐述和深入的研究。①罗马法中的主观诚信一般表示善意,即内心对自己行为可能伤害他人的不知或毋害他人的确信,该内心不知或确信通常是某种错误造成的;客观诚信则表示诚实、正当、正派的人的谨慎小心的行为,它不是一种确信,而是一种诚实、合道德的意识。客观诚信较之于主观诚信,对行为人的要求更高,因为它本身除了内心确信之外,还包含了伦理层面"德"和"善"的要求。同时,与主观诚信只是单纯描述业

---

① 相关研究成果可参见徐国栋:《客观诚信与主观诚信的对立统一问题——以罗马法为中心》,载《中国社会科学》2001 年第 6 期,第 103—113 页;《罗马法中主观诚信的产生、扩张及意义》,载《现代法学》2012 年第 3 期,第 3—16 页;《诚信原则理论之反思》,载《清华法学》2012 年第 6 期,第 6—11 页;《主观诚信与客观诚信的分合与更名问题比较法考察——兼论中国的诚信立法向何处去》,载《社会科学》2013 年第 1 期,第 111—124 页;《我国〈民法典〉关于诚信的规定之整理与补白建议》,载《东岳论丛》2022 年第 2 期,第 167—177 页。

已存在的行为人主观心理状态相比,客观诚信侧重于强调法律的规范性要求,其要求行为人采取的良好行为通常并未发生,具有面向未来的特征,如果行为人确实采取了法律要求的良好行为,则预先设置的法律效果即真实产生。

(二)客观诚信在人类社会中的重要意义

较之于主观诚信,客观诚信内含的伦理规则、对良好行为的规范性要求等特征使其在督促人们守德向善方面具有重要的功能。因此,虽然客观诚信在历史渊源上后发于主观诚信产生,但是客观诚信在世界范围内的民事立法中都越来越受到重视,只是在具体的立法技术中可能存在差别,比如有的选择将其独立为"诚信"以与表示主观诚信的"善意"相区分,有的将主观诚信和客观诚信统一于一般的诚信规则之下。具体到我国的《民法典》,合同编中分布有关于客观诚信的规定,要求当事人在订立、履行合同的过程中遵循诚信原则,承担必要的义务,这也反映了合同诚信是客观诚信在我国《民法典》中的主要存在形式。我国《民法典》中的客观诚信规则集中体现在民商事活动领域中对诚实信用的要求,是维护交易安全、推动社会公平正义、纯化社会风气和道德风尚的重要手段。

其实,无论是生存于自然界的传统社会还是存在于赛博空间的数字社会,生活其中且起着主导甚至主宰作用的主要还是自然人类,尽管在传统社会中早有"去人类中心主义"的呼声。但自然人类的一个主要缺陷便是诚信缺失,这也是社会产生各种制度,包括法律制度的重要促因。诸如,频频出现的"一房二卖"或"一房多卖",P2P 爆雷,信托、保理、融资租赁金融欺诈等现象,都是诚信缺失的现实社会表现。① 正因为诚信难得,我国才将其作为社会主义核心价值观之一;正因为诚信宝贵,民商事领域才将诚实信用规定为基本原则。倘若当事人之间的意思表示皆为真实,那么民商法中就不会有因通谋虚伪、恶意

---

① 关于此类诚信缺失的败德现象的具体阐述和介绍,可参见彭诚信:《论民法典中的道德思维与法律思维》,载《东方法学》2020 年第 4 期,第 66—68 页。

串通等现象导致的无效合同,也不会存在因欺诈、胁迫、显失公平等导致的可撤销合同,甚至信托等法律制度也不会产生;如果人必定践行合同约定,也不必规定民事担保、违约责任,亦无须建立复杂的票据与金融制度,甚至不需要对婚姻、继承、收养等制度做如此复杂的规定。

二、数字社会中的诚信指数对人类社会的重构

基于以上阐述,客观诚信是人类社会的底线要求,又是难以实现的理想追求。如果说传统社会的诸多制度尤其是民商事法律制度确立的主要目标之一是保障诚信、防范欺诈,但诚信价值仍然难以企及的话,那么数字社会的到来则为客观诚信的实现提供了物质基础(数据与信息)与技术保障(算法),即数字社会中人的诚信至少有了计量可能,从而有利于实现主观诚信向客观诚信的转化,这也是个人信息制度设计的初衷。人们在数字社会中的任何行为包括法律活动都会留下痕迹,每一次履约或违约以及每一个侵权行为等都被记录,都会作为一个人的个人信息被机器读取,并通过算法处理计算出该人的诚信指数。[①]在没有大数据和机器算法的时代,也许一个人可以声称自己主观上是善意的,但是当通过数据分析和精确计算足以生成一个人的诚信指数时,诚信就不再只是停留在内心的善意,而切实地转化为衡量一个人是否可以贯彻诚实信用原则的指标,该指标也可以直接对应客观诚信的实现水平。同时,一个人的诚信指数不仅可以用于银行贷款等传统征信领域,更可以应用到整个民商事活动中,甚至是其日常生活交往中。举例说明,如果一个人的信用记录极低,那么当他向银行借贷时,要么银行会拒绝向其贷款,要么会让其贷款申请在设定充分担保(不但包括本金、利息,而且包括实现担保的成本)的前提下才能获批。又如在美国,各州均依据梅根法案设立了性侵犯罪者个人信息公开网

---

① 有学者指出数字社会正逐渐转化为一个"评分社会"或"排序社会"。参见季卫东:《数据、隐私以及人工智能时代的宪法创新》,载《南大法学》2020年第1期,第3—4页。

站,那么公司便可通过该网站提供的个人信息服务调查其拟雇用员工的相关信息[1];还有打车平台依据顾客反馈形成的司机评价,某网络平台上消费者对特定电商、宾馆、旅游景点的评价等,通过这些信息既可判断个人的诚信程度,也可判断公司企业的诚信指数、服务质量程度等。正是在此意义上,我们才说数据、个人信息及其与算法的结合构成了数字社会中市场诚信、交往诚信的基础,在更大程度与更大范围上实现了诚信价值。

可见,数字社会中的人,其诚信不再仅仅表现为主观价值,而是可以作为一种可计量的客观价值予以呈现,个人信息成为诚信的重要载体。诚信指数的高低,标志着一个人客观价值的高低,诚信构成了对数字社会中人之评价的核心要素。一个人无论在线下社会是否诚信,一旦进入数字社会,他就要努力成为诚信之人,否则就无人跟他发生交易行为,或者其交易成本会极其巨大。由此,作为传统社会理想追求的核心价值——诚信,便有可能在数字社会中逐渐成为现实。数字社会以个人信息为基本要素,以算法等为技术支撑,此两大特征确定了个人诚信的可计算性(诚信指数),从而在更大程度上克服了社会个人信用较难判定的实践难题。正是在此意义上,我们才说数据(含个人信息)具有双重价值,它不仅是数字经济中的物质性生产要素,而更为重要的是,它还体现了重要的社会伦理价值。从个人的角度看,个人信息彰显人的人格尊严和自由,从社会整体的角度看,个人信息是个人主观诚信的客观化呈现,利于实现人之诚信的可计量化。在数字社会中,个人信息计算至少使人们看到了实现人类诚信价值的一缕曙光,这或许是数字社会的真正价值所在。

---

① "梅根法"(Megan's Law)又称"社区公告制度",是为纪念年仅 7 岁的被害人梅根·康卡被患有恋童癖的邻居强奸致死而命名的法案。该法案的内容是向公众提供性犯罪者的信息,由各州通过社交平台、公共网站公布,信息公开的范围一般包括性犯罪者姓名、地址、照片和犯罪性质。See Megan's Law Resources by State, available at https://www.findlaw.com/criminal/criminal-charges/megan-s-law-resources-by-state.html. 最后访问时间:2022 年 5 月 4 日。

第二节　主体性价值的坚守

一、主体性资格承认的历史变迁

（一）从自然状态的人到法律上的"人"和"非人"的区分

人类的文明史告诉我们：人并不是一开始便成为现代意义上的人的。初始状态的人，只是一种自然存在，还没有单纯征服自然的能力，从而必然结合成各种群集体。那时的人并不具有独立性，其生命活动也不由本人主宰，而是接受集群主体以及自然的支配。他们只不过是"一定的狭隘人群的附属物"①而已。此时的人是有生命、会自由活动的存在。如果说人与其他生命体有区别的话，也只是人能够以其特有的意志联络（如语言的使用）结成共同体，并借助彼此的合作关系以提高对付自然的生命活动能力，此时的人并不具有社会性。

人类就是在初始与动物无异的情况下，缓缓地开始了与其他生命相异的前进步伐。随着使用工具的进步，活动范围的扩大和活动能力的增强，经济上出现贫富差异，人与人之间也开始有了社会地位差别，甚至被各自所属的利益集团或国家予以主宰甚至奴役。人类文明就这样在极其不平等、野蛮的不文明状态下启程。尽管较其他生命有着不同特征，人与人之间毕竟是世上同质的生命样态，即"同类"。可是，在步入文明社会之前的人还不可能意识到，人本身就是一种类存在。将人作为类存在物对待，则是进入文明社会后很久的事。"人是类存在物，不仅因为人在实践上和理论上都把类——自身的类以及其他物的类——当作自己的对象；而且因为——这只是同一件事情的另一种说法——人把自身当作现有的、有生命的类来对待，当作普遍的因而也是

---

① 《马克思恩格斯全集》（第 46 卷），人民出版社 1979 年版，第 18 页。

自由的存在物来对待。"①然而,在人类进入文明社会之初,非但没有意识到人类是类集体,反而人为造就了人类的不平等状态,在相同的类中区分出不同来。这种不平等是通过法的主体,即对不同的人赋予不同的法律身份来实现。如古罗马法规定:"人法的基本划分是:所有的人或者是自由人,或者是奴隶。"②"根据市民法规则,奴隶什么也不是。"③在古印度《摩奴法典》、我国古代法中也都否认了奴隶的法主体资格。从此,同样生物状态的人在社会意义上开始有了"人"和"非人"的区分。

(二) 从"人"和"非人"的区分到普遍的自然人主体资格的承认

尽管有高高在上巧设诸如神权、礼教、律法等制度蒙蔽人民者,也有历经数代世袭而不知其老祖宗从何而来自认为生而不平等本是当然之理的说教者,但经历了成百上千年压抑之久的人们终于还是觉醒了。以"文艺复兴"为肇端,人文主义启蒙者发出了"天赋人权""人生而平等"等承认人之为人的主体性最强音。这是人要作为社会主体的呼唤。随之而来的资产阶级革命,其最大的胜利成果则是以法的形式赋予人成为平等主体的自然权利,从而使原本意义上的人人平等的自然状态进入现实的社会状态。人类从"人"和"非人"的区分开始进步到自然人主体资格的普遍承认。想一想,这是多么令人鼓舞的事啊!

平等的自然人主体,从此开始了现代文明一切活动的新起点——生活中的自由往来,经济上的互相协作。人自从作为生命有机体的存在便是聚集在一起而生存。步入等级社会后,尽管各种神权、礼教、阶级差异等压抑了人的交往,但是并不排除同阶层人之间的互相往来,尤其是在上层人中间。只是直到资产阶级革命胜利之后,才最终打破了套在人们身上的种种身份链锁,开启了由身份走向契约的时代。

---

① 《马克思恩格斯全集》(第 42 卷),人民出版社 1979 年版,第 95 页。

② [意]桑德罗·斯奇巴尼选编:《人法》(D.1, 5, 3),黄风译,中国政法大学出版社 1995 年版,第 35 页。

③ [意]桑德罗·斯奇巴尼选编:《人法》(D.50, 17, 32),黄风译,中国政法大学出版社 1995 年版,第 37 页。

（三）从自然人普遍平等到"非人可人"——团体主体的出现

初始状态人的联合只是为了生存,现代文明状态的人不但要生存,还要谋求生活的意义。为了生活,人要交往;为了丰富生活内容,人们之间结合成众多生活性社团——公益团体、文娱团体等种种以提高人类精神生活质量的团体样态。

人的精神生活的进步是建立在物质丰富基础上的,没有人会否认经济因素是人类文明发展的基本推动力。广泛的经济内容、先进的科技进步、人们的不同需求,决定了社会生活中人们必须分工合作。社会发展就是如此,在法律将人视作独立权利主体的同时,现代科技却日益把人结合成一体,这种结合与初民社会的聚集生存有着本质不同。以前或是由于对付自然的不得已或是在身份条件下的强制赋予,均无任何自由可言。在现代社会,尽管也是基于物质条件的客观要求,但这种结合至少是人们有意识的能动联合,人们的意志和行动是自由的。正是有了需求共同、目的共同、追求共同的人的经营活动的联合,社会才又有了以公司、企业等为代表的经营性团体的产生。

法律比其他社会科学的高明之处在于:它能使人非人,也能使非人为人。法律正是突破了以单纯自然人为主体的僵式,赋予这些以自己名义从事经济、日常交往等活动的团体同自然人一样的人格,从而丰富和完善了法律上人的内涵。也正是由此,人才从生物学意义或自然存在意义上的人转变为法律意义上的人,人也才由"自然存在"变成"主体存在"。

（四）数字社会中以人为本的底线要求

通过以上对主体资格演变的历史性梳理,可以发现,以主体承认的程度作为分析社会形态的视角,人类大体经历了从非人到人的区分,再从人的形态扩及团体的阶段。而在数字社会,人工智能体的出现又使得主体的范围和资格受到动摇。关于在人工智能服务领域如何保障数字人权,坚持以人为本的底线已经被抬上议事日程。[①]

作为应对数字社会中新兴法律问题的数字法学,其前提性命题(存

---

① 参见张文显:《构建智能社会的法律秩序》,载《东方法学》2020年第5期,第11页。

在数字空间且需要算法等技术支持)、基本范畴(数据及个人信息权益)均具特色,使得数字法律中的具体制度设计与传统线下法律明显不同。这就决定了试图用传统线下社会单一部门法理论或制度来解决数字社会中具体法律问题的努力往往会产生"众人摸象"的效果,只见局部,忽视全局,由此便需要寻求契合数字社会本质要求的法律思维逻辑与具体制度设计。然而,从数字法学的内在基本原理以及基本价值追求来说,其与线下社会的传统法学并无实质性区别,因为法学的基本价值追求应是恒定的,那就是公平与正义,数字法学也概莫能外。正如张文显先生指出的,"数字不是目的,人才是"①。此处的"人",应该是指自然人,而非人工智能体。当下,无论是数字社会,还是线下社会,自然人仍是社会主宰。②尽管人类中心主义不应被提倡,毕竟生态与环境保护甚至与动物和谐共处也应是时代的主题,但无需说,保护"人"仍是所有制度(含法律)设计的最终目的,即保护与提升自然人的自由与尊严,增强自然人的主体性,仍是包括数字法学在内的所有制度的核心价值追求与根本目的。

二、主体资格承认在数字社会中的价值

(一) 主体性价值与尊严平等

人的社会价值在很大程度上就是实现自尊。没有法律主体资格的人毫无尊严可言,想想奴隶的社会地位便可清楚此点。在此意义上,尊严首先不是人的心理感受,而是一种社会制度。先让人成为法律上的人,才能使无论是对于个人权利人认同之尊严的探讨,还是对于个人心理感受之尊严的谈论,都具备最基本的主体条件。由此可以说,主体资

---

① 张文显教授在中国人民大学法学院数字法学教研中心成立仪式上的致辞,2022年3月31日。

② 即便未来真的出现了具备自主学习能力的人工智能体,甚至其智能全面超越了自然人类,也无需在此讨论,因为具备如此智能的人工智能体已成为社会主宰,自然人类可能会失去话语权,一切讨论已没有任何实际意义。参见彭诚信、陈吉栋:《论人工智能体法律人格的考量要素》,载《当代法学》2019年第2期,第52—62页。

格的承认以及主体基本权利的赋予决定着人的尊严。

主体资格的承认是权利产生的前提性要件,因为它意味着主体从此具有了权利能力,从而权利也才真正能够在法律上存在。在主体资格没有被承认的社会中,无论有着多么发达的财产、契约制度,都不可能生发出权利制度。在财产权利、契约权利看似存在但其主体资格却不被承认的社会,这样的权利形态永远缺乏保护的根基。中国古代的法律发展史已表明了此点,即皇帝等官僚的一纸或一声命令可以使一切业已确立的土地等财产归属发生变更。在个人主体资格不被承认的社会里,只会存在特权,而不可能存在平等权利。

主体资格的认同并不仅仅意味着被承认为一个生物学意义上的人,而且还要被承认为一个具有法律和社会主体地位的人,一个生存和尊严都要受到他人尊重的人。受到尊重并不是因为一个人有特殊的天赋与才能,也不是因为一个人的杰出成就或者高尚品质,而仅因他与所有其他人有着共同的自然特性。尊重一个人就是把他看做与自己一样的个体;或者说,受其他人的尊重仅是因为自己与该他人有着共同的自然禀性。这种尊重不是仅靠个人的一时理智清醒,也不是靠个人的一时兴趣喜好,而仅靠法律权利的制度保护。卢克斯对于人应该受到"平等尊重"的分析也可以反映出此点:"对于平等尊重,基督教的理由是,所有的人都同样是上帝之子;而康德的论据是,所有的人都具有自由和理性的意志,都是目的王国的成员。有些人则提出,存在着所有人共有的经验特征,这就为平等地尊重他们提供了基础。然而,这里需要指出的重要一点是,不论基础是什么,他们应该被尊重为人这一原则,意味着他们应该平等地受到这种尊重。"[①]

(二) 主体性价值与自由意识

1. 主体资格的承认同时意味着观念和行为的自由

如果主人对其奴隶说:"你解放了,但每天仍须为我工作 3 小时。"

---

① ［英]史蒂文·卢克斯:《个人主义》,阎克文译,江苏人民出版社 2001 年版,第116 页。

此时便难以称他是完整意义上的人。没有自由意志的人,只是生物学意义上的生命,而非社会生活中的主体或实体。如黑格尔指出的:"自由作为意志的根本性特征就像重量是物体的根本特征一样","没有自由的意志只是一句空话;而自由只有作为意志、作为主体,才是实实在在的。"①阿兰·瑞恩亦把主体(个体)与自由观念结合在一起,"如果存在着个人社团(community of individuals),就必须要有如同对可消费物的财产权利一样的制度;没有个体(individuality),自由观念作为一个道德目标就几乎没有任何意义"。②

2. 自由的外在表现是意思自治和行为自主

称一个人是法律上的主体,不但是说他可以有自由的思想,而且该思想还可以通过其行为表达或表现出来。主体的行为是其自主意志支配下的结果。这也是卢克斯的理解:"如果一个人的行为是自主的,就是说,并非他人意志的工具或对象,或独立于他的意志的外在或内在力量的结果,而是他作为一个自由的行为者所做出的决定和选择的结果,那么这个人就是自由的。他的自主性就表现在这种自觉的决定和选择之中。"③

3. 自由意味着作为主体的人有不受他人干预的私人空间

私人空间包括精神领域和日常生活领域。只有当一个人的思想和行为不受他人干涉与妨碍、不受外在羁绊而可随心所欲时,他才是自由的。卢克斯称此种自由为"消极意义上的自由",并进而指出,"这里我想强调一下,它尤其是指一个人在政治领域中摆脱对他希望或可能希望的行为所进行的干涉,但这种干涉必须是人为力量或人为控制的环境的结果"。④阿克顿也说:"自由根源于、存在于免遭国家权力任意干

---

① G.W.F. Hegel, *The Philosophy of Right*, trans. by T.M. Knox, Encyclopedia Britannica, Inc., 1984, p.116.并参见[德]黑格尔:《法哲学原理》,范扬、张企泰译,商务印书馆1961年版,第11、12页。

② Alan Ryan, *Property*, Open University Press, 1987, p.125.

③ [英]史蒂文·卢克斯:《个人主义》,阎克文译,江苏人民出版社2001年版,第117页。

④ 同上书,第118页。

涉的私人内部领域之中。"①

不受干预的私人空间是主体自主发展的先决条件。有了独立的私人空间,人才能自主地追求其自身的各种理想,运用其自我发展能力。卢克斯明确地指出此点,"自我发展这一概念在逻辑上意味着这种发展是自主地去追求的——尽管发展的进程实际上显然会因为别人所提供的适当条件和鼓励而得到促进。此外,很明显,许多形式的自我发展都需要一种不受干预的私人空间。例如,当一个人不断地被告知画什么、怎么画时,他也许就不可能发展创造性的艺术才能(虽然也有反例——我们立刻就能想到文艺复兴)"。②

当自由意味着个体私人领域不受干涉或妨害时,就不可避免地涉及其与公共领域的界限问题。伯林早已指出:"尤其是那些自由意志论者,如英国的洛克和穆勒,法国的贡斯当和托克维尔,认为应当存在着某种最低限度的不能以任何理由对它加以侵犯的个人自由;因为,如果它遭到侵犯,个人就会觉得他所处的空间甚至对他天生之才的最低限度的发展来说都过分狭窄了,而唯有它(个人天生之才的最低限度的发展——引者注)才能使得追求以及甚至构想那些由人们认为是善良、正确、或是神圣的各种目标成为可能。由此可以得出结论,在私生活领域和公众权力领域之间应该划一条明确的分界线。"③尽管"到底这条分界线划在什么地方,这种划分的根据又是什么,人们对此进行了广泛的争论"④,但一直也没有结论。或许永远也得不出能被大家一致认同的结论。即便如此,这种不受"公众"干预的最低限度的"私人"领域,应当是自由的一个不可缺少的组成部分。

---

① [英]阿克顿:《自由与权力》,侯健、范亚峰译,凤凰出版传媒股份有限公司、译林出版社 2014 年版,第 271 页。

② [英]史蒂文·卢克斯:《个人主义》,阎克文译,江苏人民出版社 2001 年版,第 124 页。

③ Isaiah Berlin, *Four Essays on Liberty*, Oxford University Press, 1969, p.124.

④ [英]史蒂文·卢克斯:《个人主义》,阎克文译,江苏人民出版社 2001 年版,第 118 页。

4. 自由意味着作为法律主体的人有自我发展其人类品质的机会和潜能

作为法律主体的人有潜能和机会发展其独特的人类品质、实现其自身的生活理想，并且这种潜能和机会不能受到其他人为操纵因素的妨碍。格林说："真正自由的理想是人类社会所有成员充分利用自身的最大权力。"①卢克斯认为自我发展概念是个人自由的一个正当的、实际上是本质的成分，包括两个具有决定意义的基本要素。"第一，它应该是自我发展——我应该尽最大可能决定和支配我的生活道路；第二，它应该是自我发展——我应该有机会实现某些独特的人类品质。"尽管"……所谓的人类品质可能是一个无法解决的道德分歧。不过，我的主张是，获得自我发展的机会是人类自由理想的一个本质方面。一个人如果能够实现它的人类潜能，他就是自由的；而如果这种自我实现受到（人为操纵的因素）妨碍，那么他就不是自由的"。②

5. 自由意味着作为法律主体的人还要积极运用自我发展的能力

自由观念支配下的自我发展，不但要求作为主体的个人有自我发展能力，而且还要积极运用这种能力。每个人都具有自我发展的能力，尽管要对之作出清楚的解释非常困难。杜威曾指出："个体性（individuality）首先是自发的且是未经塑造的，它是发展的潜力与能力。"③卢克斯的论证思路是，"似乎根据下列方式可以作出最令人满意的理解：任何人都有能力在自己身上发展某种独特的人类优秀品质或美德——不管是思想的、艺术的还是伦理的，是理论的还是实践的，是独有的还是共同的，等等。很显然，并非任何人都能在同一程度上发展任一特定品质……并非所有的人都能以多方面的、全面的方式发展他们自己。

---

① Peter Nicholson ed., *Collected Works of T. H. Green*, Vol. 3, Thoemmes Press, 1997, p.372.

② ［英］史蒂文·卢克斯：《个人主义》，阎克文译，江苏人民出版社 2001 年版，第 119 页。

③ John Dewey, *Individulism: Old and New*, New York: Minton, Balch & Company, 1930, p.168.

但是,所有的人都有能力实现他们的值得钦羡的潜能。这里所说的值得钦羡,也许会有道德上的差异和文化上的变化,但我认为,某些特定范围的人类美德,天生就是值得赞美的(尽管它们在不同的社会中可能会有不同的形式),所有的人都能在某种程度上获得其中的某种美德。"①

(三)数字社会中的人类主体性危机应对

数字社会中人工智能体对人类思维的不断迫近带来的是对人类主体地位的威胁,②面对该威胁,人们无非面临两种选择,一是为防范技术革新带来的科技强权而选择限制科技发展,而这显然与人类文明进步的整体进路相违背。二是数字社会中人们因智能科技带给人们更优质的服务而主动选择放弃主体地位,想来这也绝非好的选择,无异于重回"非人"时代,此时诸多科技带来的将是人权的践踏、普遍的歧视、尊严的辱没,届时人类将重新回到以往那种没有主体性尊严的黑暗时代,个人权利相应地也失去生发的土壤,借助于科技力量的资本和技术巨头将重新获得过度的特权而造成人类社会普遍的不平等,个体的尊严也将无从谈起。那么,面对数字社会中的人类主体性危机,有无可能的第三条道路呢?

基于前文对主体资格承认与尊严平等和自由意识的关系的阐述,可以发现,人工智能体虽然在技术层面可能无限接近人类思维,但是主体资格承认的关键核心或不在于思维能力,而在于:(1)人类独有的人格尊严本身的神圣不可亵渎。从历史上来看,自从人类挣脱群体内部地位不平等的枷锁而在法律上获得同等的地位以来,自然人的人格尊严就被认为是与生俱来的,这种特殊的尊严保障即使是后来被法律拟制为主体的团体法人等也不具备;(2)人类独有的自由意识及在其支配

---

① [英]史蒂文·卢克斯:《个人主义》,阎克文译,江苏人民出版社2001年版,第121页。

② 关于数字社会中的人工智能产品如何在运行方式上全面迫近人类并带来关于人类法律主体地位的动摇和威胁的阐述可参见陈姿含:《人工智能算法中的法律主体性危机》,载《法律科学(西北政法大学学报)》2019年第4期,第41—44页。

下形成的私人空间、行为自由和自我发展的能力。在思想精神层面上，人类与人工智能体的差别依然存在，这种差别集中体现为"判断力、同理心、创造力、适应力"[①]，至少在当前数字社会背景下，人工智能体缺乏人类特有的共情能力和社会经验。

基于以上，主体资格的承认是人类与人工智能体的核心区别，主体资格的承认，其内在本质是对基本人格之尊重，其外在表现就是法律上的尊严平等与行为自由。两者紧密相连而不可分离[②]：尊严平等是主体自由行为的前提[③]，而行为自由则在最大程度上实现了人类尊严平等。平等和自由因此是人之为人的最基本表征。没有这些基本价值，人就不能说是法律主体，所谓的私权观念便也没有了依托。在此意义上，我们说主体性，即人的尊严平等和自由意识，是私法的核心理念，故而数字社会的转型也不应当使人类放弃对自身主体性价值的坚守。

第三节 人工智能新技术的综合规制

一、人工智能的社会风险

基于数据、算法和算力形成的人工智能体在给人类带来诸多福音的同时，也诱发了各类新型社会风险，由此带来法律治理的诸多困境。

[①] Anthony E. Davis, The Future of Law Firms(and Lawyers) in the Age of Artificial Intelligence, available at: https://www. scielo. br/j/rdgv/a/xfgFQHzLQbJBhtPG-GTzVpLc/?lang=en, last visited on January 20st, 2023.

[②] 如一些法国学者指出："自由是被平等地赋予所有人的，精确地说，自由是根据平等的观念来赋予的。"参见［法］雅克·盖斯旦、吉勒·古博等：《法国民法总论》，陈鹏等译，法律出版社 2004 年版，第 144 页。

[③] "黑格尔说主人和奴隶都是囚徒；平等为两者打开了枷锁"说的便是这个道理。参见［美］罗纳德·德沃金：《至上的美德：平等的理论与实践》，冯克利译，江苏人民出版社 2012 年版，第 293 页。

未来人工智能的日益广泛应用将带来新的社会风险。人工智能的本质是由代码和算法写成的机器人,如果在没有人为因素的干扰下,只表现为特定的数字编码和程序,但是,由于在算法和代码形成过程中,人工智能的生成并不是完全脱离伦理的,即程序员在最初设置算法和代码时往往是出于特定的任务和目标,带有一定的偏向,因此人工智能在实然意义上并非完全价值中立。算法运行的过程更进一步加剧了最初的价值偏向,容易诱发算法偏差、算法错误、算法歧视、算法黑箱以及智能机器人滥用等等,这些都会对人类的自主性、自由、公正乃至生存造成明显的威胁。具体表现为以下几个方面:

(一) 算法偏见和不透明导致的算法歧视和追责困难

虽然表面上看人工智能体只是冰冷的数字代码而没有特定的伦理风险和价值偏向,但是由于设计者的主观意志导致其在设计代码程序时可能将人类的主观好恶和偏好注入机器,这也正是导致算法歧视的原因之一。具体来说,由于人工智能体运行的基础是算法,虽然算法是客观运行的代码,最大程度避免了人类主观层面的偏见,但是不可忽视的是人工智能体的背后设计者依然是人类,设计者的偏见会在程序设计之初就嵌入,而算法的运行又会进一步传导和扩大设计者的偏见,导致决策不公。

同时,人工智能体的出现还导致当出现侵权问题时,如何处理人机关系,特别是确定法律治理主体及分配责任承担份额时面临困难。其中至少包含三重问题:第一,人工智能体是否与人类一样属于法律可追责的主体?第二,如果可追责,其和人类之间的分担比例如何确定?如果不可追责,法律应当如何确定人工智能体设计者与使用者之间的责任承担份额?第三,如果人工智能体可追责,其正当性基础何在,岂非意味着人工智能体在责任承担上已然获得主体地位?人工智能体承担责任的方式又是什么,是否最终还是要诉诸背后的人类承担责任?以上诸多问题的产生主要源于算法不透明,具体来说,人工智能体一旦发生侵权问题,由于算法不透明导致法律层面上的归责主体不明。换句话说,除了在算法设计之初工程设计师的偏见外,很多时候,人工智能体运行过程中的数据处理也可能带来侵权,如果说设计师偏见可以作为追究设计师侵权责任的基础,那么人工智能体运行过程中产生的侵权问题该如何确定侵权主体呢?算法的不透明带来的是因果关系的不确定,而人工智能体是否可以构成法律上的主体,是否可以承担法律责任本就存在问题,此时该如何确定法律的治理主体就会存在两难境地。

(二) 人工智能带来人文精神危机

自文艺复兴以来,人类的自我意识不断觉醒和增强,围绕人的自由与尊严所形成的人文精神被认为是人之所以为人而不同于其他客体的主要原因。但是,由于人工智能是以类人的方式研发,实践中的诸多案例已经证明,在经过深度学习后可以在某些方面获得甚至超越人类思维的能力。[①]虽然实践中越来越高级的人工智能体的出现不至于动摇人类的主体地位,但是却容易导致人类中的精英阶层(资本精英与技术精英)对其他人群的压制,形成巨大的社会不平等,即"有权优先获得这些技术成果的群体可能会逐渐跟其他人分道扬镳,变成独立的种群"[②],易言之,在人类之间的两极分化会更加严重。

因此,有学者指出,人工智能的发展固然增强了人类的活动能力和福利水平,但也加剧了人文精神的衰落。[③]当各类人工智能出现后,原

[①] 关于人工智能体在学习能力上超越人类的事例不胜枚举,近可以找到目前火爆全网的 ChatGPT 聊天机器人程序,可以写出媲美人类的优美诗篇;远可以追溯到 1997 年,IBM 设计的计算机战胜国际象棋冠军,该计算机可以把每一步棋的每一种下法全部计算清楚,然后对比人类的比赛棋谱,找出最优解。此外,在法律服务领域,因法律数据特有的结构化特征,人工智能体正在全面进军该领域,代表性案例如人工智能法律研究平台 ROSS Intelligence 在破产法领域寻找相关权威资料、获取用户满意度和信心以及研究效率方面都优于传统的数据库 Westlaw 和 LexisNexis。美国科技公司 LawGeex 研制的人工智能产品在同 20 名资深法律人审阅法律文书的比赛中以耗时 21 秒、准确率 94% 的成绩战胜人类。

[②] 〔英〕卡鲁姆·蔡斯:《经济奇点——人工智能时代,我们将如何谋生?》任小红译,机械工业出版社 2017 年版,第 231—232 页。

[③] 参见马长山:《人工智能的社会风险及其法律规制》,载《法律科学(西北政法大学学报)》2018 年第 6 期,第 49 页。

本自由主义者所推崇的人文精神理念正面临致命打击。首先,人工智能体不断取代传统人类劳动力,带来社会普遍多数平民阶层的身份认知危机。其次,原本人类所推崇的人类生命和体验神圣不可侵犯的精神,正由于各类算法的出现导致人们不再有隐私和秘密可言,世界正转变为万物皆可计算的状态。最后,当人工智能在众多领域不断超越人类,可能意味着人类正从原本的人文精神时代走向完全没有自主意识、摒弃同情心和道德观,甚至被机器奴役的时代。

二、人工智能规制的出路

针对以算法为核心的人工智能,中国、欧盟和美国采取的法律规制进路呈现各自的特色,对此有国内学者将中国和美国的规制进路描述为"个别化进路",其中中国是通过在电子商务、新闻内容推荐、自动驾驶、智能投顾等算法应用领域的特别立法加强监管,美国则是通过司法判例对算法的法律性质予以明确。与中国和美国的"个别化进路"不同,欧盟对人工智能的法律规制采取了个人数据权利保护的源头治理模式。①

可以肯定的是,未来对人工智能的规制必定是全局性的综合治理。笔者无意对人工智能的规制提出创造性的解决方案,这也并不是笔者想讨论的核心问题,其难度也远非笔者能力所及。结合既有的研究心得,笔者对未来人工智能法律规制的可能方向和路径作简要整理如下:

第一,工具维度:多元互动的综合治理模式。人工智能的治理需要法律但又不能仅依赖法律。通过一般的人工智能立法及各具体行业的细分立法进行法律监管自然是未来人工智能规制中的重要一环,同时,人工智能的规制还需要借助多元的治理工具,注意法律与道德、法律与伦理、法律与科技的协调共治。虽然技术本身不带有任何伦理或价值色彩,但是可以通过行业内的技术规范推动科技向善,确保科技的发展

---

① 相关具体阐述可参见汪庆华:《人工智能的法律规制路径:一个框架性讨论》,载《现代法学》2019年第2期,第56—61页。

以服务人类的根本利益为目标。①

第二,主体维度:多方参与的合作治理模式。从人工智能规制的参与主体维度来看,包括立法、行政监管和司法机关的公权力机构、人工智能算法的设计者和开发者、算法应用平台、算法用户及广大社会公众消费者、第三方的专业机构人员都可能参与到人工智能的规制中。在人工智能体运行过程中,应当确保各主体参与协商的渠道畅通,打破界限思维,维护最根本的人类社会共同福祉和利益,同时应当在具体参与程序上有所控制和分工,确定各自的权限范围。②

第三,风险维度:从过程到结果的全流程治理模式。从人工智能体运行的流程维度来看,一方面,需要基于该过程中风险的发生机理和成因,从数据的收集和使用进行源头治理,限制人工智能体对存在隐私泄露、歧视性决策等风险的数据的获取,确保用户的基本权利,在运行流程中通过赋予用户算法解释权等各项具体权利的方式加强算法过程的透明性。同时加强对人工智能算法设计的风险实时评估并设置过程性风险控制措施。③另一方面,需要基于结果上的责任承担和分配的正义,确定主体之间的责任根据,在出现争议时确保个案中的裁判正义。

---

① 相关论述可参见张文显:《构建智能社会的法律秩序》,载《东方法学》2020年第5期,第16—17页;马长山:《人工智能的社会风险及其法律规制》,载《法律科学(西北政法大学学报)》2018年第6期,第48页。

② 相关论述可参见苏宇:《算法规制的谱系》,载《中国法学》2020年第3期,第181页;郑智航:《人工智能算法的伦理危机与法律规制》,载《法律科学(西北政法大学学报)》2021年第1期,第25—26页。

③ 相关论述可参见张凌寒:《风险防范下算法的监管路径研究》,载《交大法学》2018年第4期,第55—62页;汪庆华:《算法透明的多重维度和算法问责》,载《比较法研究》2020年第6期,第166—172页。

结　　语

个人信息内含财产价值的外化研究,填补了既有理论的研究空白,为数据确权创造了理论前提。数字经济发展的基础在于数据和信息的流通、共享和利用,基于意志自由的个人信息财产价值外化路径妥善地协调了个人人格权益保护与财产权益分配之间的平衡,特别是当人们步入数字社会后,数据、算法和互联网络的结合使个人信息的财产价值以前所未有的方式被充分挖掘,对既有的法律体系造成冲击。不过,无论数字社会如何深刻改变社会的固有结构形态,个人作为主体性的地位和价值都不应当被放弃。而基于主体意志自由构建的个人信息财产价值外化路径的理论根基与基本目的,仍是为了维护个人在数字社会中的行为自由与人格尊严。

个人信息中包含的财产属性决定了个人信息可以为他人利用并带来财产价值,但符合数字社会的思维模式是,个人信息中财产属性的利用并不能采用传统社会一般财产的交易模式,否则无论是对企业还是对具体信息主体而言都难以操作,且没有效率。这就要求我们必须采用开放式思维,着眼于具体信息主体的利益保护并非数字社会应然的思维模式。数字社会应然的思维模式应该以数据控制者或数据利用者为思考问题的着眼点,即首先肯定数据利用者对整个数字社会的构建所做出的贡献,没有这些平台或企业,数字社会便不会存在;其次也要对数据利用者对数据的利用进行限制，必须要依法利用，底线是不能侵害信息主体的隐私等人格权益；最后，数据利用者也要为初始信息的获取付费，只不过该付费未必是直接交由信息主体，而可由国家专门建立的税收、基金、信托等部门代为收取，然后再将该收益服务于信息主体，等等。不过，隐私、信息与数据的定性及其上述权利定性和权利归属体系建构仅是步入数字社会的门槛，未来数字法学的研究重点将会围绕以新兴数字科技的法律规制展开，其中尤以人工智能引领的多元与精彩的发展大幕才刚刚启开。

主要参考文献

一、中文文献(以作者姓氏拼音为序)

(一)期刊论文

1. 包晓丽:《二阶序列式数据确权规则》,载《清华法学》2022 年第 3 期。

2. 蔡培如:《被遗忘权制度的反思与再建构》,载《清华法学》2019 年第 5 期。

3. 蔡培如:《个人信息保护原理之辨:过程保护和结果保护》,载《行政法学研究》2021 年第 5 期。

4. 蔡培如:《欧盟法上的个人数据受保护权研究——兼议对我国个人信息权利构建的启示》,载《法学家》2021 年第 5 期。

5. 蔡星月:《算法决策权的异化及其矫正》,载《政法论坛》2021 年第 5 期。

6. 蔡一博:《〈民法典〉实施下个人信息的条款理解与司法应对》,载《法学论坛》2021 年第 3 期。

7. 曹博:《个人信息可识别性解释路径的反思与重构》,载《行政法学研究》2022 年第 3 期。

8. 曹博:《论个人信息保护中责任规则与财产规则的竞争及协调》,

载《环球法律评论》2018年第5期。

9. 曹相见:《物质性人格权的尊严构成与效果》,载《法治研究》2020年第4期。

10. 陈吉栋:《个人信息的侵权救济》,载《交大法学》2019年第4期。

11. 陈姿含:《人工智能算法中的法律主体性危机》,载《法律科学(西北政法大学学报)》2019年第4期。

12. 程啸:《论大数据时代的个人数据权利》,载《中国社会科学》2018年第3期。

13. 程啸:《论我国个人信息保护法中的个人信息处理规则》,载《清华法学》2021年第3期。

14. 程啸:《论我国民法典中个人信息权益的性质》,载《政治与法律》2020年第8期。

15. 程啸:《民法典编纂视野下的个人信息保护》,载《中国法学》2019年第4期。

16. 崔靖梓:《算法歧视挑战下平等权保护的危机与应对》,载《法律科学(西北政法大学学报)》2019年第3期。

17. 戴昕:《"看破不说破":一种基础隐私规范》,载《学术月刊》2021年第4期。

18. 邓辉:《我国个人信息保护行政监管的立法选择》,载《交大法学》2020年第2期。

19. 丁晓东:《法律如何调整不平等关系?论倾斜保护型法的法理基础与制度框架》,载《中外法学》2022年第2期。

20. 丁晓东:《个人信息的双重属性与行为主义规制》,载《法学家》2020年第1期。

21. 丁晓东:《个人信息权利的反思与重塑——论个人信息保护的适用前提与法益基础》,载《中外法学》2020年第2期。

22. 丁晓东:《个人信息私法保护的困境与出路》,载《法学研究》2018年第6期。

23. 丁晓东：《基于信任的自动化决策：算法解释权的原理反思与制度重构》，载《中国法学》2022 年第 1 期。

24. 丁晓东：《论个人信息法律保护的思想渊源与基本原理——基于"公平信息实践"的分析》，载《现代法学》2019 年第 3 期。

25. 丁晓东：《论企业数据权益的法律保护——基于数据法律性质的分析》，载《法律科学（西北政法大学学报）》2020 年第 2 期。

26. 丁晓东：《论数据携带权的属性、影响与中国应用》，载《法商研究》2020 年第 1 期。

27. 丁晓东：《论算法的法律规制》，载《中国社会科学》2020 年第 12 期。

28. 丁晓东：《网络中立与平台中立——中立性视野下的网络架构与平台责任》，载《法制与社会发展》2021 年第 4 期。

29. 方金华：《一般人格权理论分析及我国的立法选择》，载《法律科学（西北政法大学学报）》2015 年第 4 期。

30. 房绍坤：《论加工的物权法规制》，载《清华法学》2017 年第 2 期。

31. 房绍坤、曹相见：《论个人信息人格利益的隐私本质》，载《法制与社会发展》2019 年第 4 期。

32. 付新华：《企业数据财产权保护论批判——从数据财产权到数据使用权》，载《东方法学》2022 年第 2 期。

33. 高富平：《个人信息保护：从个人控制到社会控制》，载《法学研究》2018 年第 3 期。

34. 高富平：《个人信息处理：我国个人信息保护法的规范对象》，载《法商研究》2021 年第 2 期。

35. 高富平：《个人信息流通利用的制度基础——以信息识别性为视角》，载《环球法律评论》2022 年第 1 期。

36. 高富平：《精神性人格权益的规制范式——以个人信息为视角》，载《东岳论丛》2021 年第 1 期。

37. 高富平:《论个人信息保护的目的——以个人信息保护法益区分为核心》,载《法商研究》2019 年第 1 期。

38. 高富平:《论个人信息处理中的个人权益保护》,载《学术月刊》2021 年第 2 期。

39. 高富平:《数据流通理论——数据资源权利配置的基础》,载《中外法学》2019 年第 6 期。

40. 高富平:《数据生产理论:数据资源权利配置的基础理论》,载《交大法学》2019 年第 4 期。

41. 高富平、李群涛:《个人信息主体权利的性质和行使规范——〈民法典〉第 1037 条的解释论展开》,载《上海政法学院学院学报(法治论丛)》2020 年第 6 期。

42. 高富平、王苑:《论个人数据保护制度的源流——域外立法的历史分析和启示》,载《河南社会科学》2019 年第 11 期。

43. 高郦梅:《网络虚拟财产保护的解释路径》,载《比较法研究》2021 年第 3 期。

44. 高铭暄:《论中国大陆(内地)电信网络诈骗的司法应对》,载《警学研究》2019 年第 2 期。

45. 葛虹:《日本宪法隐私权的理论与实践》,载《政治与法律》2010 年第 8 期。

46. 管洪博:《数字经济下个人信息共享制度的构建》,载《法学论坛》2021 年第 6 期。

47. 郭小冬:《人格权禁令的基本原理与程序法落实》,载《法律科学(西北政法大学学报)》2021 年第 2 期。

48. 韩旭至:《大数据时代下匿名信息的法律规制》,载《大连理工大学学报(社会科学版)》2018 年第 4 期。

49. 韩旭至:《数据确权的困境及破解之道》,载《东方法学》2020 年第 1 期。

50. 韩旭至:《刷脸的法律治理:由身份识别到识别分析》,载《东方法学》2021 年第 5 期。

51. 韩旭至:《算法维度下非个人数据确权的反向实现》,载《探索与争鸣》2019 年第 11 期。

52. 郝玉蓉、朴春慧、颜嘉麒、蒋学红:《基于本地化差分隐私的政务数据共享隐私保护算法研究》,载《情报杂志》2021 年第 2 期。

53. 何邦武:《数字法学视野下的网络空间治理》,载《中国法学》2022 年第 4 期。

54. 贺栩栩:《比较法上的个人数据信息自决权》,载《比较法研究》2013 年第 2 期。

55. 胡凌:《个人私密信息如何转化为公共信息》,载《探索与争鸣》2020 年第 11 期。

56. 胡凌:《功能视角下个人信息的公共性及其实现》,载《法制与社会发展》2021 年第 5 期。

57. 胡凌:《数字经济中的两种财产权:从要素到架构》,载《中外法学》2021 年第 6 期。

58. 胡凌:《数字社会权力的来源:评分、算法与规范的再生产》,载《交大法学》2019 年第 1 期。

59. 胡文涛:《我国个人敏感信息界定之构想》,载《中国法学》2018 年第 5 期。

60. 黄韬:《信息中心主义的表达自由》,载《华东政法大学学报》2020 年第 5 期。

61. 纪海龙:《数据的私法定位与保护》,载《法学研究》2018 年第 6 期。

62. 季卫东:《数据、隐私以及人工智能时代的宪法创新》,载《南大法学》2020 年第 1 期。

63. 蒋舸:《个人信息保护法立法模式的选择——以德国经验为视角》,载《法律科学(西北政法大学学报)》2011 年第 2 期。

64. 蒋舸:《论著作权法的"宽进宽出"结构》,载《中外法学》2021 年第 2 期。

65. 金耀:《个人信息去身份的法理基础与规范重塑》,载《法学评论》2017 年第 3 期。

66. 金耀:《数据可携权的法律构造与本土构建》,载《法律科学(西北政法大学学报)》2021 年第 4 期。

67. 匡文波:《对个性化算法推荐技术的伦理反思》,载《上海师范大学学报(哲学社会科学版)》2021 年第 5 期。

68. 李朝晖:《个人征信中信息主体权利的保护——以确保信用信息公正准确性为核心》,载《法学评论》2008 年第 4 期。

69. 李成:《人工智能歧视的法律治理》,载《中国法学》2021 年第 2 期。

70. 李国强:《时代变迁与物权客体的重新界定》,载《北京师范大学学报(社会科学版)》2011 年第 1 期。

71. 李建新:《两岸四地的个人信息保护与行政信息公开》,载《法学》2013 年第 7 期。

72. 李明德:《两大法系背景下的作品保护制度》,载《知识产权》2020 年第 7 期。

73. 李欣倩:《德国个人信息立法的历史分析及最新发展》,载《东方法学》2016 年第 6 期。

74. 李永军:《论〈民法总则〉中个人隐私与信息的"二元制"保护及请求权基础》,载《浙江工商大学学报》2017 年第 3 期。

75. 凌斌:《法律救济的规则选择:财产规则、责任规则与卡梅框架的法律经济学重构》,载《中国法学》2012 年第 6 期。

76. 刘德良:《个人信息的财产权保护》,载《法学研究》2007 年第 3 期。

77. 刘晗:《个人信息的加密维度:〈密码法〉实施后的密码应用与规制路径》,载《清华法学》2022 年第 3 期。

78. 刘士国:《信息控制权法理与我国个人信息保护立法》,载《政法论丛》2021 年第 3 期。

79. 刘巍:《论个人信息的行政法保护》,载《行政法学研究》2007 年第 2 期。

80. 刘宪权、方晋晔:《个人信息权刑法保护的立法及完善》,载《法学》2009 年第 3 期。

81. 刘艳红:《民法编纂背景下侵犯公民个人信息罪的保护法益:信息自决权——以刑民一体化及〈民法总则〉第 111 条为视角》,载《浙江工商大学学报》2019 年第 6 期。

82. 龙卫球:《数据新型财产权构建及其体系研究》,载《政法论坛》2017 年第 4 期。

83. 龙卫球:《再论企业数据保护的财产权化路径》,载《东方法学》2018 年第 3 期。

84. 吕炳斌:《个人信息权作为民事权利之证成:以知识产权为参照》,载《中国法学》2019 年第 4 期。

85. 吕艳滨:《个人信息保护法制管窥》,载《行政法学研究》2006 年第 1 期。

86. 马长山:《人工智能的社会风险及其法律规制》,载《法律科学(西北政法大学学报)》2018 年第 6 期。

87. 马长山:《数智治理的法治悖论》,载《东方法学》2022 年第 4 期。

88. 马长山:《数字法学的理论表达》,载《中国法学》2022 年第 3 期。

89. 马长山:《数字社会的治理逻辑及其法治化展开》,载《法律科学(西北政法大学学报)》2020 年第 5 期。

90. 马长山:《数字时代的人权保护境遇及其应对》,载《求是学刊》2020 年第 4 期。

91. 马长山:《智慧社会背景下的"第四代人权"及其保障》,载《中国法学》2019 年第 5 期。

92. 马长山：《智能互联网时代的法律变革》，载《法学研究》2018 年第 4 期。

93. 梅夏英：《数据的法律属性及其民法定位》，载《中国法学》2016 年第 9 期。

94. 梅夏英：《在分享和控制之间——数据保护的私法局限和公共秩序构建》，载《中外法学》2019 年第 4 期。

95. 孟勤国：《物的定义与〈物权编〉》，载《法学评论》2019 年第 3 期。

96. 孟勤国、牛彬彬：《论物质性人格权的性质与立法原则》，载《法学家》2020 年第 5 期。

97. 倪蕴帷：《隐私权在美国法中的理论演进与概念重构——基于情境脉络完整性理论的分析及其对中国法的启示》，载《政治与法律》2019 年第 10 期。

98. 彭诚信：《论个人信息的双重属性》，载《清华法学》2021 年第 6 期。

99. 彭诚信：《论禁止权利滥用原则的法律适用》，载《中国法学》2018 年第 3 期。

100. 彭诚信：《论民法典中的道德思维与法律思维》，载《东方法学》2020 年第 4 期。

101. 彭诚信：《数据利用的根本矛盾何以消除——基于隐私、信息与数据的法理厘清》，载《探索与争鸣》2021 年第 2 期。

102. 彭诚信：《数字法学的前提性命题与核心范式》，载《中国法学》2023 年第 1 期。

103. 彭诚信：《数字社会的思维转型与法治根基——以个人信息保护为中心》，载《探索与争鸣》2022 年第 5 期。

104. 彭诚信：《私权的层次划分与体系建构》，载《法制与社会发展》2009 年第 1 期。

105. 彭诚信、陈吉栋：《论人工智能体法律人格的考量要素》，载《当代法学》2019 年第 2 期。

106. 彭诚信、史晓宇:《个人信息财产价值外化路径新解——基于公开权路径的批判与超越》,载《华东政法大学学报》2022 年第 4 期。

107. 彭诚信、史晓宇:《个人信息识别标准的域外考察和在我国的转进——基于美欧国家制度互动的分析》,载《河南社会科学》2020 年第 11 期。

108. 彭诚信、杨思益:《论数据、信息与隐私的权利层次与体系建构》,载《西北工业大学学报(社会科学版)》2020 年第 2 期。

109. 齐爱民:《电子病历与患者个人医疗信息的法律保护》,载《社会科学家》2007 年第 5 期。

110. 齐延平:《数智化社会的法律调控》,载《中国法学》2022 年第 1 期。

111. 邱泽奇:《数字社会与计算社会学的演进》,载《江苏社会科学》2022 年第 1 期。

112. 任丹丽:《民法典框架下个人数据财产法益的体系构建》,载《法学论坛》2021 年第 2 期。

113. 阮神裕:《民法典视角下个人信息的侵权法保护——以事实不确定性及其解决为中心》,载《法学家》2020 年第 4 期。

114. 单勇:《跨越"数字鸿沟":技术治理的非均衡性社会参与应对》,载《中国特色社会主义研究》2019 年第 5 期。

115. 申卫星:《论数据用益权》,载《中国社会科学》2020 年第 11 期。

116. 苏宇:《算法规制的谱系》,载《中国法学》2020 年第 3 期。

117. 苏宇:《优化算法可解释性及透明度义务之诠释与展开》,载《法律科学(西北政法大学学报)》2022 年第 1 期。

118. 孙宝云:《论美国"敏感信息"管理改革及其对我国的启示》,载《理论与改革》2014 年第 5 期。

119. 孙宝云:《论美国"敏感信息"管理过程的公开化及启示》,载

《情报杂志》2015 年第 4 期。

120. 汤晓莹:《算法雇佣决策下隐蔽就业歧视的法律规制》,载《河南财经政法大学学报》2021 年第 6 期。

121. 唐林垚:《数据合规科技的风险规制及法理构建》,载《东方法学》2022 年第 1 期。

122. 田野:《风险作为损害:大数据时代侵权"损害"概念的革新》,载《政治与法律》2021 年第 10 期。

123. 项定宜、申建平:《个人信息商业利用同意要件研究——以个人信息类型化为视角》,载《北方法学》2017 年第 5 期。

124. 万方:《个人信息处理中的"同意"与"同意撤回"》,载《中国法学》2021 年第 1 期。

125. 万方:《算法告知义务在知情权体系中的适用》,载《政法论坛》2021 年第 6 期。

126. 万方:《隐私政策中的告知同意原则及其异化》,载《法律科学(西北政法大学学报)》2019 年第 2 期。

127. 汪庆华:《人工智能的法律规制路径:一个框架性讨论》,载《现代法学》2019 年第 2 期。

128. 汪庆华:《数据可携带权的权利结构、法律效果与中国化》,载《中国法律评论》2021 年第 3 期。

129. 汪庆华:《算法透明的多重维度和算法问责》,载《比较法研究》2020 年第 6 期。

130. 王利明:《和而不同:隐私权与个人信息的规则界分和适用》,载《法学评论》2021 年第 2 期。

131. 王利明:《论个人信息权的法律保护——以个人信息权与隐私权的界分为中心》,载《现代法学》2013 年第 4 期。

132. 王利明:《人格权的属性:从消极防御到积极利用》,载《中外法学》2018 年第 4 期。

133. 王利明、丁晓东:《论〈个人信息保护法〉的亮点、特色与适用》,

载《法学家》2021 年第 6 期。

134. 王禄生:《区块链与个人信息保护法律规范的内生冲突及其调和》,载《法学论坛》2022 年第 3 期。

135. 王迁:《论人工智能生成的内容在著作权法中的定性》,载《法律科学(西北政法大学学报)》2017 年第 5 期。

136. 王锡锌:《个人信息国家保护义务及展开》,载《中国法学》2021 年第 1 期。

137. 王锡锌:《个人信息可携权与数据治理的分配正义》,载《环球法律评论》2021 年第 6 期。

138. 王锡锌:《个人信息权益的三层构造及保护机制》,载《现代法学》2021 年第 5 期。

139. 王锡锌、彭錞:《个人信息保护法律体系的宪法基础》,载《清华法学》2021 年第 3 期。

140. 王天夫:《数字时代的社会变迁与社会研究》,载《中国社会科学》2021 年第 12 期。

141. 王苑:《个人信息保护在民法中的表达——论民法与个人信息保护法之关系》,载《华东政法大学学报》2021 年第 2 期。

142. 王昭武、肖凯:《侵犯公民个人信息犯罪认定中的相关问题》,载《法学》2009 年第 12 期。

143. 吴标兵、许和隆:《个人信息的边界、敏感度与中心度研究——基于专家和公众认知的数据分析》,载《南京邮电大学学报(社会科学版)》2018 年第 5 期。

144. 吴功青:《革命与危机:皮科论人的尊严与个体自由》,载《北京大学学报(哲学社会科学版)》2013 年第 5 期。

145. 吴允锋:《个人身份信息刑法保护的是与非》,载《法学》2008 年第 12 期。

146. 谢鸿飞:《个人信息泄露侵权责任构成中的"损害"——兼论风险社会中损害的观念化》,载《国家检察官学报》2021 年第 5 期。

147. 谢琳:《大数据时代个人信息边界的界定》,载《学术研究》2019年第3期。

148. 谢青:《日本的个人信息保护法制及启示》,载《行政法学研究》2006年第6期。

149. 解正山:《算法决策规制——以算法"解释权"为中心》,载《现代法学》2020年第1期。

150. 邢会强:《大数据交易背景下个人信息财产权的分配与实现机制》,载《法学评论》2019年第6期。

151. 徐国栋:《诚信原则理论之反思》,载《清华法学》2012年第6期。

152. 徐国栋:《客观诚信与主观诚信的对立统一问题——以罗马法为中心》,载《中国社会科学》2001年第6期。

153. 徐国栋:《罗马法中主观诚信的产生、扩张及意义》,载《现代法学》2012年第3期。

154. 徐国栋:《我国〈民法典〉关于诚信的规定之整理与补白建议》,载《东岳论丛》2022年第2期。

155. 徐国栋:《主观诚信与客观诚信的分合与更名问题比较法考察——兼论中国的诚信立法向何处去》,载《社会科学》2013年第1期。

156. 许可:《数据权属:经济学与法学的双重视角》,载《电子知识产权》2018年第11期。

157. 许可、孙铭溪:《个人私密信息的再厘清——从隐私和个人信息的关系切入》,载《中国应用法学》2021年第1期。

158. 杨芳:《德国一般人格权中的隐私保护——信息自由原则下对"自决"观念的限制》,载《东方法学》2016年第6期。

159. 杨芳:《个人信息自决权理论及其检讨——兼论个人信息保护法之保护客体》,载《比较法研究》2015年第6期。

160. 杨芳:《肖像权保护和个人信息保护规则之冲突与消融》,载《清华法学》2021年第6期。

161. 杨继:《"票据"概念再探》,载《比较法研究》2007年第4期。

162. 杨立新：《个人信息：法益抑或民事权利——对〈民法总则〉第111条规定的"个人信息"之解读》，载《法学论坛》2018年第1期。

163. 杨楠：《个人信息"可识别性"扩张之反思与限缩》，载《大连理工大学学报（社会科学版）》2021年第2期。

164. 姚佳：《论个人信息处理者的民事责任》，载《清华法学》2021年第3期。

165. 姚金菊：《美国高校信息公开研究》，载《行政法学研究》2010年第4期。

166. 叶开儒：《数据跨境流动规制中的"长臂管辖"——对欧盟GDPR的原旨主义考察》，载《法学评论》2020年第1期。

167. 叶名怡：《个人信息的侵权法保护》，载《法学研究》2018年第4期。

168. 叶名怡：《论个人信息权的基本范畴》，载《清华法学》2018年第5期。

169. 易军：《生命权：藉论证而型塑》，载《华东政法大学学报》2012年第1期。

170. 于飞：《论德国侵权法中的"框架权"》，载《比较法学研究》2012年第2期。

171. 于飞：《侵权法中权利与利益的区分方法》，载《法学研究》2011年第4期。

172. 余佳楠：《企业破产中的数据取回》，载《法律科学（西北政法大学学报）》2021年第5期。

173. 于淼：《数字经济视域下算法权力的风险及法律规制》，载《社会科学战线》2022年第2期。

174. 余筱兰：《民法典编纂视角下信息删除权建构》，载《政治与法律》2018年第4期。

175. 翟志勇：《论数据信托：一种数据治理的新方案》，载《东方法学》2021年第4期。

176. 张爱军：《"算法利维坦"的风险及其规制》，载《探索与争鸣》2021 年第 1 期。

177. 张继红：《经设计的个人信息保护机制研究》，载《法律科学（西北政法大学学报）》2022 年第 3 期。

178. 张金平：《欧盟个人数据权的演进及其启示》，载《法商研究》2019 年第 5 期。

179. 张磊：《司法实践中侵犯公民个人信息犯罪的疑难问题及其对策》，载《当代法学》2011 年第 1 期。

180. 张里安、韩旭至：《大数据时代下个人信息权的私法属性》，载《法学论坛》2016 年第 3 期。

181. 张凌寒：《风险防范下算法的监管路径研究》，载《交大法学》2018 年第 4 期。

182. 张梦蝶：《论行政监管在个人信息保护中的功能转型》，载《南京大学学报（哲学·人文科学·社会科学）》2021 年第 3 期。

183. 张鸣起：《〈中华人民共和国民法总则〉的制定》，载《中国法学》2017 年第 2 期。

184. 张文显：《构建智能社会的法律秩序》，载《东方法学》2020 年第 5 期。

185. 张翔：《基本权利的双重性质》，载《法学研究》2005 年第 3 期。

186. 张新宝：《从隐私到个人信息：利益再衡量的理论与制度安排》，载《中国法学》2015 年第 3 期。

187. 张新宝：《个人信息收集：告知同意原则适用的限制》，载《比较法研究》2019 年第 6 期。

188. 张新宝：《论个人信息权益的构造》，载《中外法学》2021 年第 5 期。

189. 张新宝：《〈民法总则〉个人信息保护条文研究》，载《中外法学》2019 年第 1 期。

190. 张玉洁：《国家所有：数据资源权属的中国方案与制度展开》，

载《政治与法律》2020 年第 8 期。

191. 赵宏:《〈民法典〉时代个人信息权的国家保护义务》,载《经贸法律评论》2021 年第 1 期。

192. 赵精武:《破除隐私计算的迷思:治理科技的安全风险与规制逻辑》,载《华东政法大学学报》2022 年第 3 期。

193. 郑戈:《数字社会的法治构型》,载《浙江社会科学》2022 年第 1 期。

194. 郑佳宁:《数据信息财产法律属性探究》,载《东方法学》2021 年第 5 期。

195. 郑维炜:《个人信息权的权利属性、法理基础与保护路径》,载《法制与社会发展》2020 年第 6 期。

196. 郑玉双:《计算正义:算法与法律之关系的法理建构》,载《政治与法律》2021 年第 11 期。

197. 郑智航:《人工智能算法的伦理危机与法律规制》,载《法律科学(西北政法大学学报)》2021 年第 1 期。

198. 郑智航、徐昭曦:《大数据时代算法歧视的法律规制与司法审查——以美国法律实践为例》,载《比较法研究》2019 年第 4 期。

199. 周汉华:《个人信息保护的法律定位》,载《法商研究》2020 年第 3 期。

200. 周汉华:《平行还是交叉:个人信息保护与隐私权的关系》,载《中外法学》2021 年第 5 期。

201. 周汉华:《探索激励兼容的个人数据治理之道——中国个人信息保护法的立法方向》,载《法学研究》2018 年第 2 期。

202. 周斯佳:《个人数据权与个人信息权关系的厘清》,载《华东政法大学学报》2020 年第 2 期。

203. 朱程斌:《论个人数字人格》,载《学习与探索》2021 年第 8 期。

(二) 著作类

1. 程啸:《个人信息保护法理解与适用》,中国法制出版社 2021

年版。

2. 杜景林、卢谌:《德国民法典评注》,法律出版社 2011 年版。

3. 韩大元:《宪法学基础理论》,中国政法大学出版社 2008 年版。

4. 梁慧星:《民法解释学》,法律出版社 2015 年版。

5. 梁上上:《利益衡量论》,法律出版社 2016 年版。

6. 刘金瑞:《个人信息与权利配置——个人信息自决权的反思与出路》,法律出版社 2017 年版。

7. 马长山:《迈向数字社会的法律》,法律出版社 2021 年版。

8. 马俊驹:《人格和人格权理论讲稿》,法律出版社 2009 年版。

9. 彭诚信:《权利人的法律本质与人的内在价值》,法律出版社 2022 年版。

10. 彭诚信:《现代权利理论研究:基于"意志理论"与"利益理论"的评析》,法律出版社 2017 年版。

11. 齐爱民:《拯救信息社会中的人格:个人信息保护法总论》,北京大学出版社 2009 年版。

12. 沈建峰:《一般人格权研究》,法律出版社 2012 年版。

13. 王利明:《民法总则研究》,中国人民大学出版社 2018 年版。

14. 王楠:《劳动与财产——约翰·洛克思想研究》,上海三联书店 2014 年版。

15. 王泽鉴:《民法物权》,北京大学出版社 2009 年版。

16. 王泽鉴:《人格权法》,北京大学出版社 2013 年版。

17. 吴光明:《新物权法论》,台湾三民书局 2009 年版。

18. 吴汉东:《知识产权法》,法律出版社 2014 年版。

19. 吴军:《智能时代——大数据与智能革命重新定义未来》,中信出版集团 2016 年版。

20. 杨芳:《隐私权保护与个人信息保护法——对个人信息保护立法潮流的反思》,法律出版社 2016 年版。

21. 张俊浩主编:《民法学原理》,中国政法大学出版社 1991 年版。

22. 郑冠宇:《民法物权》,新学林出版股份有限公司 2018 年版。

23. 周汉华主编:《个人信息保护法专家建议稿及立法研究报告》,法律出版社 2006 年版。

24. 朱晓武、黄绍进:《数据权益资产化与监管:大数据时代的个人信息保护与价值实现》,人民邮电出版社 2020 年版。

(三) 译著译文

1. [英]阿克顿:《自由与权力》,侯健、范亚峰译,凤凰出版传媒股份有限公司、译林出版社 2014 年版。

2. [美]阿丽塔·L.艾伦,理查德·C.托克音顿:《美国隐私法:学说、判例与立法》,冯建妹、石宏等译,中国民主法制出版社 2004 年版。

3. [德]鲍尔·施蒂尔纳:《德国物权法》(上册),张双根译,法律出版社 2004 年版。

4. [德]本德·吕特斯,阿斯特丽德·施塔德勒,于馨淼、张姝译:《德国民法总论》,法律出版社 2014 年版。

5. [德]迪特尔·梅迪库斯:《德国民法总论》,邵建东译,法律出版社 2009 年版。

6. [德]迪特尔·施瓦布:《民法导论》,郑冲译,法律出版社 2006 年版。

7. [德]恩斯特·卡西尔:《人论》,甘阳译,上海译文出版社 2013 年版。

8. [法]弗朗索瓦·泰雷、非利普·森勒尔:《法国财产法》,罗结珍译,中国法制出版社 2008 年版。

9. [美]格瑞特·汤姆森:《洛克》,袁银传、蔡红艳译,中华书局 2002 年版。

10. [德]黑格尔:《法哲学原理》,范扬、张企泰译,商务印书馆 1961 年版。

11. [英]洛克:《政府论(下篇)》,叶启芳、瞿菊农译,商务印书馆 1964 年版。

12.［德］卡尔·拉伦茨：《德国民法通论》，王晓晔等译，法律出版社 2013 年版。

13.［德］卡尔·拉伦茨：《法学方法论》，陈爱娥译，商务印书馆 2003 年版。

14.［英］卡鲁姆·蔡斯：《经济奇点——人工智能时代，我们将如何谋生？》，任小红译，机械工业出版社 2017 年版。

15.［德］卡纳里斯：《基本权利与私法》，曾韬、曹昱晨译，载《比较法研究》2015 年第 1 期。

16.［德］柯武刚、史漫飞：《制度经济学》，韩朝华译，商务印书馆 2000 年版。

17.［德］罗伯特·阿列克西：《个人权利与集体利益》，载《法理性商谈：法哲学研究》，朱光、雷磊译，中国法制出版社 2011 年版。

18.［德］罗纳德·巴赫曼、吉多·肯珀等：《大数据时代下半场——数据治理、驱动与变现》，刘志则、刘源译，北京联合出版公司 2017 年版。

19.［美］罗纳德·德沃金：《至上的美德：平等的理论与实践》，冯克利译，江苏人民出版社 2012 年版。

20.［美］罗纳德·K.L.柯林斯、大卫·M.斯科弗：《机器人的话语权》，王黎黎、王琳琳译，上海人民出版社 2019 年版。

21.［美］罗斯科·庞德：《法理学》（第 4 卷），王保民、王玉译，法律出版社 2007 年版。

22.［荷］玛农·奥斯特芬：《数据的边界：隐私与个人数据保护》，曹博译，上海人民出版社 2020 年版。

23.［德］塞巴斯蒂安·洛塞等编：《数据交易：法律·政策·工具》，曹博译，上海人民出版社 2021 年版。

24.［意］桑德罗·斯奇巴尼选编：《人法》，黄风译，中国政法大学出版社 1995 年版。

25.［英］史蒂文·卢克斯：《个人主义》，阎克文译，江苏人民出版社

2001 年版。

26. ［英］维克托·迈尔·舍恩伯格、肯尼思·库克耶:《大数据时代:生活、工作与思维的大变革》,盛杨燕、周涛译,浙江人民出版社2013 年版。

27. ［日］五十岚清:《人格权法》,［日］铃木贤、葛敏译,北京大学出版社 2009 年版。

28. ［法］雅克·盖斯旦、吉勒·古博等:《法国民法总论》,陈鹏等译,法律出版社 2004 年版。

29. ［古希腊］亚里士多德:《尼各马可伦理学》,廖申白译,商务印书馆 2013 年版。

二、外文文献(以作者姓氏首字母为序)

(一) 期刊论文

1. Allen, A.L. "Coercing Privacy." William & Mary Law Review, Vol.40, No.3, 1999.

2. Asay, C.D. "Consumer Information Privacy and the Problem(s) of Third-Party Disclosures." Northwestern Journal of Technology and Intellectual Property, Vol.11, No.5, 2013.

3. Balkin, J.M. "Information Fiduciaries and the First Amendment." U.C. Davis Law Review, Vol.49, No.4, 2016.

4. Bambauer, J. "Is Data Speech." Stanford Law Review, Vol.66, No.1, 2014.

5. Barbas, S. "From Privacy to Publicity: The Tort of Appropriation in the Age of Mass Consumption." Buffalo Law Review, Vol.61, No.5, 2013.

6. Barocas, S. and Selbst, A.D. "Big Data's Disparate Impact." California Law Review, Vol.104, No.3, 2016.

7. Baron, J.B. "Property as Control: The Case of Information."

Michigan Telecommunications and Technology Law Review, Vol.18, No.2, 2012.

8. Bass, E.S. "A Right in Search of a Coherent Rationale—Conceptualizing Persona in a Comparative Context: The United States Right of Publicity and German Personality Rights." University of San Francisco Law Review, Vol.42, No.3, 2008.

9. Bell, A. and Parchomovsky, G. "Of Property and Information." Columbia Law Review, Vol.116, No.1, 2016.

10. Bergmann, S. "Publicity Rights in the United States and Germany: A Comparative Analysis." Loyola of Los Angeles Entertainment Law Journal, Vol.19, No.3, 1999.

11. Bloustein, E.J. "Privacy as an Aspect of Human Dignity: An Answer to Dean Prosser." New York University Law Review, Vol.39, No.6, 1964.

12. Bourdillon, S.S. and Knight, A. "Anonymous Data v. Personal Data—False Debate: An EU Perspective on Anonymization, Pseudonymization and Personal Data." Wisconsin International Law Journal, Vol.34, No.2, 2016.

13. Brey, P. "Freedom and privacy in Ambient Intelligence." Ethics and Information Technology, Vol.7, No.3, 2005.

14. Buckland, M. "Information as Thing." Journal of the American Society for Information Science, Vol.42, No.5, 1991.

15. Calabresi, G. and Melamed, D. "Property Rules, Liability Rules, and Inalienability: One View of the Cathedral." Harvard Law Review, Vol.85, No.6, 1972.

16. Cate, F.H. "Principles of Internet Privacy." Connecticut Law Review, Vol.32, No.3, 2000.

17. Citron, D.K. "Reservoirs of Danger: The Evolution of Public

and Private Law at the Dawn of the Information Age." Southern California Law Review, Vol.80, No.2, 2007.

18. Cohen, J. E. "Cyberspace as/and Space", Columbia Law Review, Vol.107, No.1, 2007.

19. Cohen, J.E. "Examined Lives: Informational Privacy and the Subject as Object." Stanford Law Review, Vol.52, No.5, 2000.

20. Cohen, J.E. "Privacy, Ideology, and Technology: A Response to Jeffrey Rosen." Georgetown Law Journal, Vol.89, No.6, 2001.

21. Cohen, J.E. "What Privacy Is For." Harvard Law Review, Vol.126, No.7, 2013.

22. Dogan, S.L. and Lemley, M.A. "What the Right of Publicity Can Learn from Trademark Law", Stanford Law Review, Vol.58, No.4, 2006.

23. Elvy, S. A. "Contracting in the Age of the Internet of Things: Article 2 of the UCC and Beyond." Hofstra Law Review, Vol.44, No.3, 2016.

24. Emam, K.E. and Alvarez, C. "A critical appraisal of the Article 29 Working Party Opinion 05/2014 on data anonymization techniques." International Data Privacy Law, Vol.5, No.1, 2015.

25. Fairfield, J.A.T. and Engel, C. "Privacy as a Public Good." Duke Law Journal, Vol.65, No.3, 2015.

26. Fried, C. "Privacy." Yale Law Journal, Vol.77, No.3, 1968.

27. Fuster, G.G. and Gellert, R. "The Fundamental Right of Data Protection in the European Union: In Search of an Uncharted Right." International Review of Law, Computers & Technology, Vol.26, No.1, 2012.

28. Gal, M.S. "Algorithmic Challenges to Autonomous Choice." Michigan Technology Law Review, Vol.25, No.1, 2017.

29. Gewirtz, P. "Privacy and Speech." The Supreme Court Review, Vol.2001, 2011.

30. Gordon, H.R. "Right of Property in Name, Likeness, Personality and History." Northwestern University Law Review, Vol.55, No.5, 1960.

31. Haemmerli, A. "Whose Who-the Case for a Kantian Right of Publicity." Duke Law Journal, Vol.49, No.2, 1999.

32. Halpern, S.W. "Right of Publicity: The Commercial Exploitation of the Associative Value of Personality." Vanderbilt Law Review, Vol.39, No.5, 1986.

33. Halpern, S.W. "The Right of Publicity: Maturation of an Independent Right Protecting the Associative Value of Personality." Hastings Law Journal, Vol.46, No.3, 1995.

34. Hasty, A. "Treating Consumer Data Like Oil: How Re-framing Digital Interactions Might Bolster the Federal Trade Commission's New Privacy Framework." Federal Communications Law Journal, Vol.67, No.2, 2015.

35. Hazel, S.H. "Personal Data as Property." Syracuse Law Review, Vol.70, No.4, 2020.

36. Hoofnagle, C.J. and Sloot, B.V. and Borgesius, F.Z. "The European Union general data protection regulation: what it is and what it means." Information & Communications Technology Law, Vol.28, No.1, 2019.

37. Janger, E.J. and Schwartz, P.M. "The Gramm-Leach-Bliley Act, Information Privacy, and the Limits of Default Rules." Minnesota Law Review, Vol.86, No.6, 2002.

38. Jones, Jr., J.E. "Reverse Discrimination in Employment: Judicial Treatment of Affirmative Action Programs in the United

States." Howard Law Journal, Vol.25, No.2, 1982.

39. Jung, C.G. "The Persona and the Collective Unconscious." The Collected Works of C.G. Jung: Two Essays Analytical Psychology, Vol.7, 1966.

40. Kift, P. and Nissenbaum, H. "Metadata in Context-An Ontological and Normative Analysis of the NSA's Bulk Telephony Metadata Collection Program." I/S: A Journal of Law and Policy for the Information Society, Vol.13, No.2, 2017.

41. Krieger, L.H. "The Content of Our Categories: A Cognitive Bias Approach to Discrimination and Equal Employment Opportunity." Stanford Law Review, Vol.47, No.6, 1995.

42. Krier, J.E. and Gillette, C.P. "The Un-Easy Case for Technological Optimism." Michigan Law Review, Vol.84, No.3, 1985.

43. Kwall, R.R. "A Perspective on Human Dignity, the First Amendment, and the Right of Publicity", Boston College Law Review, Vol.50, No.5, 2009.

44. Madow, M. "Private Ownership of Public Image: Popular Culture and Publicity Rights." California Law Review, Vol.81, No.1, 1993.

45. Marlan, D. "Unmasking the Right of Publicity." Hastings Law Journal, Vol.71, No.2, 2020.

46. McAdams, R.H. "Group Norms, Gossip, and Blackmail." University of Pennsylvania Law Review, Vol.144, No.5, 1996.

47. McKenna, M.P. "The Right of Publicity and Autonomous Self-Definition." University of Pittsburgh Law Review, Vol.67, No.1, 2005.

48. Merrill, T.W. and Smith, H.E. "The Property/Contract Interface." Columbia Law Review, Vol.101, No.4, 2001.

49. Netanel, N. "Alienability Restrictions and the Enhancement of Author Autonomy in United States and Continental Copyright Law." Cardozo Arts & Entertainment Law Journal, Vol.12, No.1, 1994.

50. Nickerson, R.S. "Confirmation Bias: A Ubiquitous Phenomenon in Many Guises." Review of General Psychology, Vol. 2, No.2, 1998.

51. Nimmer, M.B. "The Right of Publicity." Law and Contemporary Problems, Vol.19, No.2, 1954.

52. Nissenbaum, H. "Toward an Approach to Privacy in Public: The Challenges of Information Technology." Ethics and Behavior, Vol.7, No.3, 1997.

53. Ohm, P. "Sensitive Information." Southern California Law Review, Vol.88, No.5, 2015.

54. Papakonstantinou, V. "A Data Protection Approach to Data Matching Operations among Public Bodies." International Journal of Law and Information Technology, Vol.9, No.1, 2001.

55. Pincione, G. "Market Rights and the Rule of Law: The Case for Procedural Constitutionalism." Harvard Journal of Law & Public Policy, Vol.26, No.2, 2003.

56. Polonetsky, J., Tene, O. and Finch, K. "Shades of Gray: Seeing the Full Spectrum of Practical Data De-Identification." Santa Clara Law Review, Vol.56, No.3, 2016.

57. Posner, R.A. "The Right of Privacy." Georgia Law Review, Vol.12, No.3, 1978.

58. Post, R.C. "The Social Foundations of Privacy: Community and Self in the Common Law Tort." California Law Review, Vol.77, No.5, 1989.

59. Post, R.C. "Three Concepts of Privacy." Georgetown Law Journal, Vol.89, No.6, 2001.

60. Post, R.C. and Rothman, J. E. "The First Amendment and the Right(s) of Publicity." Yale Law Journal, Vol.130, No.1, 2020.

61. Prosser, W. L. "Privacy." California Law Review, No.48, No.3, 1960.

62. Purtova, N. "The law of everything. Broad concept of personal data and future of EU data protection law." Law, Innovation, and Technology, Vol.10, No.1, 2018.

63. Radin, M.J. "Market-Inalienability", Harvard Law Review, Vol.100, No.8, 1987.

64. Radin, M.J. "Taking Notice Seriously: Information Delivery and Consumer Contract Formation." Theoretical Inquiries in Law, Vol.17, No.2, 2016.

65. Resta, G. "The New Frontiers of Personality Rights and the Problem of Commodification: European and Comparative Perspectives." Tulane European and Civil Law Forum, Vol.26, 2011.

66. Richards, N.M. "Reconciling Data Privacy and the First Amendment." UCLA Law Review, Vol.52, No.4, 2005.

67. Richards, N.M. and Solove, D.J. "Privacy's Other Path: Recovering the Law of Confidentiality." Georgetown Law Journal, Vol.96, No.1, 2007.

68. Richards, N.M. and Solove, D.J. "Prosser's Privacy Law: A Mixed Legacy." California Law Review, Vol.98, No.6, 2010.

69. Samuelson, P. "Privacy as Intellectual Property." Stanford Law Review, Vol.52, No.5, 2000.

70. Schwartz, P.M. "Privacy and Participation: Personal Information and Public Sector Regulation in the United States." Iowa Law

Review, Vol.80, No.3, 1995.

71. Schwartz, P.M. "Privacy Inalienability and the Regulation of Spyware." Berkeley Technology Law Journal, Vol.20, No.3, 2005.

72. Schwartz, P. M. "Property, Privacy, and Personal Data." Harvard Law Review, Vol.117, No.7, 2004.

73. Shahar, O.B. "Data Pollution." Journal of Legal Analysis, Vol.11, No.1, 2019.

74. Shahar, O.B. "Regulation through Boilerplate: An Apologia." Michigan Law Review, Vol.112, No.6, 2014.

75. Shahar, O.B. and Schneider, C.E. "The Failure of Mandated Disclosure." University of Pennsylvania Law Review, Vol. 159, No.2, 2011.

76. Shahar, O. B. and Strahilevitz, L. J. "Contracting Over Privacy: Introduction." Journal of Legal Studies, Vol.45, No.2 Supplement, 2016.

77. Sloan, R.H. and Warner, R. "Beyond Notice and Choice: Privacy, Norms, and Consent." Journal of High Technology Law, Vol.14, No.2, 2013.

78. Smith, H.E. "Intellectual Property as Property: Delineating Entitlements in Information." Yale Law Journal, Vol.116, No.8, 2007.

79. Solove, D.J. "A Taxonomy of Privacy." University of Pennsylvania Law Review, Vol.154, No.3, 2006.

80. Solove, D. J. "Access and Aggregation: Public Records, Privacy and the Constitution." Minnesota Law Review, Vol. 86, No.6, 2002.

81. Solove, D. J. "Privacy Self-Management and the Consent Dilemma." Harvard Law Review, Vol.126, No.7, 2013.

82. Solove, D.J. and Citron, D.K. "Risk and Anxiety: A Theory of Data-Breach Harms." Texas Law Review, Vol.96, No.4, 2018.

83. Stigler, G.J. "An Introduction to Privacy in Economics and Politics." Journal of Legal Studies, Vol.9, No.4, 1980.

84. Volokh, E. "Freedom of Speech and Information Privacy: The Troubling Implications of a Right to Stop People from Speaking About You." Stanford Law Review, Vol.52, No.5, 2000.

85. Waldman, A.E. "Privacy, Notice, and Design." Stanford Technology Law Review, Vol.21, No.1, 2018.

86. Warren, S.D. and Brandeis, L.D. "The Right to Privacy." Harvard Law Review, Vol.4, No.5, 1890.

87. Whitman, J.Q. "Enforcing Civility and Respect: Three Societies." Yale Law Journal, Vol.109, No.6, 2000.

88. Whitman, J.Q. "The Two Western Cultures of Privacy: Dignity versus Liberty." Yale Law Journal, Vol.113, No.6, 2004.

89. Williams, S.H. "The Adverse Testimony Privilege, Inalienable Entitlements, and the Internal Stance: A Response to Professor Regan." Virginia Law Review, Vol.81, No.8, 1995.

90. Zins, C. "Conceptual Approaches for Defining Data, Information, and Knowledge." Journal of the American Society for Information Science and Technology, Vol.58, No.4, 2007.

91. Zittrain, J. "Privicating Privacy: Reflections on Henry Greely's Commentary." Stanford Law Review, Vol.52, No.5, 2000.

(二) 著作类

1. Berlin, I. Four Essays on Liberty. Oxford University Press, 1969.

2. Cooley, T.M. Law of Torts. Calllaghan & Company, 1888.

3. Cooter, R.D. and Ulen, T.S. Law and Economics. Addison Wesley Longman, 1996.

4. Dewey, J. Individualism: Old and New. Minton. Balch & Company, 1930.

5. Hegel, G.W.F. The Philosophy of Right(T. M. Knox trans.), Encyclopedia Britannica, Inc., 1984.

6. Kant, I. The Metaphysical Elements of Justice: Part 1 of The Metaphysics of Morals(John Ladd trans.), Hackett Publishing Company, 1999.

7. Jarvis, J. Public Parts: How Sharing in the Digital age Improves the Way We Work and Live. Simon and Schuster, 2011.

8. Lessig, L. Code and Other Laws of Cyberspace. Basic Books, 1999.

9. Nicholson, P. (eds.), Collected Works of T. H. Green. Thoemmes Press, 1997.

10. Nissenbaum, H. Privacy in Context: Technology, Policy, and the Integrity of Social Life. Stanford University Press, 2010.

11. McCarthy, T. and Schechter, R.E. The Rights of Publicity and Privacy, West Group, 2019.

12. Mead, G.H. On Social Psychology. Anselm Strauss, 1964.

13. Miller, A. R. The Assault on Privacy: Computers, Data Banks, and Dossiers. University of Michigan Press, 1971.

14. Posner, E.A., Weyl, E. G. et al. Radical Markets: Uprooting Capitalism and Democracy for a Just Society. Princeton University Press, 2019.

15. Radin, M. J. Contested Commodity. Harvard University Press, 1996.

16. Radin, M.J. Boilerplate: The Fine Print, Vanishing Rights, and the Rule of Law. Princeton University Press, 2013.

17. Regan, P.M. Legislating Privacy: Technology, Social Values,

and Public Policy. University of North Carolina Press, 1995.

18. Rosen, J. The Unwanted Gaze: The Destruction of Privacy in America. Vintage, 2001.

19. Rothman, J.E. The Right of Publicity: Privacy Reimagined for a Public World. Harvard University Press, 2018.

20. Ryan, A. Property. Open University Press, 1987.

21. Shapiro, C. and Varian, H.R. Information Rules: A Strategic Guide to the Network Economy. Harvard Business Review Press, 1999.

22. Sennett, R. The Fall of Public Man: On the Social Psychology of Capitalism. Cambridge University Press, 1978.

23. Solove, D.J. and Schwartz, P.M. Information Privacy Law. Wolters Kluwer, 2018.

24. Stolorow, R.D. and Atwood, G.E. Contexts of Being: The Intersubjective Foundations of Psychological Life. Analytic Press, 1992.

25. Taylor, C. Sources of the Self: The Making of the Modern Identity. Harvard University Press, 1989.

26. Trinkaus, C. In Our Image and Likeness, Humanity and Divinity in Italian Humanist Thought. University of Notre Press, 1995.

27. Weigend, A. Data for The People: How to Make Our Post-Privacy Economy Work for You. Basic Books, 2017.

28. Westin, A. Privacy and Freedom. Ig Publishing, 1967.

后　记

　　数据确权的理论基础探索一直是我们坚持研究的方向,我们在这一领域编写了"数字法治"系列丛书,并已出版三册,第四册也即将出版。我们力图通过对个人信息保护领域中的核心问题深入探究并论证,为数据确权问题提供研究的方向。本书的最终完稿也正是上述研究结出的硕果之一。

　　在我们看来,个人信息权的本质是内含财产权益的人格权,数据处理技术的广泛应用使得个人信息内含的财产价值转化为实在的财产利益,因此如何在法律层面论证个人信息内含财产价值的外化路径,构成数据之上权益分配问题研究的前置性命题,正是数据确权需要解决的基础理论。本书正是聚焦于此,力图通过对个人信息内含财产价值的外化研究,理清数据确权的理论前提,确保未来的数据权益分配研究契合法律的内在体系和外在体系,同时满足实践的需求和具有操作的可行性。

　　本书内容仅是数据确权问题关涉个人信息的一个前提切入点,研究范围相对有限,而关于数据权益分配、人工智能技术规制等众多相关问题,尚需要更大的精力深入挖掘探究。本书作为研究数据确权基础理论的初步尝试,尽管付出了很多艰辛和努力,无奈数字社会(包括其中的数字经济和数字法律)的发展实在太快,我们的知识结构、知识积累,包括学术观点和思想均追不上实践的发展,有心有余力不足之感。如果能够在这方面确实有少许贡献,即心愿达成。当然,本书内容也谈不上有太多的思想贡献,至多是能让读者大致了解我们对此问题的思考脉络和学术轨迹。在此,我们真诚欢迎广大读者提出宝贵的意见,相关意见可发送至 xyshi93@126.com。

本书的顺利完成,得益于彭诚信教授主持的国家社会科学基金重大项目"大数据时代个人数据保护与数据权利体系研究"(18ZDA145)和国家哲学社会科学基金重点项目"个人数据交易的私法构造研究"(项目编号:23AFX014)的大力支持,也是后者的阶段性研究成果。相关内容是我们平时所著论文的提炼和结晶,同时很多思维火花与灵感亦来自上海交通大学凯原法学院数据法律研究中心组织的日常论文沙龙和成员间的私下交流切磋,在本书立基的学位论文、期刊论文最初成稿过程中也离不开众多师友提供的宝贵意见。本书的顺利出版更有赖于上海人民出版社对我们的信任和支持,尤其是冯静编辑的倾心付出,在此谨向所有对本书出版做出贡献的朋友表达由衷的敬意和谢意!

数字法学研究正当其时,数据确权问题研究亦是前路漫漫,幸而我们已经在路上,愿与诸君共勉,一起探索并欣赏这一路上的绚烂风光。

图书在版编目(CIP)数据

数据确权的理论基础探索/彭诚信,史晓宇著.—
上海:上海人民出版社,2024
ISBN 978 - 7 - 208 - 18785 - 6

Ⅰ.①数… Ⅱ.①彭…②史… Ⅲ.①个人信息-法
律保护-研究-中国 Ⅳ.①D923.74

中国国家版本馆 CIP 数据核字(2024)第 052540 号

责任编辑 冯　静
封面设计 谢定莹

数据确权的理论基础探索

彭诚信　史晓宇　著

出　　版　上海人民出版社
　　　　　(201101　上海市闵行区号景路 159 弄 C 座)
发　　行　上海人民出版社发行中心
印　　刷　上海商务联西印刷有限公司
开　　本　635×965　1/16
印　　张　17.5
插　　页　2
字　　数　231,000
版　　次　2024 年 5 月第 1 版
印　　次　2024 年 5 月第 1 次印刷
ISBN 978 - 7 - 208 - 18785 - 6/D・4275
定　　价　80.00 元